JURISPRUDENCE

DU COMMERCE

PAR LAURENS

PROFESSEUR À LA FACULTÉ DE DROIT DE TOULOUSE

TOME QUATRIÈME

PARIS
VIDECOQ,
PLACE DU PANTHÉON, 5.

1840.

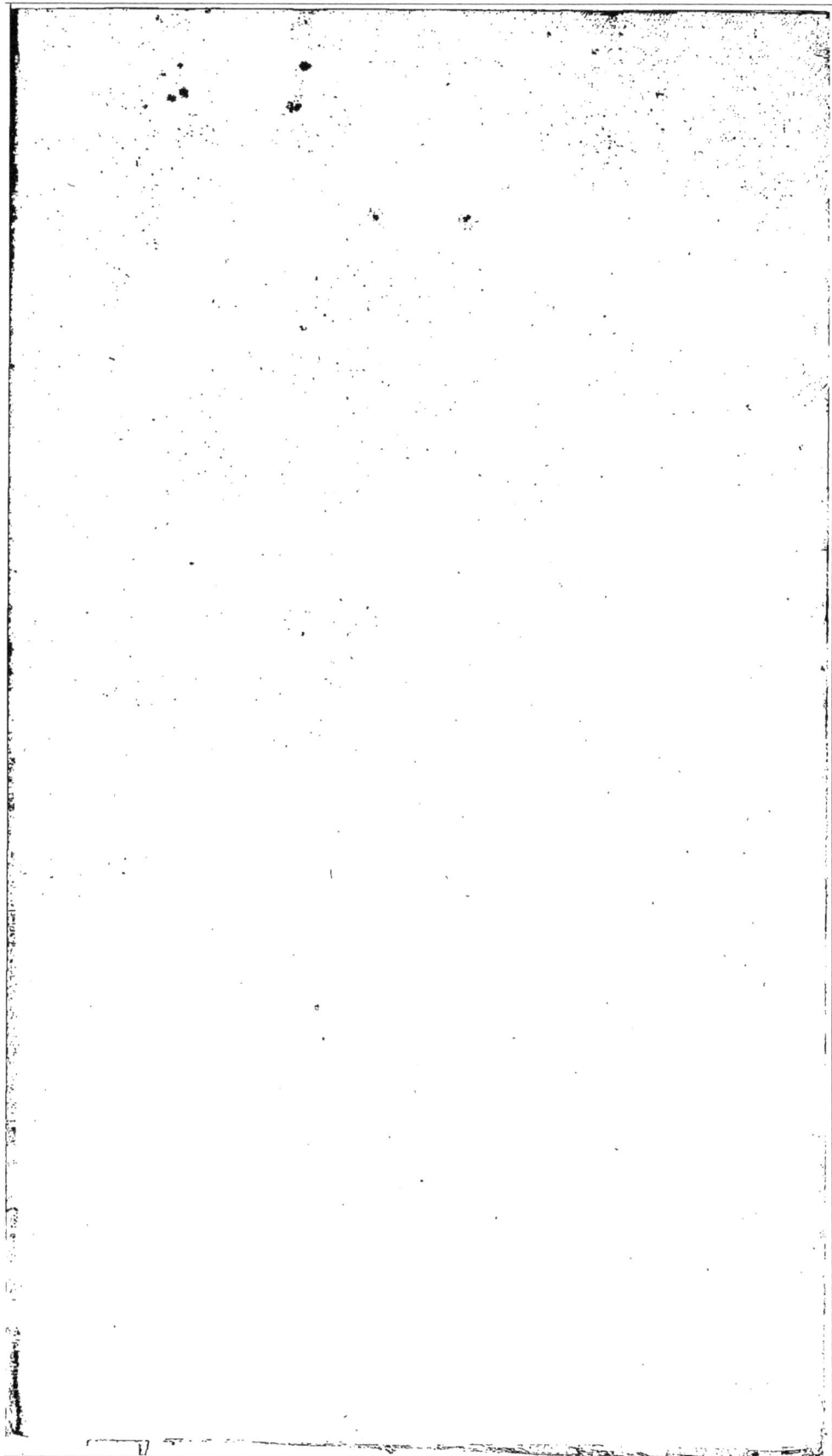

38276

# PRINCIPES

## ET

# JURISPRUDENCE

## DU CODE CIVIL.

# PRINCIPES

## ET

# JURISPRUDENCE

## DU CODE CIVIL.

### PAR M. LAURENS,

PROFESSEUR A LA FACULTÉ DE DROIT DE TOULOUSE.

## TOME QUATRIÈME.

**TOULOUSE ,**
P. PRADEL et Comp.,
RUE DES BALANCES, 26.

**PARIS,**
VIDECOQ,
PLACE DU PANTHÉON, 6.

**1840.**

# PRINCIPES

ET

# JURISPRUDENCE

## DU CODE CIVIL.

## SUITE DU LIVRE TROISIÈME.

DES DIFFÉRENTES MANIÈRES DONT ON ACQUIERT LA
PROPRIÉTÉ.

## TITRE III.

### Des Contrats ou des Obligations conventionnelles en général.

## CHAPITRE PREMIER.

### DISPOSITIONS PRÉLIMINAIRES.

SOMMAIRE.

1. *Importance de la matière.*
2. *Origine des obligations conventionnelles.*
3. *Sources où les rédacteurs du Code ont puisé les règles qu'ils ont sonsacrées.*
4. *Ce qu'on doit entendre par* obligation.
5. *Par* convention.

**1.** Les obligations sont rangées par la loi (art. 711), avec les successions et les donations entre vifs ou testamentaires, au nombre des moyens d'acquérir et de transmettre la propriété des biens. C'est dans l'intelligence des principes qui les concernent, que sont les premiers élémens de la science du droit, et déjà l'explication de plusieurs lois antérieures, dans l'ordre du Code, en nous forçant de recourir à leur examen, a pu nous en convaincre. Reposant

sur des bases immuables, indépendantes des
formes qui varient selon les temps, les mœurs
ou les circonstances, les obligations se résu-
ment dans des lois qui méritent surtout le nom
de raison écrite.

**2.** S'il est vrai de dire que l'homme est né
pour vivre en société, il ne l'est pas moins
que, la nature ayant donné à tous des droits
égaux, le concours des intérêts et des volontés
amènerait des troubles, des combats inévitables.
Les lois pénales préviennent les conséquences
extrêmes de cet état. Les lois civiles, en créant
des droits et des devoirs, ne sont que l'expression du sacrifice mutuel que chacun fait à l'intérêt de tous, de sa prétention, de sa volonté
individuelle. Telle est la source des obligations
conventionnelles, objet de notre titre, auxquelles
la loi prête son appui.

**3.** Les juriconsultes Romains ont rendu, sur
cette intéressante matière, des décisions innom-
brables empreintes d'une saine philosophie, qui
ont servi de guide à tous les législateurs venus
après eux. Leurs doctrines ont été plus parti-
culièrement résumées par quelques uns de nos
anciens auteurs, notamment par Pothier, dont
les rédacteurs du Code civil n'ont presque fait,
en traitant des obligations, que reproduire
l'œuvre.

4. Avant de s'engager dans l'examen de cette importante matière, il importe de bien déterminer le sens des mots *obligation*, *convention*, *contrat*, dont le rapprochement peut faire naître des idées confuses dans l'esprit des personnes peu familiarisées avec la langue du droit.

L'obligation est définie par les jurisconsultes Romains : un lien de droit et d'équité qui nous impose la nécessité de donner ou de faire une chose, suivant les lois de notre pays : *Juris vinculum quo necessitate adstringimur alicujus rei solvendæ secundùm civitatis nostræ jura.* (Inst. de obligat.).

5. La convention est le consentement ou le concours des volontés de deux ou de plusieurs sur le même objet : *Duorum vel plurium in idem placitum consensus.* (L. 1. ? 2. ff De pactis).

6. Le contrat enfin est une convention par laquelle une ou plusieurs personnes s'obligent, envers une ou plusieurs autres, à donner, à faire, ou à ne pas faire quelque chose (art. 1101).

7. Il résulte de ces définitions, 1° que l'obligation peut exister sans convention, et à plus forte raison sans contrat, comme, par exemple, dans le cas de la tutelle imposée par la loi aux père, mère ou autres ascendans.

2º Qu'il peut y avoir des conventions sans obligation, comme dans le cas d'un projet de voyage arrêté entre deux amis, mais qui n'a rien d'obligatoire pour eux.

3º Que le contrat réunit l'obligation et la convention. Aussi est-ce avec raison que, dans l'intitulé de notre titre, l'expression *contrat* est présentée comme synonime des mots *obligation conventionnelle.*

8. Quel que soit l'objet d'un contrat, celui envers lequel l'obligation est contractée est appelé *créancier*, celui qui la contracte, *débiteur.*

9. Toujours jaloux de me renfermer dans le plan annoncé de cet ouvrage, je ne rappelerai pas ici les divisions que les Romains fesaient en pactes et en contrats, en contrats nommés et innommés, verbaux, consensuels et réels; et je n'insisterai pas non plus sur les distinctions plus doctrinales que pratiques, des obligations en parfaites, ou imparfaites, naturelles, civiles ou mixtes et autres encore. L'examen des matières à venir pourra me ramener à certaines de ces précisions, et nous verrons, notamment dans l'article 1235, que l'obligation naturelle produit encore certains effets.

10. Le Code qui n'a pas reproduit ces anciennes divisions, a défini certains caractères

propres aux contrats, et que je dois, pour cela, faire connaître.

**11.** Le contrat est synallagmatique ou bilatéral, lorsque les contractans s'obligent réciproquement les uns envers les autres (art. 1102). Telle est la vente dans laquelle l'un des contractans s'oblige à livrer sa chose et l'autre à en payer le prix. Tels sont encore l'échange, le louage, la société et autres. Pour qu'il y ait contrat synallagmatique, il suffit qu'il y ait concours d'obligations, lors même que l'exécution n'en serait pas simultanée.

**12.** Le contrat est unilatéral, lorsqu'une ou plusieurs personnes sont obligées envers une ou plusieurs autres, sans que, de la part de ces dernières, il y ait engagement (art. 1103). A cette classe appartiennent le prêt, le dépôt.

**13.** Les définitions données par les articles 1102 et 1103 sont incomplètes et manquent, jusqu'à un certain point, d'exactitude, en ce que, à les suivre trop littéralement, on pourrait dire que toutes les fois qu'il y aurait obligation réciproque des deux parties, le contrat serait bilatéral, et qu'il ne serait unilatéral que lorsqu'il serait susceptible de produire un seul engagement. Cependant il n'en est pas tout-à-fait

ainsi. Car un contrat peut produire un engagement réciproque des deux parties, sans être bilatéral, comme le dépôt par lequel le déposant
peut être obligé de restituer au dépositaire les
frais faits pour la conservation de la chose (art.
1947), et d'un autre côté, un contrat unilatéral peut, sans perdre ce caractère, obliger les
deux parties, ce que prouve l'exemple qui vient
d'être donné. Il serait donc plus exact de dire,
ainsi qu'on l'a très-bien observé (1), que la
qualification de bilatéral devrait être restreinte
au contrat par lequel les parties s'obligent réciproquement les unes envers les autres, dès le
principe, et celle d'unilatéral, à celui qui ne
produit pas cette obligation réciproque immédiate, quoiqu'elle puisse en être la conséquence.

14. Cette distinction des contrats en bilatéraux
et unilatéraux est d'une grande utilité, la loi
exigeant, dans certain cas, des formes particulières pour les contrats bilatéraux ou synallagmatiques (art. 1325).

15. Le contrat est commutatif, lorsque chacune des parties s'engage à donner où à faire
une chose qui est regardée comme l'équivalent
de ce qu'on lui donne ou de ce qu'on fait pour

---

(1) Toullier tom. 6. n° 19.

elle (art. 1104). La vente, l'échange sont donc des contrats commutatifs. Lorsque l'équivalent consiste dans la chance de gain ou de perte pour chacune des parties, d'après un événement incertain, le contrat est aléatoire (id.). Le jeu, le pari, la constitution de rente viagère, les assurances sont des contrats aléatoires.

16. Le contrat est de bienfaisance, lorsque l'une des parties procure à l'autre un avantage purement gratuit (art. 1105). Telle est la donation faite directement ou indirectement. Il est à titre onéreux, lorsque chacune des parties est assujettie à donner ou à faire quelque chose (art. 1106), comme la vente, le louage etc.

17. Cette dernière disposition prouve la difficulté souvent signalée de bonnes définitions. Car il est des contrats à titre onéreux obligatoires pour une seule partie, comme le prêt à intérêt, le commodat.

18. Au surplus, ces dénominations données aux contrats sont purement doctrinales et sans utilité réelle dans l'application ; et il semble que les rédacteurs du Code qui ont évité de reproduire à cet égard plusieurs anciennes divisions, pouvaient aussi se dispenser de ces définitions. Observons que ces diverses natures de contrats

n'ont rien d'exclusif les unes des autres, et que le même contrat peut être à la fois synallagmatique, commutatif et à titre onéreux, unilatéral et de bienfaisance.

**19.** Quelle que soit la dénomination donnée par la loi aux contrats, qu'ils en aient ou qu'ils n'en aient pas reçu, ils sont tous soumis aux règles générales qui seront exposées dans notre titre. Les règles particulières à certains d'entre eux sont établies sous les titres relatifs à chacun d'eux ; et les règles particulières aux transactions commerciales sont établies par les lois relatives au commerce (art. 1107).

Cette disposition seulement d'ordre ne demande aucune observation.

## CHAPITRE II.

*Des conditions essentielles pour la validité des conventions.*

### SOMMAIRE.

**20.** Quatre conditions sont essentielles pour la validité d'une convention, ou pour mieux dire d'un contrat : 1º Le consentement de la partie qui s'oblige (ainsi que de celle envers laquelle l'obligation est contractée) ; 2º la capacité de la partie qui s'oblige ; 3º un objet certain qui forme la matière de l'engagement ; 4º une cause licite dans l'obligation (art. 1108). L'absence d'une seule de ces conditions empêche donc le contrat. Les quatre sections suivantes sont consacrées à développer successivement, et dans l'ordre indiqué, chacune d'elles.

**21.** Les formes destinées à constater les contrats ne sont pas mises au nombre de leurs conditions essentielles. Car le contrat existe sans elles. L'acte que les Romains appelaient *instrumentum* ne lui donne pas l'existence. Il n'est autre chose qu'un moyen de la prouver. En un mot l'acte et l'obligation sont deux choses bien distinctes et qui ne doivent pas être confondues (1).

## SECTION PREMIÈRE.

*Du consentement.*

### SOMMAIRE.

---

(1) Toullier nº 23 etc.

**22.** Consentir, c'est vouloir ce qu'un autre veut. Le concours de deux ou plusieurs volontés étant indispensable pour un contrat, il s'ensuit que le consentement doit être une condition de sa validité.

Le consentement se forme de deux élémens, l'offre et l'acceptation. Leur simultanéité n'est pas exigée, et l'acceptation peut être postérieure à l'offre ; elle peut se faire par correspondance.

L'offre ne devient obligatoire que par l'acceptation. Jusques là elle peut être retirée.

**23.** L'offre faite à plusieurs peut être retractée, si, acceptée par les uns, elle ne l'est pas par tous, lorsque l'intention démontrée de son auteur est de ne s'obliger qu'autant qu'elle est acceptée par tous (1). Si cette intention n'est pas établie, chacun de ceux auxquels l'offre est faite peut l'accepter valablement, à moins que la chose offerte ne soit indivisible.

24. L'acceptation ne doit pas nécessairement être expresse. Elle peut résulter d'un fait, d'un signe, d'un geste, conformément aux usages ou aux circonstances.

25. Pour qu'il y ait consentement, l'acceptation doit parfaitement concorder avec l'offre. Cependant si, dans une vente par exemple, celui auquel un objet est proposé moyennant un prix déterminé, dans l'ignorance où il est de la proposition, ou par erreur, en offre un prix plus élevé, il y a acceptation pour la somme moindre (2).

26. Du principe que le contrat ne se forme que par le concours des volontés, on a conclu que les offres ne peuvent pas être acceptées après la mort de celui qui les a faites, ou de celui à qui elles ont été adressées (3). Nous avons vu en effet (T. 3. N. 628) qu'il en est

_____

(1) Toullier n° 24, à la note.
(2) Id. n° 28.
(3) Id n° 31.

ainsi, en matière de donation, où la considération des personnes peut exercer tant d'influence. Mais j'aurais de la peine à admettre, pour tous les cas, une opinion aussi absolue. Un négociant fait une offre par correspondance, et meurt. Dans l'ignorance de ce décès, l'offre est acceptée, et celui qui l'accepte dispose de la chose comme sienne. Oter tout effet à cette acceptation, ne serait pas s'exposer à entraver les transactions commerciales? Le contrat serait formé par application du principe écrit dans l'article 1122, suivant lequel on est censé avoir stipulé non seulement pour soi, mais encore pour ses héritiers et ayant cause, à moins que le contraire ne soit exprimé ou ne résulte de la nature de la convention (1).

**27.** Il n'est pas dailleurs nécessaire que l'acceptation soit connue de l'auteur de l'offre. Cette condition exigée pour rendre une donation parfaite, ne l'est pas dans les contrats, en général.

**28.** Les vices du consentement sont l'erreur, la violence, le dol (art. 1109) et, dans certains cas, la lésion (art. 1118). Je vais les examiner successivement.

--------

(1) Sirey 1812—2—294.

**29.** Pour que l'erreur soit une cause de nullité de la convention, il faut qu'elle tombe sur la substance même de la chose qui en est l'objet. Elle n'est point une cause de nullité, lorsqu'elle ne tombe que sur la personne avec laquelle on a intention de contracter, à moins que la considération de cette personne ne soit la cause principale de la convention (art. 1110).

L'erreur porte sur la substance de la chose lorsque, voulant traiter d'un objet, on traite d'un autre. J'ai, par exemple, l'intention d'acheter un cheval déterminé, et c'est un autre cheval qui m'est vendu. Je crois acheter un bijou d'or, et c'est un bijou de cuivre doré qui m'est livré, même de bonne foi. Il n'y a pas de consentement valable.

J'ai dit (T. 1. N° 179.) comment, lorsque la personne même est l'objet du contrat, ce qui a lieu dans le mariage, l'erreur sur cette personne vicie le consentement. Si elle porte sur la nature du contrat, l'erreur produit le même effet que si elle tombait sur la substance. Je veux acheter une maison; on m'en fait souscrire un bail; il n'y a pas non plus de consentement (1).

**30.** En règle générale, l'erreur sur la personne

---

(1) M. Duranton tom. 10 n° 118.

ne vicie pas le consentement. Qu'importe, dans une affaire quelconque qu'on ne veut faire qu'utile, qu'on traite avec telle ou telle autre personne! Mais si la considération de la personne est la cause principale du contrat, il doit en être bien autrement. Croyant, par exemple, m'adresser à un grand peintre, je commande un tableau à un artiste médiocre qui porte le même nom; le traité est nul. Il serait facile de multiplier les exemples.

31. L'erreur sur la personne est toujours cause de nullité dans les actes de libéralité. C'est qu'en effet ces actes sont toujours en considération de la personne. Tous les auteurs s'accordent sur ce point (1).

32. Cette considération entrant pour beaucoup dans les transactions, elles *peuvent* être rescindées lorsqu'il y a erreur sur la personne (art. 2053). Mais elles ne *doivent* pas nécessairement l'être (2).

33. Le Code, en déterminant les effets de l'erreur, ne distingue pas entre l'erreur de droit

---

(1) Delvincourt tom. 2. page 460, notes.—Toullier n° 51.— M. Duranton n° 120 etc. etc.

(2) Toullier n° 54 C.³ M. Duranton n° 124.

et l'erreur de fait, et cette différence qui avait
été le sujet d'une vive controverse entre les anciens jurisconsultes, ne peut plus être reproduite. La règle uniforme sur ce point ne reçoit
que deux exceptions, dans les articles 1356 et
2052, qui ôtent son efficacité à l'erreur de droit.
Ces exceptions qui ne font que confirmer le
principe, se justifient par la nature des actes
auxquels s'appliquent ces articles.

34. La violence exercée contre celui qui a
contracté l'obligation, est une cause de nullité,
encore qu'elle ait été exercée par un tiers autre
que celui au profit duquel la convention a été
faite (1111).

La violence prive en effet le consentement
de toute liberté, et, quoique exprimé, apparent, il manque dans la réalité, lorsqu'il est produit par elle. Au reste, la loi qui ne peut pas
prévoir tous les cas, pose des règles qui servent de guides aux juges qui ont à statuer sur
des questions de cette nature, purement de fait.
Il y a violence, dit le Code (art. 1112), lorsqu'elle est de nature à faire impression sur une
personne raisonnable, et qu'elle peut lui inspi-
rer la crainte d'exposer sa personne ou sa
fortune à un mal considérable et présent. On
a égard en cette matière, à l'âge, au sexe, et
à la condition des personnes.

35. Mais, pour qu'il y ait lieu à l'application du principe de l'article 1111, en ce qui concerne les effets de la violence exercée par un tiers, il faut que cette violence ait eu directement l'obligation pour objet, comme dans le cas où un individu, me plaçant le pistolet sur la gorge, me force à souscrire une obligation en faveur d'un autre que lui. Il ne suffit donc pas que la violence soit la cause de l'obligation pour qu'elle doive être nécessairement annulée. Surpris par des brigands, je promets une forte somme à celui qui m'arrache de leurs mains. Mon engagement, quoique produit médiatement par la violence exercée sur moi, a une cause juste, et doit être exécuté. Toutefois, si ma promesse était exorbitante, les juges pourraient la réduire, en prenant en considération les circonstances dans lesquelles je l'ai souscrite (1).

36. Quoique la loi, dans les articles cités, ne s'occupe que de la violence morale, il est sans difficulté que la violence physique actuelle doit à plus forte raison, produire le même effet.

37. En déterminant les caractères de la vio-

---

(1) Pothier des oblig. nᵒ 24.—M. Duranton nᵒ 149.—C.ᵃ Teullier nᵒ 85.

lence, la loi exige qu'on soit menacé d'un mal *présent*. Cette disposition ne doit pas être trop rigoureusement entendue. Il suffit que la menace soit d'un mal imminent, sans qu'il doive être immédiat (1).

58. La violence est une cause de nullité du contrat, non seulement lorsqu'elle a été exercée sur la partie contractante, mais encore lorsqu'elle l'a été sur son époux ou sur son épouse, sur ses descendans ou ascendans (art. 1113). Cette disposition s'explique par une communauté toute naturelle d'intérêts et de sentimens.

59. La loi n'a pas pu avoir ici l'intention d'établir une différence entre les descendans ou ascendans légitimes et les naturels. Mais, comme sa disposition doit avoir des bornes, non seulement elle ne s'appliquera pas à des parens autres que ceux qui sont désignés, mais encore elle ne pourra pas être invoquée dans les cas de parenté seulement civile résultant de l'adoption (2).

---

(1) Delvincourt tom. 2. page 461, notes.—M. Duranton, n° 151 etc.

(2) M. Duranton n° 152.

**40.** En rapprochant l'article 1113 de celui qui le précède immédiatement, il devient manifeste que la menace qui exposerait la fortune des parens, aurait le même effet que celle qui serait dirigée contre leur personne (1).

**41.** Tout sentiment de nature à exercer un empire sur l'esprit de celui qui contracte, et à gêner sa liberté, ne doit pas être assimilé dans ses effets, à la violence. La seule crainte révérentielle envers le père, la mère ou autre ascendant, sans qu'il y ait eu de violence exercée, ne suffit point pour faire annuler le contrat (art. 1114). Il résulte de cette disposition que la violence exercée par un ascendant est aussi bien cause de nullité que celle qui émane d'une autre personne, et, dans ce cas, la crainte révérentielle peut même être prise en considération pour en déterminer le caractère.

**42.** L'article 1114 pose un principe dont l'application n'est pas limitée aux cas qu'il exprime. Puisque la loi présume que la crainte révérentielle envers les ascendans est la plus forte, il s'ensuit nécessairement que la crainte révérentielle de la femme envers son mari, celle du domestique envers son maître, n'auront pas plus d'efficacité.

_____

(1) Id. n° 153.

**43.** La violence n'annule les contrats que lorsqu'elle est injuste, contraire aux lois ou aux mœurs. La menace ou l'usage de l'exercice d'un droit, quelque rigoureux qu'il puisse être, n'amène pas les mêmes conséquences. J'ai déjà fait cette précision, en ce qui concerne le consentement au mariage (T. 1. No 182). Un débiteur justement incarcéré souscrira une obligation pour obtenir sa liberté. Il ne pourra pas en demander l'annulation sur le fondement de la contrainte morale qui lui a été faite (1).

**44.** Il ne suffira pas qu'une obligation soit le résultat de la violence pour qu'elle doive être toujours annulée, et ce vice originaire peut être couvert. Un contrat ne pourra plus être attaqué pour cette cause, si, depuis que la violence a cessé, il a été approuvé, soit expressément, soit tacitement, soit en laissant passer le temps de la restitution fixé par la loi (art. 1115). C'est, dans ces divers cas, comme si le consentement avait été librement donné, dès le principe.

Le temps de la restitution fixé par la loi est de dix ans (art. 1304).

---

(1) Pothier no 26.—Merlin Quest. de Dr. vo crainte.—Toullier no 81.—M. Duranton no 143.

**45.** Le dol est une cause de nullité de la convention, lorsque les manœuvres contractées par l'une des parties sont telles, qu'il est évident que, sans ces manœuvres, l'autre partie n'aurait pas contracté. Il ne se présume pas, et doit être prouvé (art. 1116).

Cette définition du dol résume heureusement plusieurs lois romaines qu'il est même inutile de rappeler.

**46.** Le dol et la fraude ne doivent pas être confondus, dans la langue du droit. Le dol est l'art de tromper celui avec lequel on contracte. La fraude, appelée aussi simulation, est l'art de violer les lois ou de tromper les tiers par la forme des actes. Les conséquences de cette différence seront appréciées, lorsque j'aurai à m'occuper des moyens de prouver l'un et l'autre.

**47.** Le dol est positif ou négatif. Le premier consiste à supposer ce qui n'est pas, le second, à taire ce qui existe.

**48.** Il est civil ou moral. C'est du dol civil que la loi s'occupe. Le dol moral, comme l'exagération ou le mensonge dans les qualités ou la valeur d'un objet vendu, ne produit aucune action.

**49.** Pour que la nullité en résulte, il faut

qu'il soit la cause principale du contrat : *Dolus dans causam contractui*. Le dol qui ne porte que sur des accessoires et qu'on appèle *accidentel*, ne vicie pas le contrat et soumet seulement son auteur à des dommages-intérêts (1).

**50.** Le dol doit être l'œuvre de l'une des parties, tandis que la violence, même exercée par un tiers, cause la nullité. Pour justifier cette différence, on dit que souvent les auteurs de la violence restent inconnus, et qu'aucun recours ne peut dès lors être exercé contre eux, et que, d'un autre coté, le dol n'empêche pas que le consentement ait été volontairement donné ; ce qui n'a pas lieu dans le cas de la violence (2). Quoiqu'il en soit, le dol émané d'un tiers, s'il ne vicie pas le contrat, autorise au moins une action en dommages-intérêts contre son auteur (3).

**51.** S'il est l'œuvre d'un tiers qui représente la partie intéressée, qui exerce ses droits, comme un tuteur, un mari, le dol est censé commis par la partie elle-même (4).

---

(1) Pothier n° 31.—Toullier n° 90 - 91.—M. Duranton n° 169 etc. etc.

(2) M. Duranton n° 176.

(3) Pothier n° 32.

(4) Delvincourt page 462, 464, notes.—M. Duranton n° 186 etc. etc.

52. La disposition de loi suivant laquelle le dol ne se présume pas, et doit être prouvé, n'a d'autre objet que d'établir que c'est à celui qui allègue le dol d'en rapporter la preuve. Mais ce serait lui donner un sens trop étendu que d'en conclure que le dol ne peut pas être prouvé par des présomptions. L'article 1353, sur lequel je reviendrai, nous apprend formellement le contraire (1).

53. Il est des cas où la loi elle-même consacre des présomptions de dol, lorsqu'elle prohibe ou annule certains actes. Cette observation s'applique notamment aux actes qui concernent les incapables, et aux traités entre le mineur et son tuteur (art. 472).

54. Si les deux parties ont cherché, par un dol mutuel, à se tromper réciproquement, elles ont l'une et l'autre encouru une peine, et le dol est sans effet : *Si duo dolo malo fecerint, invicem de dolo non agent* (L. 36 ff. de dolo).

55. L'erreur, la violence ou le dol, n'annulent pas le contrat *de plein droit*, c'est-à-dire sans que les tribunaux soient appelés à pro-

---

(4) Delvincourt page 465, notes etc. etc.

noncer la nullité. L'action en nullité ou en rescision doit donc être portée devant eux, conformément aux dispositions de la section 7 du chapitre 5 de notre titre (art. 1117). Je dois réserver, pour son examen, ce que j'ai à dire de la nullité ou de la rescision.

56. La lésion qui est un préjudice matériel éprouvé même sans dol ou violence, ne vicie les conventions que dans certains contrats ou à l'égard de certaines personnes, ainsi qu'il sera expliqué en la même section 7 (art. 1118). Les contrats auxquels cet article fait allusion sont le partage (art. 887) et la vente (art. 1674); et les personnes qu'il mentionne, sans les désigner, sont les mineurs (art. 1305).

57. En général, on ne peut s'engager ni stipuler en son propre nom, que pour soi-même (art. 1119). Le concours des volontés étant nécessaire à tout contrat, il est certain que celui qui, en général, traite pour autrui, n'oblige ni celui pour qui il traite, ni soi-même. Un tel engagement est censé dérisoire, et ne peut produire aucun effet.

58. Mais il en est autrement si celui qui s'engage pour autrui a un intérêt personnel au traité. Si, par exemple, empruntant une somme, je

promets qu'un tiers me servira de caution, le
refus de ce tiers que d'ailleurs je n'ai nullement
obligé, m'expose à des dommages-intérêts. La
stipulation du fait d'un tiers, avec une clause
pénale, au cas d'inexécution, contre celui qui
s'oblige, produit aussi l'effet d'une obligation
conditionnelle (1).

59. Il est un cas où, sans avoir soi-même intérêt, on peut s'engager en promettant le fait
d'un tiers. C'est lorsqu'on se *porte fort* pour ce
tiers. Si celui-ci refuse de tenir l'engagement,
celui qui s'est porté fort est sujet à une indemnité
en faveur de la personne envers laquelle l'obligation a été contractée (art. 1120). Cette disposition
déroge donc à la règle générale de l'art. 1119.

Si celui pour qui on s'est porté fort ratifie l'engagement, celui qui l'a souscrit est complètement
dégagé. C'est comme s'il avait, dès le principe,
reçu un mandat de l'autre: *Ratihabitio mandato
æquiparatur.*

60. L'intention de se porter fort pour autrui
doit être expresse et ne se présume pas facilement.
C'est ce qu'établit le rapprochement des articles
1119 et 1120. Ainsi la simple promesse du fait

---

(1) Toullier n° 138.—M. Duranton n° 215 etc. etc.

d'autrui ne suffit pas pour faire reconnaitre cette intention (1).

**61.** Il est sans difficulté que celui qui a une qualité pour représenter autrui, comme un mandataire, un tuteur, un, mari, oblige son représenté au nom duquel il traite.

**62.** Les règles qui viennent d'être développées ne mettent pas obstacle à ce que, en traitant pour soi-même, on indique un tiers pour recevoir le paiement. Cette indication qui n'est pas obligatoire pour ce tiers, l'est pour le débiteur qui l'accepte. En ce cas, le tiers est réputé mandataire. Il est *adjectus solutionis causâ*.

**63.** La défense générale de stipuler pour autrui reçoit encore une exception : on peut pareillement stipuler au profit d'un tiers, lorsque telle est la condition d'une stipulation que l'on fait pour soi-même, ou d'une donation que l'on fait à un autre. Celui qui a fait cette stipulation ne peut plus la révoquer, si le tiers a déclaré vouloir en profiter (art. 1121).

Dans ce cas, la stipulation qui concerne le tiers se confond avec celle qui regarde le stipulant ou le donataire, puisque, sans sa réalisation, le

---

(1) M. Duranton n° 209.—C.ª Delvincourt p. 471, notes.

contrat s'évanouit ; et ceux-ci consentant au traité , il est l'expression du concours de plusieurs volontés.

On a conclu avec raison du principe que consacre cet article, que celui qui a un intérêt personnel à ce qu'une chose se fasse , stipule valablement lorsqu'il fait faire une chose pour son créancier. Les auteurs en donnent l'exemple suivant : celui qui s'est engagé à construire une maison pour autrui et qui charge une autre personne de cette construction , quoiqu'il stipule pour un tiers , fait un traité régulier ; car il stipule aussi pour soi-même (1).

**64.** Un auteur a écrit (2) que, hors les cas de l'article 1121 , on ne peut pas stipuler valablement au profit d'un tiers , même en se portant fort pour lui. Cette opinion longuement développée repose principalement sur ce qu'il résulte de l'article 1120 qu'on ne peut se porter fort pour un tiers , qu'en promettant le fait de celui-ci , c'est à dire en lui imposant une obligation passive. Cette doctrine est trop restrictive du sens de l'article 1120. Cet article pose le principe général qu'on peut se porter fort pour autrui, sans marquer

_____

(1) Pothier n° 58.—Toullier n° 153 etc. etc.
(2) M. Duranton n° 237.

suffisamment la différence entre le cas où la stipulation est onéreuse et celui où elle est avantageuse à autrui. Il consacre une exception à la prohibition de l'article 1119 , qui frappe également sur l'engagement et sur la stipulation pour autrui. L'article 1121 ne fait qu'exprimer les cas, où sans se porter fort pour autrui, on traite valablement pour autrui, et il n'est que le complément de l'article 1120 , ce qui s'induit même de sa rédaction commençant par ces mots: *on peut pareillement* etc. etc. Les cas que l'auteur cité (1) considère comme des exceptions à la règle qu'il émet , ceux où il y a déclaration de commande ou élection d'ami et ceux où il s'agit de matières commerciales , bien loin d'être des exceptions, ne sont que les conséquences , que l'application d'un principe vrai.

**65.** Il résulte bien clairement de l'article 1121 que , tant que le tiers n'a pas déclaré vouloir profiter de la stipulation , le stipulant ou donateur peut la révoquer. Si le tiers décède sans avoir fait cette déclaration , ses héritiers peuvent la faire, à moins qu'il ne s'agisse d'un droit purement personnel au défunt et non transmissible à ses héritiers.

_____

(1) Id nos 238, 239.

**66.** Le stipulant ou donateur peut révoquer la stipulation faite au profit d'un tiers qui ne l'a pas acceptée , ou en demander l'exécution pour lui même. Cette règle ne recevrait exception que dans le cas où l'obligé aurait un intérêt quelconque à exécuter le traité avec le tiers plutôt qu'avec le stipulant (1).

**67.** En s'engageant et en stipulant , on traite pour soi et pour ses héritiers et ayant-cause , à moins que le contraire ne soit exprimé , ou ne résulte de la nature de la convention (art. 1122).

Ainsi , d'après la première de ces exceptions, il est loisible à celui qui traite d'affranchir ses héritiers ou ayant cause des conséquences de l'obligation qu'il contracte , et cette convention acceptée doit recevoir son exécution. Comme aussi, on peut stipuler pour ou contre tel de ses héritiers exclusivement aux autres, toutefois dans les limites de la quotité disponible (2).

La seconde exception est fondée sur la raison , et souvent sur l'impossibilité de l'exécution du traité par un autre que celui qui l'a souscrit. Il est bien certain , par exemple , que l'obligation

---

(1) M. Duranton. n<sub>os</sub> 245—246.
(2) Toullier n° 417.—C,ª M. Duranton n° 261.

contractée par un peintre de faire un tableau, ne
passe pas à ses héritiers.

**68.** Quelquefois, on peut stipuler pour ses
héritiers, sans stipuler pour soi-même. C'est ce
qui arrive notamment dans les assurances sur la
vie.

## SECTION II.

*De la capacité des parties contractantes.*

### SOMMAIRE.

**69.** La capacité de contracter est la règle générale. L'incapacité est l'exception. Dès lors elle

·ne peut exister que dans les cas prévus par la loi (art. 1123).

**70.** Nous avons donc à vérifier quels sont ceux que la loi déclare incapables. Mais avant, il est bon d'observer, pour prévenir toute fausse idée à cet égard, que la jouissance des droits civils n'est pas une condition nécessaire de la capacité pour les contrats du droit naturel. Ainsi, comme je l'ai déjà dit, le mort civilement peut acheter, vendre etc. etc.

**71.** Les incapacités sont civiles ou naturelles. Les premières sont fondées sur une présomption de la loi que ne détruit pas la preuve contraire. Les secondes résultent de faits, d'accidens qui doivent être établis par ceux qui les allèguent.

**72.** Les incapacités civiles de contracter sont celles des mineurs, des interdits, des femmes mariées dans les cas prévus par la loi ; et généralement de tous ceux à qui la loi a prohibé certains contrats (art. 1124).

**73.** Dans le droit romain, la minorité était divisée en deux époques, la pupillarité et la puberté. La première se subdivisait encore en enfance et en puérilité. La capacité du mineur variait dans ces diverses périodes. Le Code n'admet, entre

3

les mineurs, d'autre distinction que celle qui résulte de l'émancipation. On reconnait cependant que les actes d'un enfant en bas age seraient frappés d'une nullité absolue (1).

**74.** Il faut, sous le rapport de l'incapacité, ranger dans la classe des interdits, quoique à un moindre degré, ceux auxquels un conseil judiciaire a été nommé, dans les cas des articles 499 et 513.

**75.** Les femmes mariées ne sont incapables, comme nous l'apprend l'article 1124, que dans les cas exprimés par la loi. Car il est des circonstances dans lesquelles elles peuvent traiter sans l'autorisation de leurs maris, ce qui s'applique à la femme séparée de biens qui peut aliéner son mobilier (art. 1449), et à celle qui est marchande publique (art. 220).

**76.** La dernière disposition de l'article 1124 porte sur certains contrats qui, dans des positions données, sont interdits à certaines personnes. Ainsi, par exemple, le tuteur ne peut pas acheter les biens de son pupille (art. 450), le mandataire les biens qu'il a mandat de vendre (art. 1596), les époux les biens les uns des autres (art. 1595),

---

(1) Toullier n° 104.—M. Duranton n° 278.

les juges, suppléans etc. etc. certains procès, droits
et actions litigieux (art 1597) ; la société universelle est défendue à ceux qui ne peuvent pas mu-
tuellement se donner ou recevoir (art. 1840).

**77.** Le Code ne s'occupe ici que des incapacités civiles. Il n'est pas moins certain que les incapacités naturelles autorisent, aussi bien que les
civiles, l'exercice de l'action en nullité. Pour s'o-
bliger valablement , il faut être en effet, sain
d'esprit. Celui qui ne jouit pas de ses facultés
intellectuelles , pour une cause quelconque , ne
peut pas donner un consentement , et , sans
consentement , il n'y a pas d'obligation.

**78.** Le mineur , l'interdit et la femme mariée
ne peuvent attaquer, pour cause d'incapacité ,
leurs engagemens, que dans les cas prévus par
la loi (art. 1125). Mais quels sont ces cas ? cette
question a donné lieu à une sérieuse controverse qui devra être éxaminée avec les articles
1304 et suivans.

**79.** Ce n'est que dans l'intèrêt du mineur et
autres, que l'incapacité est prononcée. Il résulte
de cette observation que les personnes capables
de s'engager ne peuvent opposer l'incapacité
du mineur , de l'interdit ou de la femme mariée,
avec qui elles ont contracté (id). la nullité de l'en-

gagement de ceux-ci est donc seulement relative, et non pas absolue.

## SECTION III.

*De l'objet et de la matière des contrats.*

### SOMMAIRE.

80. *Ce qu'on entend par objet ou matière des contrats.*
81. *Sens du mot* choses *objet des contrats.*
82. *Les choses promises doivent avoir une utilité ou procurer un agrément.*
83. *Ce qui appartient au stipulant ne peut pas être l'objet de la promesse.*
84. *Il en est autrement de l'usage ou de la simple possession.*
85. *Des choses qui ne sont pas dans le commerce.*
86. *De la détermination de la chose.*
87. *Ou d'un fait objet de l'obligation.*
88. *Il faut que la chose promise soit possible. En quel sens cette nécessité doit être entendue.*
89. *Exception à la règle qui permet que les choses futures soient l'objet des obligations.*
90. *Exception à celle qui ne permet pas de traiter sur les choses qui ont cessé d'exister.*

**80,** On appèle objet ou matière des contrats, le but final de la convention, ce que veulent se procurer les contractans. Une chose que l'une des parties s'engage à donner ou à procurer à l'autre, un fait à accomplir ou dont il faut s'abstenir,

tels sont les objets que peuvent avoir les contrats
(art. 1126). Un contrat synallagmatique doit
donc avoir autant d'objets qu'il contient d'obligations réciproques. Dans la vente , le prix pour
le vendeur , la chose vendue pour l'acquéreur,
sont les objets du contrat.

81. Le mot *choses* se prend ici dans le sens le
plus étendu. Il comprend ce qui est incorporel
comme ce qui est corporel.

82. Il n'y a d'obligation valable que lorsque la
chose objet du traité est utile ou agréable , d'une
manière quelconque , au stipulant. Car s'il était
démontré qu'elle lui est de la plus complète inu-
tilité , la convention serait réputée dérisoire et
non écrite : *nec promissa igitur servanda sunt ea*
*qvæ sunt eis quibus promiseris inutilia* ( Cicéron
de Offic. lib. 1. cap. 10.) (1).

83. Par application du même principe , il faut
reconnaître que ce qui appartient au stipulant
ne peut pas être l'objet de la promesse qui lui est
faite, lors même que postérieurement cela ces-
serait de lui appartenir : *quod meum est ampliùs*
*meum fieri nequit.* (2).

---

(1) Toullier nᵒ 146.
(2) M. Duranton nᵒ 322.

84. Puisqu'il suffit que l'objet du contrat procure une utilité quelconque à l'une des parties, il n'est pas nécessaire qu'il porte sur la propriété d'une chose. Son simple usage, comme dans le louage, ou sa simple possession, comme dans le dépôt, peuvent, aussi bien que la chose même, être l'objet du contrat (art. 1127).

85. Mais toutes les choses ne peuvent pas être l'objet des conventions. Il faut, pour cela, qu'elles soient dans le commerce (art. 1128). Sont dans le commerce celles qui, d'après leur nature ou les lois, peuvent être vendues et achetées, sont susceptibles de propriété privée. Ainsi notamment, sont hors du commerce, les choses communes, comme l'air, la mer et les eaux courantes, les droits de souveraineté, les droits contraires à l'indépendance des personnes, les choses consacrées à des usages publics. Relativement à ces dernières, la prohibition n'est que temporaire; car elle cesse avec leur destination. Il est encore certains objets dont des motifs de sureté publique ou d'intérêt général ont fait défendre le commerce, comme les armes secrètes, les images ou écrits contraires aux mœurs (cod. pén. art. 314, 287, 477), ou les biens dotaux.

86. L'obligation doit avoir pour objet une cho-

se au moins déterminée quant àson espèce (art.
1129). autrement , il y aurait impossibilité de
connaître l'intention des contractans. Il ne suffirait donc pas que la chose fut déterminée quant
au genre. La promesse d'un animal , sans autre
désignation serait nulle. Mais celle d'un cheval ,
sans autre explication , serait valable. Nous verrons , en examinant l'article 1246 comment elle
devrait être exécutée.

Si l'obligation a pour objet des choses fongibles,
la quotité peut en être incertaine , pourvu qu'elle
puisse être déterminée ( id.). La promesse de donner du blé , du vin serait nulle , puisque , vague-
ment faite , elle serait susceptible , dans son exécution , d'excéder toutes les ressources de celui
qui s'est obligé , ou pourrait être réduite à presque rien. Mais si elle avait pour objet , par exemple , les denrées nécessaires à l'entretien du
créancier pendant une année , elle serait valable.
La quotité , au cas de contestation , serait ap-
préciée par les tribunaux , selon les circonstances
de l'obligation ou la position des parties.

87. Le fait qui serait l'objet d'une obligation
devrait aussi être déterminé , ou au moins susceptible de l'être , d'après l'intention présumée
des contractans. La promesse de bâtir une mai-

son, sans dire en quel lieu, serait comme non avenue (1).

88. Pour la validité du contrat, la chose promise doit être possible à donner ou à faire, et c'est la possibilité absolue et non pas celle qui ne serait que relative qui doit être considérée (2). L'impossibilité peut être d'ailleurs naturelle ou civile, morale ou physique.

89. Les choses futures peuvent être l'objet d'une obligation (art. 1130). On peut vendre la récolte que doit produire un champ, les bénéfices d'une spéculation à peine commencée, même une simple espérance. Mais cette faculté reçoit plusieurs exceptions. Une loi du 6 messidor an 3, voulant prévenir des spéculations coupables et conserver les moyens de subsistance, défend la vente des grains en vert et pendans par racines. Mais l'application de cette loi doit être rigoureusement restreinte à la nature des produits qu'elle détermine. On ne peut pas non plus renoncer à une succession non ouverte, ni faire aucune stipulation sur une pareille succession, même avec le consentement de celui

---

(1) L. 2. C. 5. De eo quod cert. loc.—Pothier n° 137.
(2) Pothier n° 136.—M. Duranton n° 317.

de la succession duquel il s'agit (id.). En expliquant l'article 791 qui contient la même disposition, j'en ai fait connaître les motifs.

**90.** En principe, les choses qui ont cessé d'exister ne peuvent pas être l'objet d'une obligation. Il est néanmoins un contrat aléatoire, l'assurance maritime, dans lequel cette régle reçoit exception. Ce cas est réglé par les articles 365 et suivans du Code de commerce.

## SECTION IV.

### *De la cause.*

SOMMAIRE.

**91.** Un contrat sans cause, ou sur une fausse cause, ou sur une cause illicite, ne peut avoir aucun effet (art. 1131).

La cause d'une obligation ou d'un contrat est le motif déterminant, prochain, direct, de la promesse qu'il contient. L'obligation peut d'ailleurs avoir un motif éloigné, médiat, qu'il ne faut pas confondre avec la cause. Ainsi, par exemple, dans la pensée que mon cheval est mort, j'en achète un autre. La vente est valable quoique mon cheval ne soit pas mort. La seule pensée de sa perte n'était que le motif éloigné du contrat, l'autre cheval qui m'est livré en est la cause. En un mot, la cause est le but final du contrat, le motif donne seulement l'impulsion pour contracter. On voit, d'après ces observations, que la cause dont l'absence vicie le contrat se confond avec son objet.

**92.** La cause doit donc exister dans tous les contrats. Mais elle peut varier, selon leur diverse nature. Une obligation naturelle pour laquelle la loi ne donne pas d'action, peut être néanmoins la cause d'une obligation civile. Celui que la prescription a libéré d'une dette qu'il avait contractée, peut se constituer plus tard valablement débiteur de la même somme (1). Mais il faut que la preuve de son obligation soit faite conformément à la loi civile (2).

**93.** La reconnaissance, un sentiment d'honneur ou de délicatesse, peuvent être de justes causes des obligations.

**94.** L'utilité publique en produit aussi un grand nombre. Telles sont, entre autres, les obligations de faire partie de l'armée, du jury, celles de payer les impôts, de souffrir certaines servitudes.

**94.** Ce n'est pas l'expression de la cause,

(1) M. Duranton nᵒ 337 et suiv.
(2) Toullier nᵒ 187.

mais son existence qui est indispensable au contrat. Aussi, la convention est valable (si elle a
une cause), quoique la cause n'en soit pas exprimée (art. 1132). Mais, dans ce cas, est-ce
au créancier de prouver la cause réelle dont l'expression a été omise, ou bien au débiteur de
prouver que l'obligation n'a pas de cause?

Sans insister sur la controverse qu'a fait naître cette importante question, je me bornerai
à dire qu'il est fort difficile de la résoudre d'une
manière absolue, et que sa solution dépendra
le plus souvent des circonstances ou des termes
même de l'obligation. C'est en ce sens que la
jurisprudence parait fixée. Ainsi, un billet sera
ainsi conçu : Je paierai, ou je promets de payer,
sans autres expressions. Rien, dans ce cas, ne
met sur la voie de la cause, ne la fait présumer : Le créancier demandeur devra donc en
rapporter la preuve ; et, en l'absence de tout
indice sur la cause, le débiteur ne devra pas
être tenu d'une preuve négative Mais si le billet
porte : *Je reconnais devoir, je paierai parce que
je suis débiteur,* ces mots font présumer qu'un
prêt a eu lieu, et cette présomption ne sera détruite que par la preuve qu'il ne doit pas, que
doit faire le souscripteur de la promesse (1).

(1) M. Duranton nº 353 et suiv. Dalloz T. 10. page 461
nº 7 et suiv.

**96.** L'obligation sur fausse cause est sans effet comme celle qui est sans cause. Mais ceci ne s'applique qu'au cas où la cause faussement exprimée déguise l'absence d'une cause, et non à celui où la fausse cause ne fait que suppléer une cause réelle. Ce sera au débiteur qui soutient que la cause exprimée est fausse, de le prouver, et, cette preuve une fois faite, ce sera au créancier d'établir la réalité d'une cause non exprimée, à moins que la fausseté de la cause exprimée ne soit établie que par l'aveu du créancier qui indique en même temps une cause réelle. Cet aveu serait indivisible (art. 1356) (1).

**97.** La cause est illicite, quand elle est prohibée par la loi, quand elle est contraire aux bonnes mœurs, ou à l'ordre public (1133). Nous savons que les effets de cette cause sont régis par d'autres principes, dans les actes de libéralité (art. 900).

Ainsi, je promettrais une somme à celui qui tuerait mon ennemi, à celui qui incendierait une maison, à celui qui ferait une action deshonnête; l'accomplissement de ces faits ne me

---

(1) Toullier nos 176 - 177.—M. Duranton no 348 et suiv.

soumettrait à aucune obligation. Car ma promesse était contraire à la loi ou aux bonnes mœurs (1).

98. Cependant si j'avais payé ce que j'avais promis, je ne pourrais pas 'en exiger la restitution : *Si et dantis et accipientis turpis causa sit, possessorem potiorem esse, et ideò repetitionem cessare.* L. 8 ff. de condit. ob turp. caus. (2).

99. Une promesse est valable, si elle est faite à une personne pour qu'elle fasse ce dont elle n'était tenue que moralement ou naturellement et non civilement. Cette cause en effet n'a rien d'illicite. Car l'obligation de celui à qui j'ai promis n'était *qu'imparfaite.* Mais il en est autrement si cette personne était déjà tenue de ce que je lui impose par une obligation *parfaite* ou civile. Alors la promesse aurait une cause illicite, ou pour mieux dire serait sans cause (3).

100. Si, pour obtenir les faveurs d'une femme ou pour la récompenser d'un commerce immoral, on lui fait une promesse dans laquelle cette cause est exprimée, elle est évidemment nulle.

---

(1) Pothier n° 43.—Toullier n° 126 etc.
(2) id. id.
(3) Pothier n° 46.—. Duranton n° 342.

Mais si la cause est déguisée sous l'apparence d'un contrat onéreux, ou bien si une donation est directement faite, ces actes devront recevoir leur exécution. Nous avons vu en effet (T. 3. Nᵒ 522) que le concubinage n'est pas une cause de nullité des libéralités faites entre les personnes qui vivent dans cet état (1).

**101.** Tout traité qui porterait atteinte à la liberté des personnes aurait une cause illicite, comme dans le cas où on engagerait ses services à vie.

**102.** Les dettes de jeu ou les paris ont aussi une cause illicite (art. 1965, 1966, 1967.)

**103.** Il en est de même de toute aliénation des droits civils ou politiques, de toute transaction sur l'état des personnes, des traités faits entre particuliers pour obtenir des nominations à des emplois publics qu'il n'appartient qu'au pouvoir de conférer. La question de savoir si une promesse faite au titulaire d'un emploi pour qu'il donne sa démission, est valable, est diversement jugée par les tribunaux (2). Je pencherais vers l'affirmative. Il s'agit d'un fait purement

(1) M. Duranton nᵉ 368.
(2) Dalloz page 472. nᵒ 17.

personnel au renonçant qui a pu être déterminé par l'offre qui lui a été faite, comme il aurait pu l'être par une autre cause (1).

104. Une obligation sans cause, sur fausse cause, ou sur cause illicite peut-elle être valablement confirmée ou ratifiée ?

D'un coté (2) on prétend que l'absence d'une cause ou l'existence d'une cause illicite produisant l'action en nullité de l'obligation, la confirmation ratification ou exécution volontaire de cette obligation emporte la renonciation aux moyens et exceptions qu'on pouvait opposer contre-elle (art. 1338). On ajoute que si, par exemple, le traité avait eu pour objet une chose qui n'existait pas lorsqu'il avait eu lieu, le paiement de cette chose fait en connaissance de cause est une donation : *cujus per errorem dati repetitio est, ejus consultò dati donatio est.* L. 53 ff. De reg. jur.

D'un autre côté (3) on dit que la nullité d'une telle obligation ne peut pas être couverte par la ratification ou exécution qui est elle-même sans cause, et que, pour pouvoir être confirmées ou ratifiées, les conventions doivent avoir au moins

---

(1) Delvincourt T. 2 page 473, notes.
(2) Toullier n° 180.
(3) M. Duranton n° 371.

une existence dont sont susceptibles celles qui sont entachées de dol ou de violence, mais non celles qui sont sans cause.

Cette dernière opinion me semble plus con‑ forme aux principes.

La première ne serait admissible qu'autant que les actes confirmatifs couvriraient toute sorte de vices originaires, ce qui n'est pas même exact, puisqu'ils ne font pas disparaître ceux des dona‑ tions entre vifs (art. 1339). Mais la raison de dé‑ cider est surtout dans la différence qu'il y a en‑ tre ce qui existe quoique entaché d'un vice, et ce qui n'a aucune existence. Telle est l'obligation sans cause. A la verité, la solution fondée sur la loi romaine qui vient d'être citée, est juste, s'il s'agit d'objets mobiliers qui peuvent être ma‑ nuellement donnés. Mais si l'exécution volontaire d'une obligation sans cause, avait pour objet la tradition d'un immeuble qui ne peut avoir lieu que dans les formes voulues par le Code, cette exécution ne couvrirait pas la nullité.

4

## CHAPITRE III.

*De l'effet des obligations.*

### SECTION PREMIÈRE.

*Dispositions générales.*

#### SOMMAIRE.

105. *Objets généraux des obligations.*
106. *Sens de la disposition que* les conventions tiennent lieu de loi.
107. *Comment les conventions d'intérêt privé seulement peuvent être révoquées.*
108. *Tous les contrats doivent être exécutés de bonne foi.*
109. *A quoi obligent les conventions.*
110. *Effets des choses qui sont de l'essence ou de la nature des contrats, et de celles qui sont seulement accidentelles.*

**105.** Toute obligation, ainsi que nous l'avons déjà vu, a pour objet une chose ou un fait, c'est à dire une chose à donner, ou à faire, ou à ne pas faire.

**106** Avant d'examiner ces divers objets des obligations, le Code a consacré quelques règles générales qui s'appliquent à toutes.

La première est que les conventions légalement formées tiennent lieu de loi à ceux qui les ont faites (art. 1134).

On avait d'abord conclu de ces expressions , que les jugemens en dernier ressort, qui avaient méconnu les conventions légalement formées , pouvaient être déférés à la cour de cassation dont les attributions sont de maintenir l'exécution des lois. Mais cette doctrine a été abandonnée ; et il a été reconnu que la cour de cassation ne veille qu'au maintien des lois générales , obligatoires pour tous et par conséquent d'intérêt public , tandis que les conventions étant des lois d'intérêt privé , intéressantes seulement pour ceux qui les ont faites , sont exclusivement dans le domaine des tribunaux ordinaires , et ne constituent que des faits appréciables seulement par eux. La violation d'un contrat n'autoriserait le recours en cassation , qu'autant qu'il y aurait une loi qui déterminerait l'essence d'un contrat, et qu'on prétendrait que cette loi a été violée (1).

107. Les conventions qui ne sont que d'intérêt privé peuvent être révoquées pour les causes que la loi autorise , ou du consentement mutuel des parties (id).

Ce dernier mode de révocation est fondé sur la raison. *Nihil tam naturale est , quam eo genere quidquid dissolvere, quo colligatum est.* L. 35. ff. De Reg. Jur. Cette faculté néanmoins n'est pas

---

(1) Toullier n. 193.—M. Duranton nᵒˢ 379 - 380.

applicable aux contrats qui intéressent l'ordre public, comme le mariage, la reconnaissance d'enfans naturels. Elle ne l'est pas non plus aux conventions contenant un avantage pour un tiers et qui ont été acceptées par lui (1).

108. Les contrats doivent être exécutés de bonne foi (id). Cette disposition est générale et régit toutes les conventions. On n'admet donc plus cette distinction que faisaient les Romains en contrats *bonæ fidei et stricti juris.*

109. Non seulement les conventions obligent à ce qui y est exprimé, mais encore à toutes les suites que l'équité, l'usage ou la loi donnent à l'obligation, d'après sa nature (art. 1335).

Ainsi, un ouvrage dont le prix n'a pas été fixé, aura été commandé à un ouvrier. *L'équité* veut que la juste valeur en soit payée. Ainsi encore, pour donner congé à un fermier ou locataire, on se conformera, à défaut de convention particulière, à l'usage des lieux.

110 Dans les contrats, on fait une distinction élémentaire entre les choses qui sont de leur *essence*, celles qui sont de leur *nature*, et celles

---

(1) Toullier loc. cit. etc.

qui sont purement *accidentelles*. Sans les premières, le contrat ne peut pas subsister. Tels sont,
dans la vente, la chose vendue, le prix, le consentement ; la gratuité, dans le commodat ou
le dépôt. Mais le contrat peut exister sans les
secondes. La garantie, par exemple, est de la
nature de la vente qui n'est pas moins valable
quoique la non garantie ait été stipulée. Enfin,
les troisièmes sont celles qui ne dépendent que
de la volonté des parties, comme le terme accordé pour le paiement d'une dette (1).

## SECTION II.

### De l'obligation de donner.

#### SOMMAIRE.

111. *Sens qu'a ici le mot* donner.
112. *Conséquences de l'obligation de donner.*
113. Quid *Si la chose promise n'est pas un corps
certain.*
114. *Celui qui s'est obligé à livrer une chose, ne s'affranchit pas en offrant des dommages et intérêts.*
115. *Ancienne théorie des fautes. Elle n'est pas conservée par le Code. Ses principes.*
116. *Le consentement, sans tradition, suffit, en général, à la perfection des conventions.*
117. *Quand le créancier a* jus in re. *Quand il a seulement* jus ad rem.

_____

(1) Toullier n° 196 et suiv. etc. etc.

**111.** Le mot *donner* est pris ici dans son acception la plus générale. Il s'applique non seulement à la transmission de la propriété des choses, mais encore à leur simple usage, à leur simple possession.

**112.** L'obligation de donner emporte celle de livrer la chose et de la conserver jusqu'à la livraison, à peine de dommages et intérêts envers le créancier. (art. 1136).

**113.** L'obligation de conserver la chose ne s'applique qu'aux cas où la convention a pour objet un corps certain et déterminé, et non à ceux où la chose à livrer ne serait déterminée que par son espèce. Il est sensible, en effet, que celui qui s'engage à payer une somme d'argent, ne contracte pas l'obligation de conserver les espèces qu'il a en sa possession, lorsqu'il traite.

**114.** Le défaut de livraison ou de conservation de la chose se résout en dommages et intérêts. Il ne faut pas néanmoins conclure de ce principe que celui qui s'est obligé à livrer une chose, puisse se soustraire à cette obligation, en offrant des dommages et intérêts. Le créancier peut poursuivre la remise de la chose promise, tant qu'il y a possibilité pour lui de l'obtenir, si mieux il n'aime, sur le refus du débiteur de la livrer, se contenter de demander des dommages et intérêts. C'est, au reste, à cette dernière ressource qu'il est forcément réduit, si la chose n'a pas été conservée.

**115.** L'obligation de veiller à la conservation de la chose, soit que la convention n'ait pour objet que l'utilité de l'une des parties, soit qu'elle ait pour objet leur utilité commune, soumet celui qui en est chargé *à y apporter tous les soins d'un bon père de famille.* Cette obligation est plus ou moins étendue, relativement à certains contrats, dont les effets, à cet égard, sont expliqués sous les titres qui les concernent (art. 1137).

Dans les principes du droit Romain, on connaissait trois espèces de fautes auxquelles pouvaient être soumis ceux qui étaient tenus à la conservation d'une chose pour autrui : la faute très légère *culpa levissima*, qui consistait à ne pas apporter à cette conservation les soins que les personnes les plus attentives mettent à leurs affaires ; la faute légère *culpa levis*, qui consistait à n'y pas apporter les soins du commun des hommes ; et la faute lourde *culpa lata*, qui consistait dans l'omission des soins que les hommes les moins attentifs donnent à ce qui leur appartient. Plus le débiteur de la chose avait d'intérêt personnel à sa possession, plus il était étroitement tenu. Ainsi l'emprunteur, dans le prêt à usage, était tenu de la faute très légère, tandis que le dépositaire n'était tenu que de la faute lourde.

Le Code n'admet plus aussi rigoureusement ces distinctions qui étaient une source de procès. C'est ce qu'établissent les termes généraux de l'article 1137. Il a voulu s'en remettre, en règle générale, pour l'appréciation du degré de soin que le débiteur d'une chose doit apporter à sa conservation, à la sagesse des tribunaux qui décident d'après les circonstances (1). Cette règle reçoit exception pour certains contrats sur lesquels la loi s'est particuliérement expliquée, dans les cas, par exemple, des articles 1882, 1928, 1992 etc.

**116.** Nous savons déjà qu'en règle générale, la tradition n'est plus nécessaire à la transmis-

---

(1) Toullier n<sup>os</sup> 234 235.—M. Duranton n° 309 et suiv.

sion de la propriété, et que le consentement
des parties suffit pour opérer cet effet. Le principe déjà posé dans l'article 711 se retrouve dans
notre titre : l'obligation de livrer la chose est
parfaite par le seul consentement des parties con-
tractanctes (art. 1138).

**117.** Par le seul effet de l'obligation, le créancier devient propriétaire (id). Il a donc immédiatement l'action réelle, *jus in re*, tandis qu'autrefois, il n'avait que l'action personnelle, *jus ad
rem*. Cependant il convient d'observer que la
convention dont l'objet n'est pas la transmission
de propriété, comme le louage, le prêt à usage,
ne produit jamais que l'action personnelle, et
qu'il en est de même de celle dont l'objet ne serait pas certain, comme s'il s'agissait du prêt
d'une somme d'argent. L'article 1141 sur lequel
je reviendrai, consacre encore une exception à
l'exercice de l'action réelle.

**118.** Toutefois, en ce qui concerne la transmission de propriété, il y a une distinction à
faire entre le cas où la convention de livrer a
pour objet un immeuble, et celui ou elle a pour
objet une chose *purement* mobilière·

L'examen des effets de l'obligation de donner
ou de livrer un immeuble est renvoyé par notre

titre (art. 1140) au titre de la vente et au titre des privilèges et hypothèques. Ce renvoi fut motivé par l'incertitude qui régnait, lors de la rédaction de notre titre , sur les conditions de la translation des propriétés immobilières. On était alors sous l'empire de la loi du 11 Brumaire an 7 qui fixait la date de la vente par celle de la transcription et non par celle de l'acte ; et déjà le projet de changer ce mode existait. Nous verrons plus tard qu'il n'est plus en vigueur aujourd'hui.

**119.** Que si la chose qu'on s'est obligé de donner ou de livrer à deux personnes successivement est purement mobilière , celle des deux qui en a été mise en possession réelle est préférée et en demeure propriétaire , encore que son titre soit postérieur en date, pourvu toutefois que la possession soit de bonne foi (art. 1141).

Les mots de cet article *purement mobilière* indiquent qu'il ne s'applique qu'aux choses corporelles , mobilières de leur nature (art. 528) , et non aux choses incorporelles qui ne sont meubles que par la détermination de la loi (art. 529), pour lesquelles il existe un autre mode de translation de propriété (art. 1690).

**120.** L'effet donné par l'article 1141 à la possession réelle a pour cause la circulation facile des choses purement mobilières, et la nécessité de prévenir les contestations auxquelles elle donnerait lieu. Le même principe est consacré par l'article 2279, suivant lequel, en fait de meubles, la possession vaut titre.

121. Je dois revenir encore à l'article 1138. Après avoir dit que l'obligation de livrer la chose rend le créancier propriétaire, cet article ajoute qu'elle met la chose à ses risques *dès l'instant où elle a du être livrée,* encore que la tradition n'en ait point été faite, à moins qus le débiteur ne soit en demeure de la livrer; auquel cas la chose reste aux risques de ce dernier.

Je n'insisterai pas long-temps sur une observation faite par tous ceux qui ont écrit sur le Code, et qui est de la plus frappante évidence, que ces mots: *dès l'instant où elle a dû être livrée* sont une rédaction vicieuse, et que la loi a voulu dire : *dès l'instant où est née l'obligation de livrer,* ce qui est bien différent. Car si cette rédaction du Code était maintenue, elle serait contraire au premier principe que pose le même article, suivant lequel le seul consentement rend l'obligation parfaite; et l'obligation ne serait telle qu'au terme fixé pour la livraison, ce qui est inadmissible.

122. La chose promise qui périt en la posses-

sion du débiteur (et sans sa faute) périt donc pour le compte du créancier qui en est propriétaire, à moins que le débiteur ne soit en demeure ou en retard de la livrer. Mais quand le débiteur sera-t-il en demeure?

**123.** Il sera constitué en demeure (de *mora* retard), soit par une sommation ou par un autre acte équivalent, soit par l'effet de la convention, lorsqu'elle porte que, sans qu'il soit besoin d'acte, et par la seule échéance du terme, le débiteur sera en demeure (art. 1139).

Je reviendrai sur la nécessité et sur les effets de la demeure, à la section 4 de ce chapitre, qui règle les dommages et intérêts résultant de l'inexécution de l'obligation.

## SECTION III.

### De l'obligation de faire ou de ne pas faire.

#### SOMMAIRE.

**124.** Chacun est libre d'engager sa personne et ses actions, dans les limites marquées par la loi. Mais les obligations de cette nature peuvent être rendues sans effet direct, par la seule volonté du débiteur : *nemo cogi potest ad factum.* Toute obligation de faire ou de ne pas faire se résout donc en dommages et intérêts, en cas d'inexécution de la part du débiteur (art. 1142).

**125.** Mais ces dommages ne sont pas l'objet alternatif du contrat dont le débiteur ne peut pas se délier, en les offrant, au lieu du fait qu'il a promis, tant que l'obligation peut encore s'accomplir. Aussi la règle de l'article 1142 n'est-elle qu'en faveur du créancier (1).

**126.** Quoique, d'après le principe de l'article 1122, on promette non seulement pour soi, mais encore pour ses héritiers, il est des cas où la promesse de faire n'est pas obligatoire pour eux.

---

(1) Toullier nº 218.

C'est lorsque le débiteur s'est engagé pour un fait qui lui est purement personnel. Il en serait différemment si le pacte était réel.

**127.** Si l'obligation est de faire, le créancier peut, en cas d'inexécution, être autorisé à la faire exécuter lui-même, aux dépens du débiteur (art. 1144). Il a donc à opter entre ce moyen et les dommages et intérêts. Cette option n'est pas accordée au créancier, s'il s'agit d'une obligation de donner, et le créancier ne peut pas se faire autoriser à acheter la chose promise, aux dépens du débiteur (1).

**128.** Le seul retard dans l'exécution de l'engagement de faire, ne le résout pas nécessairement en dommages et intérêts. Le débiteur peut offrir le fait promis, s'il est encore possible. Cette offre peut être acceptée ou refusée selon les circonstances ; et le créancier peut, même en l'acceptant, obtenir des dommages et intérêts résultant du seul retard (2).

**129.** Si l'obligation est de ne pas faire, et qu'il y ait été contrevenu, le créancier a le droit de demander que ce qui aurait été fait soit détruit,

---

(1) Delvincourt tom. 2 page 529, notes.
(2) Toullier n° 219.

et il peut se faire autoriser à le détruire aux dépens du débiteur , sans préjudice des dommages
et intérêts , s'il y a lieu (art. 1143).

150. Dans ce cas , les dommages et intérêts sont
dus par le seul fait de la contravention (art. 1145),
tandis que la contravention de celui qui s'est obligé à faire n'est constatée que par sa mise en de
meure.

## SECTION IV.

*Des dommages et intérêts résultant de l'inexécution*
*de l'obligation.*

### SOMMAIRE.

ont été ou qui ont pu être prévus. *Exception au*
*cas de dol.*

139. *Ils ne peuvent excéder, en aucun cas, le préju-*
*dice immédiat et direct résultant de l'inexécution.*
*Exemples.*

140. *Les dommages et intérêts fixés par la convention*
*sont irrévocables.*

141. *Le débiteur a-t-il l'option de les payer ou d'exé-*
*cuter l'obligation ?*

142. *Seuls dommages et intérêts que peut produire le*
*retard dans le paiement d'une somme due.*

143. *Taux des intérêts légaux ou conventionnels.*

144. *Le débiteur en retard de payer une somme d'argent*
*peut, dans certaines circonstances, être tenu de*
*plus forts dommages et intérêts.*

145. *Les intérêts ne sont dus, en général, que du jour*
*de la demande.*

146. *C'est de la demande des intérêts qu'il s'agit et*
*non de celle du capital.*

147. *Ce que c'est que la demande.*

148. *Cas où les intérêts courent de plein droit.*

149. *Des intérêts des intérêts, ou de l'anatocisme.*

150. *On peut convenir que le débiteur paiera les intérêts*
*d'une année qu'il retiendra. Cas où les intérêts de*
*moins d'une année peuvent en produire d'autres.*

151. *Ces intérêts des intérêts ne sont ainsi dus, en*
*général, qu'à dater de la demande.*

152. *Exception à la règle pour les revenus échus, fer-*
*mages etc. Son motif.*

153. *Motif de l'exception relative aux intérêts payés*
*par un tiers.*

**131** Il a été souvent question de dommages et intérêts , dans les deux sections précédentes. Celle-ci contient toutes les règles et explications qui complètent cette matière.

On appèle dommages et intérêts, l'indemnité due par le débiteur au créancier, qui est, en général, de la perte qu'il a faite et du gain dont il a été privé (art. 1149). Les auteurs les définissent ainsi : *lucrum cessans*, *damnum emergens*. Tantôt ils sont fixés par la loi, tantôt par la convention, tantôt par le juge ou par des experts.

**132.** Ils peuvent être produits par des causes diverses : l'inexécution de la convention, le retard dans l'exécution, la mauvaise exécution.

**133.** Ils ne sont dus que lorsque le débiteur est en demeure de remplir son obligation (n° 123), excepté néanmoins lorsque la chose que le débiteur s'était obligé de donner ou de faire , ne pouvait être donnée ou faite , que dans un certain temps qu'il a laissé passer (art. 1146):

Tant, en effet, qu'il ne constitue pas le débiteur en demeure, le créancier est présumé n'éprouver aucun préjudice ; et l'exception que mentionne cet article, à la nécessité de la mise en demeure, peut résulter soit des termes de la convention ,

5

soit de son esprit. Celui, par exemple, qui a
traité avec des moissonneurs pour faire sa récolte,
n'a pas besoin de les mettre en demeure, pour
obtenir des dommages, lorsque la saison de la
récolte est passée.

154. Cependant, la mise en demeure ne suffit pas toujours pour que le créancier obtienne
des dommages et intérêts. C'est vainement qu'elle
aurait eu lieu, si l'empêchement à l'exécution
provenait du fait du créancier, comme s'il s'était
absenté, alors que l'objet promis devait être remis à sa personne même, à son domicile ; ou bien,
si sa qualité ne lui permettait pas de recevo irva-
lablement, comme s'il était mineur, sans représentant légal ; ou bien encore, si un tiers avait
fait opposition à la remise, entre les mains du
débiteur.

Si même, postérieurement à la mise en demeure, le créancier renouvelle la cause de l'o-
bligation ou accorde un délai, sans réserves, il
est présumé avoir renoncé à son avantage, et
les dommages ne lui sont pas dus.

155. La bonne foi du débiteur ne suffit pas pour
l'affranchir des dommages et intérêts. Il faut encore qu'il prouve que l'inexécution provient d'une
cause qui lui est étrangère, et qui ne peut lui
être imputée (art. 1147). Remarquons que ces

deux conditions sont indispensables. Car si la
cause étrangère au débiteur peut lui être imputée, les dommages sont dus, ce qui a lieu, par
exemple, dans le cas où pouvant se procurer l'objet promis, avant l'échéance du terme, le débiteur
a négligé de le faire , et se trouve dans l'impossibilité de l'avoir, après l'époque fixée pour la remise.

**156.** Les dommages et intérêts ne sont pas dus,
lorsque, par suite d'une force majeure ou d'un
cas fortuit, le débiteur a été empêché de donner ou de faire ce à quoi il était obligé, ou a fait
ce qui lui était interdit (art. 1148).

Le débiteur qui fonde son exception sur le cas
fortuit , doit le prouver. Il est même des circonstances où cette preuve ne le libérerait pas de l'o-
bligation, si, par exemple, il s'en est spécialement
chargé par la convention , ou s'il est en demeure
et qu'il ne prouve pas que la chose eut également
péri entre les mains du créancier , ou s'il a soustrait la chose (art. 1302), ou enfin si le cas fortuit a été précédé d'une faute de sa part (art.-
1807, 1881). Dans cette dernière hypothèse,
lorsque le cas fortuit est établi par le débiteur ,
c'est au créancier de prouver la faute (1).

---

(1) Toullier nº 228 etc.

**157.** Il est sans difficulté que les dommages et intérêts sont dus , si l'inexécution provient du dol du débiteur. La clause par laquelle il aurait été stipulé qu'il ne répondrait pas de son dol serait nulle, comme contraire aux bonnes mœurs (1).

**158.** La règle qui fixe les dommages et intérêts au montant de la différence de la perte au gain (n° 131), reçoit quelques exceptions que la loi prévoit. Ainsi, quelque soit le préjudice réellement souffert par le créancier , il n'a droit qu'aux dommages et intérêts qui ont été prévus ou qu'on a pu prévoir lors du contrat, lorsque ce n'est point par le dol du débiteur que l'obligation n'est point exécutée (art. 1150).

Il résulte donc de ces dernières expressions que , pour l'appréciation des dommages et intérêts , il faut distinguer s'il y a eu dol ou non de la part du débiteur. Au second cas , ils ne sont qu'à concurrence du préjudice qu'on a prévu ou qu'on a pu raisonnablement prévoir. Ainsi, l'acquéreur d'un domaine est évincé ; le vendeur de bonne foi ne lui devra, outre la restitution du prix , que la valeur des dépenses utiles faites sur le domaine , et non de celles de pur agrément.

---

(1) Toullier n° 226.

Il devra aussi la plus value résultant de l'augmentation de valeur (art. 1633). Ces circonstances ont pu être, en effet, prévues lors du contrat.

Au premier cas, le débiteur sera tenu des dommages et intérêts prévus et imprévus. Le vendeur
devra donc, dans l'exemple donné, les dépenses de pur agrément, comme les dépenses utiles.

159. Mais, en aucun cas, lors même qu'il y
a eu dol du débiteur, les dommages et intérêts
ne doivent pas aller, à l'égard de la perte éprouvée par le créancier et du gain dont il a été privé,
au delà de ce qui est une suite immédiate et directe de l'inexécution de la convention (art.-
1151).

Appliquons cette règle au cas d'absence de
dol et à celui de dol.

Un individu ignorant que son cheval est atteint d'un mal contagieux me le vend. Ce cheval
communique le mal à d'autres, et ils périssent
tous. Les dommages et intérêts ne seront que
de la valeur du cheval vendu (1). L'ignorance
de ce mal ne permettait pas de prévoir un plus
grand dommage.

Si le vendeur a connu l'existence du mal con-

---

(1) Pothier nᵒ 166.—M. Duranton nᵒ 473.

tagieux , il devra non seulement la valeur du cheval qu'il a vendu , mais encore de tous ceux qui ont péri infectés de la contagion. Mes pertes sont en effet, une suite immédiate et directe du traité. Mais là sera bornée son obligation ; car si la perte de tous mes chevaux m'a empêché de cultiver mes terres , et si le défaut de récolte m'ayant privé des moyens de payer mes dettes, mes biens ont été saisis, le préjudice que ces circonstances m'occasionneront , bien qu'une suite de la vente qui m'a été faite, en est une conséquence éloignée et non pas immédiate et directe. Aussi des dommages et intérêts ne me seront pas dus à ce sujet. (1).

Je citerai encore quelques exemples donnés par les auteurs, de l'application des mêmes règles. Une personne étrangère à l'art de construire me vend des pièces de bois pour étayer ma maison. Leur insuffisance la fait écrouler. Je n'obtiendrai des dommages et intérêts qu'à concurrence de la valeur de ces étais. Mais si mon vendeur était un charpentier , sa responsabilité sera plus étendue et , par suite de la règle : *Imperitia culpæ annumeratur* L. 132 ff de Reg. Jur. , il me devra les dommages résultant de l'écroulement de ma maison , son ignorance

---

(1) Pothier n° 167.—M. Duranton n° 474.

n'étant pas excusable chez un homme de l'art. Toutefois il ne répondrait pas des meubles que contrairement à l'usage, j'aurais laissés dans ma maison pendant qu'elle était étayée. Il en serait autrement s'il s'agissait d'un architecte qui aurait fait construire une maison qui périt par vice de construction. Sa responsabilité comprendrait aussi la valeur des meubles détruits. Mais elle ne s'étendrait pas à la valeur totale des pierreries, manuscrits ou tableaux perdus sous les ruines. Il en serait tenu seulement à concurrence du prix auquel peut ordinairement monter le mobilier de ce genre qu'est censée avoir une personne de mon état (1).

140. Quoique, en règle générale, les dommages qui peuvent résulter de tant de causes diverses, soient essentiellement variables, il est un cas où ils sont irrévocablement déterminés; c'est lorsqu'ils ont été fixés par la convention. Ils ne peuvent être alors ni augmentés, ni diminués (art. 1152). C'est une loi (1134) que les parties se sont imposée et qui ne doit pas être enfreinte. D'après les anciens principes, les dommages convenus pouvaient être réduits, mais jamais augmentés.

(1) Pothier nᵒˢ 163—165.—Toullier nᵒ 287.

Cette fixation des dommages est, en général, une clause pénale dont il sera question plus tard (art. 1229).

**141.** On peut se demander si, dans le cas d'une telle convention, le créancier a l'option de demander son exécution, ou les dommages et intérêts fixés. La réponse dépend des circonstances. C'est aux tribunaux d'apprécier si les parties ont voulu assurer de plus fort, par la convention des dommages, l'exécution de l'obligation principale, ou bien y faire novation, en laissant une option au débiteur. Dans le doute, c'est en faveur de ce dernier qu'il faudrait décider (1).

**142.** La règle posée dans l'article 1152 reçoit exception, lorsque l'obligation se borne au paiement d'une certaine somme. Quels que soient les dommages et intérêts qui aient été stipulés pour le retard dans l'exécution, ils ne peuvent jamais consister que dans la condamnation aux intérêts fixés par la loi, sauf les règles particulières au commerce et au cautionnement (art. 1153).

Ici donc les dommages et intérêts sont fixés par la loi. Pour les déterminer, il ne s'agit que

---

(1) M. Duranton n° 485.

de savoir quels sont les intérêts que la loi autorise.

**143.** L'article 1907 disposait que l'intérêt conventionnel peut excéder celui de la loi, toutes les fois que la loi ne le prohibe pas. Mais cette faculté a été supprimée par la loi du 3 Septembre 1807, d'après laquelle l'intérêt soit légal, soit conventionnel ne peut pas excéder cinq pour cent en matière civile, et six pour cent en matière de commerce.

**144.** Cependant les dommages et intérêts pourraient dépasser ce taux si le débiteur avait, pour le cas de retard de paiement, garanti certains faits, par exemple la saisie des biens du créancier. Cette convention qui n'offrirait rien de contraire à la loi et à l'équité, devrait être exécutée (1).

**145.** Mais si, en principe, les dommages et intérêts, dans le cas de l'article 1153 ne peuvent pas excéder l'intérêt légal, ils sont dus sans que le créancier soit tenu de justifier d'aucune perte. Ils ne le sont néanmoins que du jour de la demande, excepté dans le cas où la loi les fait courir de plein droit (id.).

---

(1) Domat liv. 3. tit. 5. Des domm. et int. Pothier n° 172 —Toullier n° 267.

C'est une règle importante que celle qui n'accorde au créancier les intérêts que du jour de la demande. Elle s'applique seulement au cas où les intérêts n'ont pas été expressément stipulés. Car s'il y a eu convention par laquelle ils seraient dus à dater d'une époque antérieure, elle doit être exécutée (art. 1905).

146. Au reste, la demande que mentionne l'article 1153 est celle des intérêts eux-mêmes, et non pas seulement celle du capital (1).

147. Par *demande*, la loi entend une action exercée devant une juridiction, et non une simple sommation extra-judiciaire. Il est néanmoins quelques cas, tels que ceux des articles 474 et 1652 où cette sommation produit les mêmes effets que la demande. D'après l'article 57 du Code de procédure, la citation en conciliation suivie de la demande formée dans le mois, fait courir les intérêts.

148. Il est, comme nous le rappele cet article, des cas où les intérêts courent de plein droit, et sans qu'il soit besoin d'en former la demande, ce qui résulte notamment des articles 474, 1378, 1440, 1652, 1846, 1996 et 2001.

---

(1) Merlin Rep. V° inter. §. 4. n° 16.—Toullier n° 272. —Cᵃ Delvincourt tom. 2. page 534, notes.

**149.** Les intérêts échus sont aussi susceptibles de produire d'autres intérêts. Il faut, pour
cela, ou une demande judiciaire, ou une convention spéciale, pourvu que, soit dans la demande, soit dans la convention, il s'agisse d'intérêts dus au moins pour une année entière
(art. 1154).

Cette accumulation d'intérêts, appelée *anatocisme,* était défendue autrefois, même en matière
de commerce (ordonnance de 1673). La règle du
Code fondée sur ce que les intérêts d'une année
peuvent former un capital, concilie, sans favoriser l'usure, les intérêts du créancier et du débiteur.

**150.** La convention par laquelle il est arrêté
que le débiteur pourra retenir les intérêts d'une
année, à la charge par lui d'en payer les intérêts, est valable. C'est, en quelque sorte, le
placement d'un nouveau capital (1). Si même le
capital devenait exigible avant une année, rien
n'empêcherait qu'en renouvelant le prêt, le
créancier capitalisât les intérêts dus, pourvu qu'une
telle stipulation ne fut pas en fraude du principe
de l'article 1154, ce qui serait laissé à l'appréciation des tribunaux (2). Mais il est évident que

---

(1) Merlin Rep. V° Anatocisme.—Toullier n° 274 etc.
(2) M. Duranton n° 500.

l'article 1154 s'oppose à ce qu'une telle convention soit faite à l'avance.

151. Il résulte aussi de l'article 1153 que, dans les cas où les intérêts des intérêts ne sont pas dus en vertu de la convention, ils ne sont dus qu'à dater de la demande.

152. La règle suivant laquelle les intérêts d'une année au moins sont, en général, susceptibles de produire d'autres intérêts, ne s'applique pas aux revenus échus, tels que fermages, loyers, arrerages de rentes perpétuelles ou viagères. Ces diverses prestations, quelle que soit leur quotité, produisent intérêt du jour de la demande ou de la convention. La même exception a lieu en faveur des restitutions de fruits, ou des intérêts payés par un tiers au créancier en l'acquit du débiteur (art. 1155).

Il semblerait que la principale disposition de cet article est superflue, puisque les intérêts proprement dit n'étant que les produits d'un capital exigible, cette dénomination ne comprendrait pas les revenus échus et autres prestations que mentionne l'article 1155, qui sont considérés comme des capitaux. Mais la loi a voulu, par cet article, permettre la stipulation d'intérêts pour les objets qu'il mentionne, lors même qu'ils seraient dus pour moins d'une année (1). Pour son application, il n'y a pas de distinction à faire entre les intérêts liquidés et ceux qui ne le sont pas.

**153.** L'exception relative aux intérêts payés par un tiers se justifie par cette raison que ce tiers aliène un capital et que, pour lui, il n'y a pas intérêts d'intérêts. Au reste, il faut observer que si le tiers paie sans mandat du débiteur, et obtient la subrogation conventionnelle (art. 1250), ce paiement ne suffit pas pour lui faire accorder les intérêts de ce qu'il a payé (2).

## SECTION V.

*De l'interprétation des conventions.*

### SOMMAIRE.

---

(1) Toullier n° 274 etc.

(2) M. Duranton n° 494 etc.

**154.** Lorsque les parties ont clairement exprimé leurs conventions, elles doivent être pleinement exécutées, pourvu qu'elles ne soient pas contraires aux lois ou aux mœurs. Nul autre que les parties elles-mêmes n'a le droit de les modifier.

Mais si ces conventions sont conçues en termes obscurs ou ambigus, la raison et l'équité ont dicté pour leur exécution, quelques principes que le Code a érigés en loi. Ici ses rédacteurs ont à peu près transcrit Pothier qui lui-même n'avait fait que traduire plusieurs lois romaines.

Il est de la nature des règles de cette section que l'application en est laissée exclusivement au discernement des juges, et que le recours en cassation ne peut pas être fondé sur ce qu'elles auraient été méconnues.

A mesure que je les indiquerai, je les rendrai plus sensibles par des exemples. Tout autre développement serait superflu.

**155.** On doit, dans les conventions, rechercher qu'elle a été la commune intention des parties contractantes, plutôt que de s'arrêter au sens
littéral des termes (art 1156).

J'aurai dit : je vends mon champ pour dix ans,
moyennant cinq cents francs par an. C'est un
bail à loyer, et non pas une vente, que j'aurai
consenti.

La règle qui précède s'applique non seulement
aux cas où il faut rechercher l'intention *commune*
des parties, mais aussi aux actes unilatéraux,
aux testamens par exemple.

L'exécution d'une convention ambiguë est encore une bonne garantie d'une saine interprétation.

**156.** Lorsqu'une clause est susceptible de
deux sens, on doit plutôt l'entendre dans celui
avec lequel elle peut avoir quelque effet, que
dans le sens avec lequel elle n'en pourrait produire aucun (art. 1157).

Ainsi, dans un partage d'immeubles, il est
convenu que l'une des parties aura un droit de
passage sur ceux qui composent sa part; nonobstant cette énonciation, il est bien certain, que
c'est ceux qui appartiennent à l'autre partie qu'on
a entendu grever de la servitude.

Cependant, si la clause susceptible d'un effet

ne peut le prodnire que dans un sens contraire aux lois ou aux mœurs, elle doit être rejetée. Il en est de même si elle est manifestement opposée à l'intention des parties. Il vaut aussi mieux, dans le doute, ne donner aucun sens aux expressions que les entendre d'une manière contraire à la loi (1).

157. Les termes susceptibles de deux sens doivent être pris dans le sens qui convient le plus à la matière du contrat (art. 1158).

Les auteurs donnent pour exemple de l'application de cette règle, un bail à loyer, pour un certain nombre d'années et pour une somme déterminée, sans qu'il soit ajouté qu'elle est payable chaque année (2).

158. Ce qui est ambigu s'interprète par ce qui est d'usage dans le pays où le contrat est passé (art. 1159).

Je conviens, par exemple, avec un laboureur qu'il travaillera mon champ pendant une année. Il devra, pour tenir son obligation, donner le nombre de labours d'usage dans le pays.

159. On doit suppléer, dans le contrat, les

---

(1) M. Duranton n.os 509-510-511 etc.
(2) Pothier n° 93.—Toullier n° 322 etc.

clauses qui sont d'usage, quoiqu'elles n'y soient pas exprimées. (art. 1160).

Si, par exemple, dans un bail à loyer fait à Toulouse, les termes de paiement ne sont pas assignés, le prix du loyer sera, conformément à l'usage local, payable par moitié, chaque six mois et d'avance.

**160.** Toutes les clauses des conventions s'interprètent les unes par les autres, en donnant à chacune le sens qui résulte de l'acte entier (art. 1161).

L'application de cette règle est faite par la loi 126 ff. de Verb. oblig. Dans l'espèce qu'elle retrace, un héritage est vendu franc de toute charge, suivant une première clause. Dans une seconde, le vendeur déclare n'être garant que de ses faits. Le Jurisconsulte décide que la garantie du vendeur est bornée à ses faits personnels (1).

**161.** Dans le doute, la convention s'interprête contre celui qui a stipulé, et en faveur de celui qui a contracté l'obligation (art. 1162).

Il est plus juste et plus naturel, en effet, de restreindre que d'étendre les conséquences de l'obligation ; et celui qui s'oblige doit être cen-

---

(1) M. Duranton n° 525.

sé avoir voulu se soumettre au lien le moins rigoureux. La règle s'applique principalement aux actes à titre gratuit et aux unilatéraux.

162. Quoique, dans la vente, le vendeur s'oblige à livrer la chose, c'est pourtant contre lui que le doute du contrat se résout (art. 1602), ce qui est une exception à la règle qui vient d'être posée. La raison en est que le vendeur connait mieux que l'acheteur ce qu'il vend, et que c'est à lui de s'expliquer plus clairement (1).

163. Quelque généraux que soient les termes dans lesquels une convention est conçue, elle ne comprend que les choses sur lesquelles il parait que les parties se sont proposé de contracter (art. 1163).

Un légataire, par exemple, cède tous ses drois à l'héritier. Si, postérieurement, il découvre un autre testament qui lui confère d'autres droits, ils ne seront pas compris dans la cession.

Les articles 2048 et 2049 offrent aussi des exemples de l'application de cette règle.

164. Lorsque, dans un contrat, on a exprimé un cas pour l'exécution de l'obligation, on n'est pas censé avoir voulu par là restreindre l'é-

_____

(1) Toullier n° 324.

tendue que l'engagement reçoit de droit aux cas non exprimés (art. 1164).

Pothier (1) donne pour exemple de cette règle applicable d'ailleurs aux testamens aussi bien qu'aux contrats, le cas d'un contrat de mariage dans lequel il est dit que le mobilier qui adviendra *par succession* aux époux entrera dans la communauté, et il décide que ces mots *par succession* n'excluent pas le mobilier qu'une autre cause peut procurer aux époux, puisqu'il est de principe que la communauté comprend tout le mobilier des époux, quelle que soit son origine.

## SECTION VI.

*De l'effet des conventions à l'égard des tiers.*

### SOMMAIRE.

(1) n° 100.

*droits exclusivement attachés à la personne. Ex-
emples de ces droits.*

170. *Ils peuvent, en leur nom personnel, intenter
l'action révocatoire.*

171. *Circonstances qui en autorisent l'exercice. Exception à la règle.*

172. *Distinction entre les créanciers antérieurs et ceux
qui sont postérieurs à l'acte frauduleux.*

173. *L'action révocatoire n'est que subsidiaire.*

174. *Différence, pour son exercice, entre les actes
gratuits et les actes onéreux.*

175. *Cas où le préjudice, même sans fraude, suffit
pour l'annulation des actes.*

176. *Modification à l'exercice de cette action.*

177. *Sa durée.*

**165.** On ne peut comme nous l'avons vu,
obliger que soi-même (art. 1119). Ce n'est donc
qu'entre les parties contractantes que les conventions ont d'effet. Elles ne nuisent point aux
tiers, et elles ne leur profitent que dans le cas
prévu par l'article 1121 (n° 63) : *res inter alios ac-
ta neque nocere neque prodesse potest* (art. 1165).

**166.** Cette règle reçoit exception dans les con-
cordats qui peuvent suivre les faillites (art. 507
et suiv· du Cod. de Comm.). La caution profite
aussi des conventions, comme de la remise, qui
peuvent être faites, en son absence, entre le

créancier et le débiteur principal. Il en est de même de ceux qui sont appelés à une substitution ou à une institution contractuelle (1).

**167.** Mais la loi ne considère pas les créanciers comme des étrangers à l'égard de leur débiteur. Elle leur permet d'exercer tous les droits et actions de celui-ci , à l'exception de ceux qui sont exclusivement attachés à la personne (art. 1166).

**168.** Le Code fait plus, à cet égard , que la loi Romaine qui autorisait bien les créanciers à faire annuler les actes faits par le débiteur en fraude de leurs droits , mais qui ne leur donnait pas le moyen d'obtenir réparation contre sa négligence et ses omissions. Cette faculté qu'accordait aussi aux créanciers notre ancienne jurisprudence , ne s'exerce pourtant que lorsque le débiteur n'agit pas lui-même. Car , s'il le fait , ils ne peuvent pas se présenter de leur chef, sauf l'intervention , dans les cas où elle permise.

**169.** C'est parceque les créanciers ne peuvent pas être réputés , comme les héritiers, la continuation de la personne , qu'ils ne sont pas admis à l'exercice des droits exclusivement attachés à la personne. Ainsi , par exemple , ils ne peuvent

(1) Pothier nᵒ 90.

pas poursuivre la réparation d'un délit commis contre la persone, exercer le retrait successoral (art. 841), les droits d'usage ou d'habitation de leur débiteur (art. 631, 634), ni intenter une demande en séparation de biens, sans le concours de la femme (art. 1446). Ils ne peuvent pas non plus demander la révocation d'une donation pour cause d'ingratitude. Mais ils le pourraient pour inexécution des conditions (1).

**170.** La loi vient encore au secours des créanciers dont les droits ont été compromis par des actes frauduleux de leur débiteur. Ils peuvent les attaquer, en leur nom personnel (art. 1167).

C'est donc, en leur propre nom, que, dans ce cas, les créanciers peuvent agir, tandisque dans celui de l'article précédent, ils doivent agir au nom du débiteur.

L'action dont cette disposition autorise l'exercice, appelée chez les Romains, *action Paulienne*, est désignée, dans notre droit, sous le nom *d'action révocatoire*.

**171.** Elle n'est admissible que lorsque le créancier prouve la fraude qui doit réunir les circonstances de l'intention et du fait, *Consilium et eventus*. Néanmoins cette nécessité reçoit excep-

_____

(1) M. Duranton n° 559 etc.

tion en cas de faillite, où la loi présume fraudu⁻
duleux les actes faits à une certaine epoque (art.
446 Cod. de Comm.). Mais cette exception ne
s'étend pas au cas de déconfiture (1).

172. On doit se reporter, pour savoir si la
fraude existe, à l'époque ou l'acte attaqué a été
passé et l'insolvabilité du débiteur qui serait postérieure ne la constituerait pas. L'action n'appartient qu'aux créanciers antérieurs que l'acte a
pu dépouiller, et non aux postérieurs dont les
droits qui n'existaient pas lors de l'acte n'ont pu
être compromis par ses dispositions. Cependant,
si l'acte est annulé sur la poursuite des créanciers
antérieurs, les postérieurs peuvent profiter de ce
résultat qui fait rentrer dans le patrimoine du
débiteur, la chose qui en avait été frauduleusement soustraite. (2)

173 L'action révocatoire ne peut être exercée
que lorsque le débiteur ne peut pas remplir ses
engagemens avec les ressources qui lui restent.
Elle serait sans but utile, lorsqu'il le peut (3).

174. Pour l'application du principe que pose

---

(1) Delvincourt tom. 2 page 526, notes.
(2) Delvincourt loc. cit.—M. Duranton n° 571.
(3) Toullier n° 314 etc.

l'article 1167 , il faut distinguer , comme le fesaient les lois Romaines , les actes à titre gratuit
des actes à titre onéreux. Les premiers, s'ils sont
frauduleux de la part du donateur , doivent être
annulés , lors même que le donataire aurait été
de bonne foi. Ce dernier *certat de lucro captando.*
Mais si celui qui a traité avec le débiteur par acte onéreux, était de bonne foi, l'acte doit être
maintenu : *certat de damno vitando.* Les articles
446 et 447 du Code de commerce appliquent
cette distinction admise par nos auteurs (1).

**175.** Il est des cas exceptionnels dont il a été
déjà question , dans lesquels des actes peuvent
être annulés , sur la demande des créanciers ,
sans qu'il y ait fraude du débiteur , et de cela
seul qu'il y a préjudice. Les articles 622 et 788
en offrent des exemples.

**176.** Cependant , en exerçant l'action révocatoire, les créanciers doivent, quant à leurs droits
énoncés au titre des successions , et au titre du
contrat de mariage, se conformer aux règles qui
y sont prescrites (id.) (art. 865 , 878 , 882 , 921,
1053 , 1447 , 1464 etc.).

**177.** L'action Paulienne ne durait qu'un an

---

(1) Toullier n° 358.—M. Duranton n° 575.

chez les Romains. Notre ancienne jurisprudence n'avait fixé aucun délai péremptoire pour son exercice. Le principe général de l'article 1304 qui limite à dix années le terme le plus long de toutes les actions en nullité, doit faire reconnaître qu'aujourd'hui l'action révocatoire ne peut plus être exercée après dix ans qui commencent à courir du jour où les créanciers qui ont connaissance de l'acte frauduleux ont intérêt à agir (1).

## CHAPITRE IV.

### Des diverses espèces d'obligations,

SOMMAIRE.

178. *Divisions principales des obligations.*
179. *De l'obligation pure et simple.*

**178.** Considérées sous le rapport de leur origine, les obligations sont naturelles ou civiles; sous celui de leur objet, elles sont de donner, de faire ou de ne pas faire, de corps certains ou de choses indéterminées; sous celui de l'ordre dans lequel elles se contractent, elles sont principales, ou accessoires; sous celui de leur objet et de leur transmissibilité tout à la fois, elles sont personnelles ou réelles. Enfin, considérées sous le point de vue des modalités dont

---

(1) M. Duranton nᵒ 585.—Cᵃ Toullier nᵒ 356.

elles sont susceptibles, les obligations sont pures et simples, conditionnelles, à terme, alternatives, solidaires, divisibles ou indivisibles, et avec clauses pénales.

**179.** L'obligation pure et simple est celle qui est susceptible d'un seul mode d'exécution, complet et immédiat.

Je vais, en suivant la dernière subdivision que je viens de rappeler et l'ordre du Code, m'occuper successivement des autres.

## SECTION PREMIÈRE.

*Des obligations conditionnelles.*

### § PREMIER.

*De la condition en général, et de ses diverses espèces.*

#### SOMMAIRE.

**180.** Pris dans un sens absolu, le mot *condition* (de *condere*, bâtir, établir) désigne tout fait, toute circonstance d'où dépend l'existence, l'exercice ou la conversation d'un droit. En ce sens, les charges d'une aliénation, d'une donation, par exemple pourraient être considérées comme des conditions, tandis qu'elles constituent des modes. On appèle ainsi les clauses accessoires d'une convention, qui imposent des obligations susceptibles de la modifier. Mais, dans le langage exact de la jurisprudence, le sens du mot condition est moins étendu. Il désigne un événement futur et incertain de la réalisation duquel dépend l'existence, ou la résolution d'un engagement ou d'un disposition (art. 1168).

**181.** L'événement prévu doit être futur. Car un événement passé, quoique ignoré des parties, ne constitue pas une condition proprement dite : *conditio in præteritum non tantum in præsens tempus relata, statim aut perimit obligationem, aut omninò non differt.* L. 100 ff. de verb. oblig. La relation à un événement passé peut néanmoins avoir lieu valablement. Mais ce n'est pas alors une condition proprement dite.

**182.** Il faut aussi que cet événement soit incertain. Car si l'événement doit nécessairement arriver et s'il y a doute seulement sur l'époque à laquelle il se vérifiera, il y a terme et non condition, ce qui est bien différent, comme nous ne tarderons pas à le voir.

**183.** En général, la particule *si* constitue la condition. Les mots *pour que, à la charge de* servent ordinairement à exprimer le mode.

**184.** Dans les testamens, un événement qui arrivera certainement forme une condition, lorsqu'il est incertain s'il arrivera avant la mort du légataire. *Dies incertus conditionem in testamento facit.* L. 75. ff. De condit. et demonstrat. La raison en est que le légataire qui meurt avant l'événement de la condition, ne transmet pas son droit à ses héritiers (1).

_____

(1) Toullier n° 477 etc.

**185.** Nous aurons à apprécier bientôt l'importance de ces distinctions entre la condition, le
mode et le terme. Pour le moment, je dois me
borner à des notions préliminaires ou à des définitions.

La condition est suspensive ou résolutoire.
Elle sera expliquée, sous ces points de vue,
aux paragraphes deux et trois de cette section.

**186.** Elle est casuelle, lorsqu'elle dépend du
hazard et que son accomplissement n'est nullement au pouvoir du créancier ni du débiteur
(art. 1169).

**187.** Elle est potestative, lorsqu'elle fait dépendre l'exécution de la convention, d'un événement qu'il est au pouvoir de l'une ou de l'autre des parties contractantes de faire arriver ou
d'empêcher (art. 1170).

**188.** La condition mixte est celle qui dépend
tout à la fois de la volonté d'une des parties contractantes, et de la volonté d'un tiers (art. 1171).

Il est extrêmement facile de suppléer des
exemples pour l'application de ces définitions.

**189.** Il est une autre distinction des conditions
en positives et négatives. Les premières se vé-
rifient à l'événement, et les secondes au non

événement d'un fait. Cette distinction a son utilité lorsqu'il s'agit de vérifier, ce que nous verrons bientôt (n° 200), quand une condition est
accomplie ou défaillie.

190- La condition doit être possible, conforme
aux bonnes mœurs et à la loi. Car celle qui serait impossible, contraire aux bonnes mœurs ou
prohibée par la loi, est nulle et rend nulle la
convention qui en dépend (art. 1172).

Nous avons vu (t. 3, n° 499) que ces conditions sont seulement réputées non écrites dans
les dispositions entre-vifs et testamentaires; et
les motifs de cette différence entre les contrats
et les actes de libéralité ont été déjà expliquées.

Ainsi que je l'ai fait observer (t. 3, n° 502),
l'impossibilité qui annule la convention doit être
absolue. Il ne suffirait pas qu'elle fut seulement
relative.

191. La condition de ne pas faire une chose
impossible n'annule pas la convention (art. 1173).
Il est manifeste que les parties n'ont attaché
ancune importance à une telle condition qui n'en
est réellement pas une, et qui ne doit être considérée que comme une clause superflue et sans
aucun sens. Il suffit à la validité de la convention
qu'elle ait une autre cause; et elle est alors réputée pure et simple.

**192.** Si la condition est de ne pas faire une chose possible, mais illicite, elle annule la convention. L'abstention d'un crime ou d'un délit, c'est-à-dire l'accomplissement d'un devoir, ne doit pas être la cause d'un bénéfice pour celui qui s'abstient.

**192** (bis). Nous avons vu (n° 187) ce que c'est que la condition potestative. Il faut maintenant en faire connaître les effets. Toute obligation est nulle, lorsqu'elle a été *contractée* sous une condition potestative de la part de celui qui s'oblige (art. 1174). Car il n'y a pas alors de lien.

**193.** Il résulte de ces termes de la loi que si l'obligation a été contractée purement et simplement, sa résolution peut être subordonnée à une condition potestative, ce qui a lieu, par exemple, dans la vente sous faculté de rachat. La condition ne porte alors, en effet, que sur la durée de la convention, et non sur son existence (1).

**194.** Il en résulte aussi que l'obligation est valablement contractée sous une condition potestative de la part de celui envers qui on s'oblige, ou d'un tiers.

---

(1) Toullier n° 497 etc.

**195.** L'obligation est valable, si elle dépend, non de la seule volonté du débiteur, mais d'un fait qu'il peut exécuter ou ne pas exécuter. Par exemple : je vous donnerai mille francs, si je vais à Paris. Cette convention est considérée comme une promesse de ne pas aller à Paris, dont l'inexécution se résout en dommages et intérêts fixés d'avance à mille francs (1).

**196.** La condition *si je veux* annule donc l'obligation. Mais il n'en est pas de même de celle *quand je voudrai.* Cette dernière diffère seulement l'exécution. Mais le lien n'en existe pas moins (2).

Le débiteur qui s'engage avec cette condition, *s'il le juge raisonnable,* n'est pas obligé ; car cette condition est purement potestative de sa part. Il en serait autrement s'il avait dit : *si cela est raisonnable* (3).

**197.** Le principe suivant lequel l'intention des parties doit prévaloir sur les termes, s'applique aux conditions qui doivent être accomplies de la manière que les parties ont vraisemblablement voulu et entendu qu'elles le fussent (art. 1175.)

---

(1) Pothier n° 48 etc.

(2) Toullier n° 498.—Maleville art. 1174. etc.—C^a Pothier n° 47.

(3) Toullier n° 499 etc.—C^a Pothier n° 48.

7

**198.** Cette disposition régit les conditions expresses. Mais il est aussi des cas où la condition existe, sans être formellement exprimée, d'après l'intention des parties résultant des circonstances ou de l'ensemble d'un acte. Ainsi, un legs conditionnel est transféré d'un premier à un second légataire, sans que la condition soit mentionnée; Elle n'en existera pas moins. (L. 24 ff. de condit. et demonstr. L. 24 ff de adim. leg.). Ainsi encore, après un premier legs conditionnel, le testateur fait, dans le même testament, à la même personne, un second legs en s'exprimant ainsi : *je lègue de plus*, *etc.* Le second legs est conditionnel comme le premier. (L. 77. ff. de condit et demonstr., etc.)

**199.** Il est plusieurs cas où la condition tacite résulte de la loi, comme dans les donations révocables pour les causes déterminées déjà connues (art. 953), les ventes à l'essai (art. 1588), enfin, tous les contrats synallagmatiques (art. 1184).

**200.** Lorsqu'une obligation est contractée sous la condition qu'un événement arrivera dans un temps fixe, cette condition est censée défaillie lorsque le temps est expiré sans que l'événement soit arrivé. S'il n'y a point de temps fixe, la condition peut toujours être accomplie, et elle n'est censée défaillie que lorsqu'il est devenu certain que l'événement n'arrivera pas (art. 1176).

Lorsque l'obligation est contractée sous la condition qu'un événement n'arrivera pas dans un temps fixe, cette condition est accomplie lorsque ce temps est expiré sans que l'événement soit arrivé : elle l'est également si, avant le terme, il est certain que l'événement n'arrivera pas ; et s'il n'y a pas de temps déterminé, elle n'est accomplie que lorsqu'il est certain que l'événement n'arrivera pas (art. 1177).

Dans le premier de ces articles, il est question d'une condition positive, et, dans le second, d'une négative.

**210.** La condition est réputée accomplie, lorsque c'est le débiteur, obligé sous cette condition, qui en a empêché l'accomplissement (art. 1178). Cette exception à la règle générale de l'article 1176, toute fondée en raison, était aussi admise par les lois romaines et dans nos anciens principes.

Néanmoins, elle reçoit certaines modifications. Ainsi la condition ne sera pas réputée accomplie, lorsque l'empêchement provient, non du seul changement de volonté du débiteur, mais du légitime exercice de son droit contre le créancier. Je commande, par exemple, un ouvrage à celui qui est déjà mon débiteur, et je lui promets une somme si l'ouvrage m'est livré dans un temps convenu. Voulant être payé de ce qu'il me doit, je fais incarcérer celui avec qui j'ai traité, et je le mets ainsi dans l'impossibilité d'accomplir la condition que je lui ai imposée. Elle ne sera pas, pour cela, censée accomplie; car je n'ait fait qu'exercer mon droit (1).

**202.** La force majeure qui empêche l'exécution de la condition, n'équivaut pas à son accomplissement. Les cas fortuits sont réputés prévus; et c'est l'accomplissement de la condition, et non pas une simple tentative que les parties sont présumées avoir voulu stipuler (2).

**203.** Il importe, dans les clauses de cette nature, de bien distinguer si le terme est apposé à la condition ou à l'obligation elle-même. Dans ce dernier cas, ce n'est qu'après son expiration que l'obligation doit être exécutée, quoiqu'il soit certain avant, que la condition n'arrivera pas. Un statuaire me promet cent dans deux ans, s'il ne me fait pas une statue. Ce n'est qu'après

---

(1) Toullier n° 609, à la note etc.
(2) Pothier n°ˢ 213, 214.—Toullier n° 610 etc.

deux ans que je pourrai exiger cent, quoique
bien avant ce terme l'exécution de la statue soit
devenue impossible. Il en serait autrement si le
statuaire avait promis cent, s'il ne fesait pas la
statue dans deux ans. Ici, le terme serait apposé
à la condition et non à l'obligation qui deviendrait exigible dès qu'il serait certain que la condition ne peut pas s'accomplir (1).

204. La condition accomplie a un effet rétroactif au jour auquel l'engagement a été contracté. Si le créancier est mort avant l'accomplissement de la condition, ses droits passent à son
héritier (art. 1179).

Cette rétroactivité est fondée sur ce que l'o-
bligation aurait été pure et simple si, au moment du contrat, les parties eussent été certaines que la condition se vérifierait. Ainsi la chose
doit être livrée au créancier dans l'état où elle
était à l'époque de la convention. Les aliénations
qu'a pu faire le débiteur et les charges qu'il a
pu créer s'évanouissent. Toutefois nous verrons,
dans l'article 1182, une modification de ce
principe.

205. Il n'en faut pas non plus conclure que
le débiteur doit faire compte au créancier des

––––––––––––––––––––

(1) Delvincourt tom. 2 page 481, 482, notes etc.

fruits qu'il a perçus avant l'événement de la condition. Ils restent siens parce qu'il a possédé de bonne foi (1).

**206.** Les droits du créancier passent aux héritiers, par application du principe de l'article 1122. Nous avons vu (t. 3, n° 883) pourquoi, il n'en est pas, sous ce rapport, du legs conditionnel comme de l'obligation conditionnelle.

**207.** Le créancier, s'il n'est pas propriétaire de la chose promise, avant l'événement de la condition, a au moins l'espérance d'un droit, et dès-lors un intérêt à veiller à la conservation de cette chose. La loi l'autorise à exercer tous les actes conservatoires de son droit (art. 1180).

## § II.

*De la condition suspensive.*

### SOMMAIRE.

---

(1) Toullier n° 545.

**208.** L'obligation contractée sous une condition suspensive est celle qui dépend d'un événement futur et incertain, ou d'un événement actuellement arrivé, mais encore inconnu des parties. Dans le premier cas, l'obligation ne peut être exécutée qu'après l'événement. Dans le second cas, l'obligation a son effet du jour où elle a été contractée (art. 1181.)

**209.** Le véritable sens de cette disposition n'est pas douteux. Cependant sa rédaction aurait pu être plus exacte. Au lieu de : *ne peut être exécutée qu'après l'événement*, il eut été mieux de dire : *n'a d'existence qu'après l'événement*. D'un autre côté, comme je l'ai déjà fait observer, l'obligation qui dépend d'un événement actuellement arrivé, mais inconnu, n'est pas, à proprement parler, contractée sous une condition suspensive. Car son existence n'a pas été un moment incertaine, Il n'y a eu que l'exécution de suspendue.

**210.** Les effets de la condition suspensive sont déterminés par la loi , en ce qui concerne les risques , la perte ou la détérioration de la chose objet de la convention. Lorsque l'obligation a été contractée sous une condition suspensive , la chose qui fait la matière de la convention demeure aux risques du débiteur , qui ne s'est obligé de la livrer que dans le cas de l'événement de la condition. Si la chose est entièrement périe sans la faute du débiteur , l'obligation est éteinte. Si la chose s'est détériorée sans la faute du débiteur , le créancier a le choix ou de résoudre l'obligation , ou d'exiger la chose dans l'état où elle se trouve , sans diminution de prix. Si la chose s'est détériorée par la faute du débiteur , le créancier a le droit ou de résoudre l'obligation , ou d'exiger la chose dans l'état où elle se trouve , avec des dommages et intérêts (art. 1182).

**211.** Si les effets de la rétroactivité de la condition étaient appliqués d'une maniére absolue , au cas de perte de la chose, cette perte survenue avant l'événement serait pour le compte du créancier. Mais l'objet de la rétroactivité étant de donner naissance à l'obligation qui était suspendue, dès que l'obligation n'a plus d'objet, elle ne peut pas être supposée exister. Le premier principe de l'article 1182 se concilie donc parfaitement avec la disposition de l'article 1179.

**212.** En déclarant *l'obligation éteinte* au cas de perte de la chose sans la faute du débiteur, l'article cité emploie une locution inexacte. L'obligation ne peut pas en effet être éteinte, puisqu'elle n'a pas existé (1).

**213.** Le même article qui règle trois cas d'une manière conforme à la raison et à l'équité, ne s'occupe pas d'un quatrième, de celui où la chose a péri par la faute du débiteur. Ce cas rentre dans la disposition générale de l'article 1147. Le débiteur peut donc être condamné au paiement de la valeur de la chose et à des dommages et intérêts (2).

**214.** Dans tous les cas où le débiteur doit faire compte de la valeur de la chose, c'est de la valeur lors de l'événement de la condition et

---

(1) Toullier n° 538.—Delvincourt 483, notes.
(2) Delvincourt page 484, notes etc.

non au temps de la convention, qu'il peut être question (1).

**215.** Si ce n'est qu'après l'événement de la condition que la chose périt ou se détériore sans le fait du débiteur, la perte est pour le créancier, d'après la règle : *Res perit domino.*

**216.** Le créancier, en se mettant en possession de la chose objet du contrat, après l'événement de la condition, ne doit pas au débiteur les frais de labour ou d'autres travaux qui ont été faits à cette chose. C'est là une charge des fruits qui, comme nous l'avons vu, appartiennent à ce dernier (2).

## § III.

### *De la condition résolutoire.*

#### SOMMAIRE.

---

(1) Toullier n° 540 etc.
(2) Toullier n° 541 etc.

220. *La condition résolutoire est expresse ou tacite. Elle est toujours sous entendue dans les contrats synallagmatiques. Ses effets, dans ce cas.*
221. *Quid, si dans ces contrats, elle est expresse.*
222. *Différence dans les effets de cette condition, entre les actes d'aliénation et ceux d'administration de la chose.*
223. *Effets absolus de la résolution de plein droit.*

**217.** On appèle condition résolutoire celle qui, lorsqu'elle s'accomplit, opère la révocation de l'obligation, et qui remet les choses au même état que si l'obligation n'avait pas existé. Elle ne suspend point l'exécution de l'obligation ; Elle oblige seulement le créancier à restituer ce qu'il a reçu, dans le cas où l'événement prévu par la condition arrive (art. 1183).

Nous avons vu déjà des exemples de cette condition, notamment dans l'article 951 et aux articles 953 et suivans.

**218.** Quoique l'événement de la condition résolutoire remette les choses au même état que si l'obligation n'avait pas existé, la bonne foi du possesseur n'en produit pas moins ses effets, en ce qui concerne les fruits, et il n'est pas tenu de les restituer. Ils se compensent d'ailleurs ordinairement avec les intérêts des autres avantages que la convention a pu procurer à l'autre partie.

**219.** Mais si la chose périt avant l'événement de la condition qui s'accomplit, qui supportera la perte au cas de vente par exemple, du vendeur ou de l'acquéreur?

Parmi les diverses opinions professées sur cette question (1), je crois qu'il faut accorder la préférence à celle qui fait retomber la perte sur l'acquéreur. Il est en effet propriétaire et *Res perit domino.* L'argument fondé sur ce que l'accomplissement de la condition remet les choses au même état, est insuffisant, on est forcé de le reconnaître, dans le cas de la condition suspensive, malgré sa rétroactivité ; car l'article 1182 est formel. Or, la même raison existe pour la condition résolutoire. Telle pour l'acheteur, elle est suspensive pour le vendeur. Dire, par exemple, je vous vends mon cheval à condition que la vente sera résolue si une telle personne est de retour de son voyage, c'est comme si je disais : vous me rendrez mon cheval si une telle personne est de retour. L'acheteur est alors débiteur du cheval sous une condition suspensive ; et reste le principe de l'article 1182 (2).

---

(1) En sens divers Delvincourt tom. 2. page 585, 486, notes.—Toullier n° 563, note.—M. Duranton des contr. n° 500.

(2) Delvincourt loc. cit.

**220.** La condition résolutoire est expresse ou tacite. Dans les contrats unilatéraux, elle doit être expresse et ne se supplée pas. Elle est toujours sous-entendue dans les contrats synallagmatiques, pour le cas où l'une des deux parties ne satisfera point à son engagement. Dans ce cas, le contrat n'est point résolu de plein droit. La partie envers laquelle l'engagement n'a point été exécuté, a le choix ou de forcer l'autre à l'exécution de la convention, lors qu'elle est possible, ou d'en demander la résolution avec dommages et intérêts. La résolution doit être demandée en justice, et il peut être accordé au défendeur un délai suivant les circonstances (art. 1184).

**221.** On a élevé l'importante question de savoir si cette dernière disposition pouvait s'appliquer aux conditions résolutoires expresses, en d'autres termes, si l'accomplissement de ces conditions entraînait la résolution de plein droit. Les lois romaines la décidaient affirmativement (1). Elles n'étaient considérées que comme des clauses comminatoires dans notre ancienne jurisprudence, et le juge pouvait accorder un délai (2). Dans le silence du Code, les auteurs pen-

_____

(1) L. 12. Cod. de coutrar. stipul.
(2) Merlin rep. vᵒ clause résolutoire.

sent généralement que le contrat est résolu de plein droit. C'est une loi que les parties se sont faite et qui ne peut 'pas être enfreinte. Tel est aussi l'état de la jurisprudence (1).

Cette solution reçoit néanmoins une exception dans le cas de l'article 1656 dont les motifs seront expliqués plus tard.

**222.** L'accomplissement de la condition résolutoire rend sans effet tous actes d'aliénation faits par celui dont le droit a été résolu : *resoluto jure dantis, resolvitur jus accipientis.* Cependant les simples actes d'administration faits par lui avant l'événement de la condition, tels que les baux, sont maintenus (2).

**223.** Lors que le contrat a été résolu de plein droit, il ne peut plus revivre par le seul fait de l'inaction ou du consentement tacite des parties. Ainsi, les cautions sont déchargées. L'obligation ne peut résulter que d'un nouveau traité dont l'effet ne rétroagit pas au premier. Si donc, dans l'intervalle de la résolution au nouveau contrat, des droits ont été acquis à des tiers, ces droits sont respectés.

---

(3) Delvincourt p. 487, notes.—Toullier nº 552.—M. Duranton des contr. nº 503. — Dalloz t. 10. p. 511. nº 3 et suiv.

(1) Art. 1673. — Toullier nº 575, 576.

## SECTION II.

### *Des obligations à terme.*

#### SOMMAIRE.

**224.** Le terme diffère de la condition, en ce qu'il ne suspend point l'engagement, dont il retarde seulement l'exécution (art. 1185).

L'obligation à terme est donc celle qui, quoique parfaite dès qu'elle a été contractée, ne peut être exécutée qu'après un certain laps de temps.

**225.** Le terme est *de droit* lorsqu'il est compris dans la convention ; *de grace*, lorsqu'il est accordé par le juge. Je m'occuperai de ce dernier en expliquant l'article 1244. Il ne s'agit, dans cette section, que du terme de droit.

**226.** Il est *exprès* ou *tacite.* Il est tacite lorsqu'il se trouve implicitement dans la convention, comme serait la promesse de faire la récolte pour autrui, qui suppose nécessairement qu'on attendra la saison de la récolte.

**227.** Il est *déterminé*, s'il est certain qu'il arrivera ; *indéterminé*, si le jour pris pour terme est incertain, ce qui peut arriver dans plusieurs cas : 1° S'il est incertain s'il arrivera, et quand il arrivera ; 2° si l'événement de son échéance est incertain, quoique l'époque où elle devrait avoir lieu ne le soit pas, comme si la promesse doit s'exécuter lorsque le créancier sera majeur : ce terme équivaut à une condition ; 3° Si le moment de son échéance est incertain, quoi-qu'il soit certain qu'elle arrivera, comme dans la clause : lorsqu'une telle personne mourra. Cette clause est terme dans les conventions, et con-dition dans les testamens, ainsi que nous le sa-vons déjà (1).

228. Le terme donne au débiteur l'avantage de ne pouvoir être contraint au paiement qu'à son échéance. C'est en ce sens qu'il faut en-tendre le vieil adage : qui a terme ne doit rien. Mais ce qui a été payé d'avance ne peut être ré-pété (art. 1186), parce que le débiteur à terme n'en était pas moins obligé.

229. Le créancier peut, en attendant le ter-me, prendre toutes les mesures, faire tous les actes conservatoires de son droit. Il peut, par exemple, assigner son débiteur en reconnais-sance d'un billet sous seing privé qui n'est pas encore échu. Mais, d'après une loi du trois sep-tembre 1807, il ne peut prendre inscription hy-pothécaire, en vertu du jugement qu'il obtient, qu'à défaut de paiement de l'obligation après son échéance ou son exigibilité, à moins qu'il n'y ait eu stipulation contraire ; et les frais relatifs à

_____

(1) Toullier nᵒ 651 etc.

8

ce jugement sont à la charge du créancier, à moins que le débiteur n'ait dénié sa signature.

**250.** En règle générale, le créancier ne peut pas obtenir, avant le terme, un jugement qui condamnerait le débiteur à payer à l'échéance ; mais l'action en paiement pourra être intentée avant le terme, si le débiteur est de mauvaise foi, ou si, s'agissant d'une dette payable à plusieurs époques successives ou d'une rente, le débiteur est en demeure de remplir son obligation (1).

**231.** Le bénéfice du terme est encore perdu pour le débiteur, lorsqu'il a fait faillite, ou lorsque, par son fait, il a diminué les sûretés qu'il avait données par le contrat à son créancier (art. 1188).

Tel devait être l'effet de la faillite du débiteur négociant qui témoigne assez de son insolvabilité ou au moins de son grand embarras. Malgré le silence de la loi, il est reconnu que la déconfiture qui est le dérangement d'affaires du débiteur non négociant, produit le même effet que la faillite (2). Au reste, l'état de déconfiture

---

(1) Toullier n°, 664, 665.
(2) Toullier n° 670.—Delvincourt t. 2. p. 490, notes.

n'a pas de caractère certain. Il résulte des circonstances que les tribunaux apprécient souverainement, telles que la saisie des biens, l'em-
prisonnement du débiteur. Les lois commerciales fixent les caractères de la faillite.

**232.** Pour qu'il y ait lieu à l'application de l'article 1188, il faut que ce soit *par le fait* du débiteur que les sûretés aient été diminuées, comme aux cas de destruction d'une maison hypothéquée, de stellionat (art. 2059), de promesses
de sûretés non réalisées. Cependant si c'est indépendamment du fait du debiteur, par force
majeure, que ces sûretés ont été diminuées, le
débiteur peut, en offrant un supplément d'hypothèque, conserver le bénéfice du terme (art.
2131).

**233.** Il faut aussi que les sûretés diminuées
aient été données *par le contrat.* Alors seulement
le débiteur a manqué à son obligation. Il suit de
là que s'il s'agit d'une hypothèque légale ou judiciaire qui ait été diminuée, même par le fait
du débiteur, il n'est pas déchu du bénéfice du
terme.

**234.** La diminution de fortune du débiteur
n'autorise pas l'application de l'article 1188, s'il
n'y a pas eu des sûretés spécialement données
qui se trouvent compromises.

**235.** Le terme est presque toujours stipulé en faveur du débiteur, rarement en faveur du créancier ; et, s'il y a doute à cet égard, c'est dans l'intérêt du débiteur qu'il se résout (art. 1187). Ainsi, chacun pouvant, en principe, renoncer à son droit, il s'ensuit que le débiteur peut payer avant l'échéance du terme, même contre le gré du créancier.

**236.** Cependant il peut résulter de la stipulation ou des circonstances, que le terme a été convenu en faveur du créancier (id.). Cette convention peut donc être expresse ou tacite. Au premier cas, elle se conçoit sans autre explication. Le second cas se vérifiera, par exemple, si, ayant acheté un attelage pour le transport de ma récolte, j'ai stipulé qu'il me serait livré à l'époque où elle doit se faire. Il est bien certain que le débiteur ne peut pas, avant le terme fixé, me faire une remise qui augmenterait mes charges, sans utilité pour moi.

**237.** Celui qui a emprunté une somme payable dans une année avec intérêts, ne peut pas se libérer du capital en y ajoutant les intérêts qui ont couru jusqu'au paiement. Mais il le pourrait en offrant les intérêts de l'année entière, à moins que le créancier n'établisse qu'il a un avantage quelconque à ne recevoir qu'au terme fixé (1).

**238.** On reconnaît généralement qu'en matière commerciale, le terme est également en faveur du débiteur et du créancier (2).

**239.** Il me reste à dire qu'elle est la manière dont se compute le terme. Il n'y a pas de difficulté, si le jour du paiement est indiqué dans la convention, comme si le débiteur s'est obligé à payer au premier janvier. Il a cette journée entière, et ce n'est que le lendemain qu'il peut être actionné. Mais s'il s'est soumis à payer dans un an, dans six mois, dans quinze jours, le jour de la convention *dies à quo* ne compte pas d'après un usage généralement reçu (3). Nous venons de voir qu'il en est de même du jour de l'échéance, *dies ad quem.*

## SECTION III.

### Des obligations alternatives.

SOMMAIRE.

240. *Définition de l'obligation alternative.*
241. *En quoi elle diffère de la conditionnelle.*
242. *Et de la facultative :*

---

(1) M. Duranton des contr. nº 509.—Toullier nº 675.

(2) Delvincourt p. 494, notes— Toullier nº 679.

(3) Merlin rep. v^is mois et loi § 5.—Toullier n^os 681 et suiv.etc. ,

**240.** L'obligation alternative est celle qui a deux ou plusieurs objets, désignés dans la convention, à l'exclusion l'un de l'autre.

**241.** Elle diffère de l'obligation conditionnelle en ce que, dès le principe, une des choses exprimées est due, quoiqu'il y ait incertitude sur celle qui le sera en définitive.

**242.** Elle diffère aussi de l'obligation facultative qui est celle dans laquelle le débiteur d'une chose unique et déterminée, se réserve la faculté de se libérer en donnant une autre chose.

243. La délivrance de l'une des choses comprises dans l'obligation libère le débiteur (art. 1189); et, par une conséquence du principe qui, dans le doute, interprète les conventions en faveur du débiteur (art. 1162), c'est à lui que le choix de la chose à livrer appartient, s'il n'a pas été expressément accordé au créancier (art. 1190).

244. Si le débiteur est en demeure de remettre l'une et l'autre des choses promises, et si, sans avoir manifesté son choix, il se laisse condamner à payer, le jugement doit fixer un délai dans lequel le débiteur fera son option, et l'accorder au créancier si le débiteur ne s'est pas expliqué dans ce délai (1).

245. L'option, qu'elle appartienne au débiteur ou au créancier, passe aux héritiers de celui qui pouvait la faire (2). C'est à eux de s'accorder, à cet égard, ou à faire régler leur dif-

---

(1) Dalloz t. 10. p. 526, n° 2.
(2) Toullier n° 691.

férend en justice, sans qu'il puisse en résulter aucun préjudice pour l'autre partie.

**246.** On ne peut plus varier dans le choix, dès qu'il a été accepté, cette acceptation rendant l'obligation pure et simple. Cette règle reçoit pourtant exception lorsque le choix a eu lieu par erreur. Encore même, dans ce cas, le choix sera irrévocable, si le créancier qui a reçu la chose de bonne foi avait à souffrir quelque préjudice de la rétractation (1).

**247.** Si le débiteur peut se libérer en délivrant l'une des deux choses promises, il ne peut pas forcer le créancier à recevoir une partie de l'une et une partie de l'autre (art. 1191). Cette règle s'applique également au cas où c'est le créancier qui a le choix. Mais s'il s'agit d'obligations périodiques ou annuelles, par exemple, de celle de payer chaque année une rente en argent ou en blé, l'option faite pour une année n'est pas faite pour les années subséquentes, et le choix peut être renouvelé chaque année.

**248.** L'obligation contractée d'une manière alternative est pure et simple, si l'une des choses promises ne pouvait en être l'objet (art. 1192).

----

(1) Id, n° 692.—Delvincourt p. 494, 496, 497, notes.

Il en est ainsi, par exemple, lorsque l'une de ces choses n'appartenait pas à celui qui l'a promise, on n'est pas cause licite d'une obligation.

**249.** Elle devient encore pure et simple, si l'une des choses promises périt et ne peut plus être livrée, même par la faute du débiteur. Le prix de cette chose ne peut pas être offert à sa place (art. 1193). Cependant si le débiteur avait offert la chose qui a péri, cette offre, quoique non acceptée par le créancier, aurait rendu l'obligation pure et simple, et le débiteur serait libéré (1).

**250.** Si les deux choses alternativement dues sont péries, et que le débiteur soit en faute à l'égard de l'une d'elles, il doit payer le prix de celle qui a péri la dernière (id.) Il eut été peut-être rationnel de décider que lorsque le débiteur n'a été en faute que pour la chose qui a péri la première, il devait être libéré, puisque l'autre chose alors la seule due, a péri sans sa faute. Mais il n'en est pas ainsi parce que la perte de la première chose est le résultat de sa faute dont les conséquences ne doivent pas équitablement retomber sur le créancier.

---

(1) Delvincourt p. 495, notes.—M. Duranton des contr, n° 526.

**251.** Lorsque, dans les cas prévus par l'article 1193 et qui viennent d'être examinés, le choix appartenait au créancier, ou l'une des choses seulement est périe ; et alors, si c'est sans la faute du débiteur, le créancier doit avoir celle qui reste ; si le débiteur est en faute, le créancier peut demander la chose qui reste, ou le prix de celle qui est périe : ou les deux choses sont péries ; et alors, si le débiteur est en faute à l'égard des deux, ou même à l'égard de l'une d'elles seulement, le créancier peut demander le prix de l'une ou de l'autre à son choix (art. 1194).

Cette disposition dans les divers cas qu'elle prévoit, n'est que l'expression d'une règle de raison et d'équité.

Il en est de même de celle suivant laquelle, si les deux choses sont péries sans la faute du débiteur, et avant qu'il soit en demeure, l'obligation est éteinte, conformément à l'article 1302 sur lequel je reviendrai, et qui offre l'application de l'ancienne règle : *debitores certi corporis interitu rei liberantur* (art. 1195).

**252.** Tous les principes exposés dans cette section s'appliquent au cas où il y a plus de deux choses comprises dans l'obligation alternative (art. 1196). Aucune raison ne justifierait, en effet, une différence, entre ce cas et celui où l'obligation alternative ne comprend que deux choses.

## SECTION IV.

*Des obligations solidaires.*

SOMMAIRE.

253. *Principes généraux, en cette matière.*

**253.** L'obligation est solidaire lorsque le total de la chose due peut être exigé par chaque créancier, ou peut l'être de chaque débiteur.

Il y a donc la solidarité entre créanciers, et la solidarité de la part des débiteurs. Les règles de chacune d'elles vont être successivement examinées. Mais il convient de poser avant quelques principes sur la solidarité en général.

Toute action et toute obligation se divisent de plein droit entre ceux qui sont appelés à exercer l'une ou à subir l'autre. Pour que cette divisibilité cesse, ou pour qu'il y ait solidarité, il faut qu'il y ait convention expresse à cet égard, ou une disposition de loi qui la prononce (art. 1202). Il est sans difficulté que, quoique cet article se trouve à la section qui traite de la solidarité entre débiteurs, il s'applique également à la solidarité entre créanciers. La solidarité peut résulter aussi de la volonté du testateur qui peut

imposer à ses héritiers, dans la limite de la portion disponible, l'obligation d'acquitter solidairement ses dettes ou ses legs (1).

Le principe de la divisibilité de l'obligation
reçoit encore exception dans les cas d'indivisibilité. Je reviendrai sur ce point à la section 5.

De ce principe résulte la conséquence que
le droit d'accroissement ne peut pas avoir lieu
entre créanciers comme il a lieu entre légataires.

§ PREMIER.

*De la solidarité entre les créanciers.*

SOMMAIRE.

**254.** L'obligation est solidaire entre plusieurs
créanciers, lorsque le titre donne expressément

(1) Delvincourt p. 502, notes.—Toullier n° 720.

à chacun d'eux le droit de demander le paiement
du total de la créance, et que le paiement fait
à l'un d'eux libére le débiteur, encore que le
bénéfice de l'obligation soit partageable et divisible entre les divers créanciers ( art. 1197 ).

On voit peu d'exemples de cette solidarité
dont l'objet, bien loin de rendre chacun des
créanciers propriétaire de la totalité de la créance,
se borne à lui donner le droit de recevoir seul
ce qu'il doit partager avec les autres. C'est donc
autant dans l'intérêt du débiteur qui a la faculté
de se libérer par un seul paiement, que des
créanciers eux-mêmes, que cette solidarité est
introduite ; et chaque créaneier solidaire n'est
censé que le mandataire des autres pour recevoir l'intégralité de la dette. De là, plusieurs
conséquences.

**255.** Le débiteur a le choix de payer à l'un
ou à l'autre des créanciers solidaires, tant qu'il
n'a pas été prévenu par les poursuites de l'un
d'eux (art. 1198). Si ces poursuites ont eu lieu,
leur auteur en exerçant un droit qui lui appartenait, est d'ailleurs censé avoir rempli les in-
tentions de tous.

Cependant si la créance est à terme et si l'un
des créanciers a poursuivi avant l'échéance, le
débiteur ne perd pas l'option que la loi citée

lui accorde. Il peut même renoncer au terme en faveur d'un autre créancier que le poursuivant (1).

**256.** Suivant le droit Romain , un des créanciers solidaires pouvait faire seul la remise de toute la dette (2). Il n'en est pas de même d'après le Code. La remise qui n'est faite que par l'un des créanciers solidaires , ne libère le débiteur que pour la part de ce créancier (id.). La raison en a déjà été exprimée. C'est parce que le mandat que chacun des créanciers est censé avoir reçu des autres, n'est que pour recevoir ce qui est dû , et non pour le donner.

**257.** Il résulte encore de cette règle qu'aucun de créanciers n'a le droit de modifier la créance solidaire , soit en transigeant ou compromettant soit en faisant novation , soit de tout autre manière (3).

**258.** L'un des effets de la solidarité entre créanciers , est , que tout acte qui interrompt la prescription à l'égard de l'un des créanciers solidaires , profite aux autres créanciers (art.

---

(1) M. Duranton des contr. n° 533.

(2) L. 16. ff. De duobus reis.

(3) Delvincourt p. 502, notes.—M. Duranton des contr. n° 535 et suiv.

1199). Par la même raison, si, parmi eux, il en est un contre qui la prescription n'a pu courir, il aura conservé le droit de tous les autres. L'application de ce principe est faite notamment par l'art. 710.

259. L'article 1199 fait connaître les effets de l'acte émané de l'un des créanciers. Mais ils ne sont pas les mêmes, si cet acte émane d'un héritier de l'un des créanciers. Nous savons, en effet, que tous droits quelconques se divisent activement ou passivement entre héritiers. Aucun d'eux n'ayant droit ainsi à la totalité de la créance solidaire, celui qui a fait un acte n'a pu agir que dans son intérêt individuel et conserver sa part. Dans ce cas, il y a seulement difficulté sur le point de savoir qui profitera de la part conservée par cet héritier, si ce sera lui seul, ou tous les créanciers ensemble proportionnellement à leur droit dans la créance solidaire. Certains (1) pensent que c'est l'héritier seul, et qu'il ne partage ni avec ses cohéritiers ni avec les autres créanciers. Mais d'autres (2) se fondant sur l'article 2249 et invoquant pour les autres créanciers qu'aux termes de cet

---

(1) M. Duranton des contr. n° 541.
(2) Delvincourt p. 500, notes.

article, un seul héritier oblige, une équitable réciprocité, pensent que la part conservée par un seul héritier à laquelle les autres héritiers n'ont d'ailleurs aucun droit, se partage avec les autres créanciers. Cette opinion me paraît plus conforme aux principes.

**260.** Ainsi que l'établit le principal motif ci-dessus exprimé de la solidarité entre créanciers chacun des créanciers solidaires est censé avoir une part égale dans la créance commune, si d'ailleurs rien n'indique que leurs droits respectifs diffèrent (1). Cette opinion repose encore sur la dernière expression de l'article 1197. Elle n'était admise, dans le droit Romain, que lorsqu'il y avait société entre les créanciers, et cette doctrine a encore ses partisans (2).

## § II.

*De la solidarité de la part des débiteurs.*

SOMMAIRE.

(1) Toullier n° 720.
(2) Duranton des contr. n°ˢ 542, 643.

9

**261.** Cette solidarité existe lorsque les débiteurs sont obligés à une même chose, de manière que chacun puisse être contraint pour la totalité, et que le paiement fait par un seul libère les autres envers le créancier (art. 1200). Par le mot *paiement*, la loi entend ici toutes les causes d'extinction de la dette qu'énumère l'article 1234.

La solidarité des débiteurs est beaucoup plus fréquente que celle des créanciers et ses effets sont bien autrement sensibles. Car elle augmente les garanties du créancier qui, dès lors, est intéressé à la stipuler.

Son caractère essentiel est que chacun des débiteurs soit obligé à la même chose.

**262.** S'il en résulte pour le créancier le droit de demander la totalité de la dette à chacun des débiteurs, il s'ensuit aussi que le créancier n'est pas fondé à refuser le paiement intégral que lui offre un des débiteurs et à exiger la division de la dette (1).

**265.** Mais il n'est pas nécessaire pour que cette solidarité ait lieu, que tous les débiteurs soient tenus de la même manière. Ainsi, l'obligation peut être solidaire quoique l'un des débiteurs, par exemple, soit obligé conditionnellement, tandis que l'engagement de l'autre est pur et simple, ou bien quoique l'un ait un terme qui n'est point accordé à l'autre (art. 1201). Il ne s'agit, dans ces cas, que du mode d'exécution de l'obligation, et non de la disposition elle-même.

**264.** Nous avons déjà vu (n° 253) que la solidarité ne se présume pas. Les articles 395, 396, 1033, 1442, 2002 et autres offrent des exemples de solidarité résultant des dispositions de la loi.

**265.** La solidarité des débiteurs donne au créancier le droit de s'adresser à celui d'entre eux qu'il veut choisir, sans que celui-ci puisse opposer le bénéfice de division (art. 1203). Ce bénéfice que l'article 2026 donne aux cautions,

---

(1) Sirey 1827—1—378.

est la faculté qu'a un débiteur poursuivi en
paiement d'une dette entière, de renvoyer, en
offrant sa part, le créancier, contre les autres
débiteurs pour le surplus. Cette faculté est inconciliable avec l'objet de la solidarité, quoiqu'il
soit vrai de dire que les débiteurs solidaires sont
des cautions mutuelles.

266. Le créancier peut poursuivre simultanément tous les débiteurs solidaires (art. 1204),
faculté qui n'est pas accordée à tous les créanciers solidaires d'un seul débiteur. La raison de
cette différence est sensible. La simultanéité des
poursuites des créanciers solidaires ne ferait
qu'augmenter les frais en pure perte, tandis que
les poursuites contre plusieurs débiteurs offrent
plus de chances de paiement au créancier.

Il suit de là qu'il est loisible au créancier d'a-
bandonner les poursuites commencées contre un
débiteur, et d'en diriger de nouvelles contre un
autre (1).

267. Mais les débiteurs non poursuivis peuvent intervenir dans la contestation, s'il s'en
élève. Car ils peuvent avoir intérêt à le faire.

---

(1) Pothier n° 271.—Toullier n° 728 etc.

**268.** Cependant il ne faut pas conclure de ce droit qu'a le créancier de poursuivre à son gré ses débiteurs, qu'un jugement obtenu contre l'un d'eux soit exécutoire contre les autres. Il n'y a pas là tous les caractères de la chose jugée exigés par l'article 1351 (1).

**269.** La perte de la chose due, par la faute, ou pendant la demeure de l'un ou de plusieurs des débiteurs solidaires, ne décharge pas les autres codébiteurs de l'obligation de payer le prix de la chose ; mais ceux-ci ne sont pas tenus des dommages et intérêts. Le créancier peut seulement répéter les dommages et intérêts, tant contre les débiteurs par la faute desquels la chose a péri, que contre ceux qui étaient en demeure (art. 1205).

C'est encore par une conséquence de la solidarité, que la perte de la chose qui peut être imputée à l'un des débiteurs, ne libère pas les autres ; et à ce sujet il faut remarquer que la règle s'applique au cas où la perte provient du fait, comme à celui où elle résulte de la faute. Cependant si la chose qui a péri chez le débiteur en demeure, eût dû également périr chez le créancier, il y aurait, pour tous les débiteurs, extinction de l'obligation (art. 1302).

---

(2) Delvincourt p—500, notes.

**270.** Mais c'est bien assez pour ceux des débiteurs au fait ou à la demeure desquels la perte peut être attribuée ; et c'est avec raison qu'en ne les soumettant pas aux dommages et intérêts, la loi établit une différence entre eux et celui qui a quelque reproche à se faire. Ils en seraient néanmoins tous tenus, s'ils s'y étaient expressément soumis par le contrat (1).

**271.** La prescription est interrompue, à l'égard de tous les débiteurs solidaires, par les poursuites faites contre l'un d'eux (art. 1206). La reconnaissance de la dette faite par l'un d'eux produit les mêmes effets à l'égard de tous. Mais il n'en serait pas de même si cette reconnaissance avait lieu après la prescription acquise. Car il ne pourrait pas dépendre de l'un des débiteurs de rendre, au préjudice des autres, l'existence à une dette éteinte (2). L'article 2249 déjà cité règle les effets de l'interruption de la prescription vis-à-vis de l'un des héritiers d'un débiteur solidaire.

**272.** La demande d'intérêts formée contre l'un des débiteurs solidaires fait courir les inté-

---

(1) Pothier n° 273 etc.
(2) Toullier n° 729 notes.

rêts à l'égard de tous (art. 1207). Il faut, pour l'application de cette règle, que tous les débiteurs soient obligés de la même manière. Car si certains ne sont tenus qu'à terme ou sous condition, leur position ne sera pas changée par la demande faite contre un autre.

273. Le codébiteur solidaire poursuivi par le créancier peut opposer toutes les exceptions qui résultent de la nature de l'obligation, et toutes celles qui lui sont personnelles, ainsi que celles qui sont communes à tous les codébiteurs. Il ne peut opposer les exceptions qui sont purement personnelles à quelques-uns des autres codébiteurs (art. 1208).

Ainsi, par exemple, chaque débiteur peut se prévaloir de ce que l'obligation est contraire aux lois ou aux mœurs, ou contester la qualité du demandeur. Mais l'exception de minorité ne peut être opposée que par le mineur lui-même; et cette règle est si raisonnable qu'elle s'applique même à la caution qui peut n'être pas solidaire. Toutefois elle reçoit une exception nécessaire si l'obligation est indivisible (1).

274. La confusion qui est un mode d'extinction de l'obligation (art. 1234, 1300) n'éteint la

---

(1) Delvincourt p. 509, notes.

créance solidaire que pour la part du débiteur
ou du créancier, lorsque l'un des débiteurs devient héritier unique du créancier, ou lorsque
le créancier devient l'unique héritier de l'un des
débiteurs (art. 1209). Si la confusion, dans ce
cas, n'éteint pas l'obligation en entier, c'est
parce que, dans la réalité, la confusion rédime
plutôt la personne du débiteur de la dette,
qu'elle ne l'éteint : *magis personam debitoris exi-
mit ab obligatione, quam extinguit obligationem*
(1).

**275.** La solidarité n'est pas l'obligation elle-
même. Aussi peut-elle cesser sans que l'obligation soit éteinte. Le créancier, dans l'intérêt de
qui elle a été stipulée, peut donc en faire la
remise qui peut être expresse ou tacite, à certains de ses débiteurs, en conservant son action
solidaire à l'égard des autres. Il doit seulement
faire déduction de la part du débiteur qu'il a dé-
chargé de la solidarité (art. 1210).

**276.** Ce principe applicable au cas où le débiteur a consenti expressément à la division de la
dette, l'est aussi à la remise tacite résultant de
ce que le créancier a reçu divisément la part de
l'un des débiteurs, sans réserver dans la quit-

---

(1) Pothier n° 276.—M. Duranton des contr. n° 577 et suiv.

tance, la solidarité ou ses droits en général. Il ne renonce à la solidarité qu'à l'égard de ce débiteur (art. 1211).

**277.** Mais le concours de trois circonstances est nécessaire pour établir cette renonciation tacite du créancier à la solidarité. Il faut, 1° que le créancier ait reçu divisément ; 2° qu'en recevant une somme égale à la portion dont est tenu le débiteur, il exprime que c'est pour la part de celui-ci, énonciation contraire à la nature de la solidarité ; 3° que le créancier ne passe pas ses réserves dans la quittance. La remise de la solidarité ne résulte pas de la simple demande que forme le créancier contre l'un des débitenrs pour sa part, à moins que celui-ci n'ait acquiescé à cette demande, ou qu'il ne soit intervenu un jugement de condamnation conforme (id.). Par ces mots *simple demande*, on entend celle qui est faite sans aucune réserve qui puisse faire présumer l'intention de conserver la solidarité. On conçoit qu'une demande non acceptée ne lie pas celui qui la fait, et n'est considérée que comme un projet que son auteur peut abandonner en la rectifiant et demandant la totalité (1) ; car les obligations respectives des parties ne peu-

---

(1). Pothier n° 277—Toullier n° 743.

vent être changées que par le concours de leurs volontés. On conçoit aussi que, sous ce rapport, un jugement produit au moins les mêmes effets que le consentement du débiteur.

**278.** Cette règle qui peut modifier la dette principale, s'applique également au cas où le créancier reçoit divisément et sans réserve, la portion de l'un des codébiteurs dans les arrérages ou intérêts de la dette. Mais ce créancier ne perd la solidarité que pour les arrérages ou intérêts échus, et non pour ceux à échoir, ni pour le capital (art. 1212). Il est de la nature des renonciations qu'elles ne se présument pas, et qu'elles ne s'étendent pas au-delà de leur objet.

Remarquons que, dans ce cas, il n'est pas nécessaire comme dans le précédent, que le créancier ait déclaré avoir reçu les intérêts ou arrérages *pour la part* du débiteur auquel la remise de la solidarité est présumée faite. Les deux autres conditions suffisent.

**279.** Cependant si le créancier a consenti à la division des intérêts ou arrérages pendant dix ans consécutifs, il perd la solidarité non seulement pour les intérêts à échoir, mais encore pour le capital (id.). Son intention d'y renoncer est suffisamment manifestée par une division si souvent rêitérée. Anciennement cette renonciation n'était présumée qu'après trente ans (1).

D'après le texte de la loi, le paiement divisé doit avoir été continué pendant dix années consécutives, et il semblerait en résulter que le débiteur qui l'invoque devrait représenter dix quittances. Cette nécessité pourrait être néanmoins modifiée, d'après les circonstances, sans qu'il puisse être fait à cet égard aucune précision absolue. C'est aux tribunaux de les apprécier (2).

280. Voyons maintenant quels sont les droits et les obligations respectifs des débiteurs solidaires.

L'obligation contractée solidairement envers le créancier se divise de plein droit entre les débiteurs qui n'en sont tenus entre eux que chacun pour sa part et portion (art. 1213). Toutes les parts seront présumées égales à moins qu'une autre base de répartition ne soit justifiée.

281. Le codébiteur d'une dette solidaire, qui l'a payée en entier, ne peut répéter contre les

---

(1) Pothier n° 279.
(2) Toullier n° 745 à la note Delvincourt p. 511. notes.

autres que les part et portion de chacun d'eux.
Si l'un d'eux se trouve insolvable, la perte
qu'occasionne son insolvabilité se répartit par contribution, entre tous les autres codébiteurs solvables et celui qui a fait le paiement (art. 1214).

Ainsi, ce codébiteur n'est pas subrogé aux
droits du créancier, en ce sens qu'il puisse
exercer contre les autres, les droits que le créancier aurait pu exercer lui-même. L'article 1214,
fesant exception à l'article 1251, n° 3, restreint
la subrogation à la part de chaque codébiteur.
La même règle est écrite dans l'article 875.

**282.** Il est sans difficulté que si le capital payé
produisait des intérêts, le codébiteur qui a libéré les autres peut exercer son recours pour
les intérêts comme pour le capital. Il en doit
être de même si ce capital n'était pas productif
d'intérêts, par application du principe des arti-
2001 et 2028 (1).

**283.** Les effets de cette subrogation légale de
l'article 1214, pourraient être plus étendus
par la subrogation conventionnelle. Je revien-
drais sur ce point.

---

(1) Delvincourt p. 503 notes.

284. Si le créancier a renoncé à l'action solidaire envers l'un des débiteurs et si l'un ou
plusieurs des autres codébiteurs deviennent insolvables, la portion des insolvables sera con-
tributoirement répartie entre tous les débiteurs,
même entre ceux précédemment déchargés de
la solidarité par le créancier (art. 1215).

Puisque, ainsi que nous l'avons vu, la loi
détermine les droits respectifs des codébiteurs,
il ne devait pas dépendre du créancier de la
modifier en aucune manière.

285. Mais un autre mode non moins équitable de répartition entre les codébiteurs solidaires a lieu, lorsque l'affaire pour laquelle la
dette a été contractée solidairement ne concer-
nait que l'un des coobligés solidaires. Alors,
celui-ci est tenu de toute la dette vis-a-vis des
autres codébiteurs, qui ne sont considérés par
rapport à lui que comme ses cautions (art.
1216). Dans ce cas, ceux qui invoqueront le
bénéfice de cet article, devront détruire, par
une preuve contraire, la présomption qu'établit la solidarité d'une obligation personnelle à
tous les débiteurs.

## SECTION V.

*Des obligations divisibles et indivisibles.*

### SOMMAIRE.

**286.** Cette matière que des textes nombreux et presque contradictoires rendaient très obscure, dans le droit Romain, avait été traitée par *Dumoulin* dans un ouvrage dont le titre annonce la difficulté du sujet (1). Après lui, et d'après lui, Pothier en précisa les règles. Son travail a été la base des dispositions du Code. Ses rédacteurs s'en sont occupés après les obligations solidaires, avec lesquelles les obligations indivisibles offrent certains rapports. Au reste,

_____

(1) extricatio labyrinthi dividui et individui.

les théories de l'indivisibilité sont d'une application peu fréquente. Les difficultés qu'elles présentent et dont l'explication peut être utile, seront exposées à mesure que viendront les dispositions de loi auxquelles elles se rattachent.

287. En principe, lorsqu'il n'y a qu'un créancier et un débiteur, tout est dû par un seul à un seul. s'il y a plusieurs créanciers ou débiteurs, l'obligation se divise entre eux activement ou passivement. Cette règle qui reçoit déjà une exception de la solidarité, en reçoit une autre de l'indivisibilité.

288. L'obligation est divisible ou indivisible selon qu'elle a pour objet ou une chose qui dans sa livraison, ou un fait qui dans l'exécution, est ou n'est pas susceptible de division, soit matérielle, soit intellectuelle (art. 1217).

Je promets dix hectolitres de blé, l'obligation est matériellement divisible ; si j'ai promis un cheval, elle est matériellement indivisible. J'ai accepté un mandat pour une affaire unique ; le fait que je dois accomplir est matériellement indivisible ; il serait divisible, si j'avais, par exemple, promis de creuser un fossé sur une étendue déterminée. Une action dans une entreprise industrielle, est intellectuellement quoique non matériellement divisible. Une servitude, telle qu'un partage, un droit de vue, n'est susceptible de division ni matérielle ni intellectuelle L'espèce d'indivisibilité dont il est question dans l'article précité, est celle que Dumoulin appelait *individuum contractu*, et que Pothier désignait sous le nom d'absolue.

289. L'obligation est indivisible, quoique la chose ou le fait qui en est l'objet soit divisible par sa nature, si le rapport sous lequel elle est considérée dans l'obligation ne la rend pas susceptible d'obligation partielle (art. 1218). Telle serait l'obligation souscrite par un entrepreneur, de construire une maison qui, de sa nature, serait divisible. Dumoulin et Pothier appelaient cette indivisibilité *individuum obligatione*.

290. Ils reconnaissaient encore une troisième espèce d'indivisibilité, qui avait lieu pour le paiement, et qu'ils désignaient sous le nom *d'individuum solutione*. J'en parlerai en expliquant l'article 1221.

291. La solidarité d'une obligation ne lui donne pas le caractère d'indivisible (art. 1219); et, d'un autre côté, il peut y avoir indivisibilité sans solidarité.

Les principales différences entre ces deux caractères qui seront bientôt reproduites, sont que l'obligation solidaire se divise entre les héritiers du débiteur, tandis qu'il n'en est pas de même de l'obligation indivisible; que les dommages et intérêts encourus par les débiteurs solidaires sont dus par eux solidairement, tandis que ceux qui sont à la charge des débiteurs d'une chose indivisible, se divisent entre eux. Il en est encore d'autres qui seront aussi signalées (1).

§ PREMIER.

### Des effets de l'obligation divisible.

SOMMAIRE.

292. *Différence, sous le rapport de la divisibilité de l'obligation, entre les parties et leurs héritiers.*
293. Quid, *Si une dette, après avoir été divisée, se trouve réunie sur une seule tête.*
294. *Exceptions au principe de la divisibilité des dettes entre héritiers*

**292.** L'obligation susceptible de division doit être exécutée entre le créancier et le débiteur comme si elle était indivisible. La divisibilité n'a d'application qu'à l'égard de leurs héritiers, qui

---

(1) Dalloz T. 10. p. 538 n° 6 et 7.

ne peuvent demander la dette, ou qui ne sont tenus de la payer, que pour les parts dont ils sont saisis, ou dont ils sont tenus comme représentant le créancier ou le débiteur (art. 1220).

Nous avons déjà vu cette dernière règle consacrée par l'article 870. Nous savons aussi qu'elle est applicable à une dette solidaire, entre les héritiers du débiteur.

293. On a agité la question de savoir si, après qu'une dette a été divisée, toutes les parties étant réunies sur la même tête, cette dette est encore ou n'est pas susceptible de division. Elle doit être résolue à l'aide d'une distinction. Ou la dette était divisible dans le principe; et alors la réunion qui s'est opérée ne lui ôte pas ce caractère; ou bien, à son origine, elle était indivisible; et dans ce cas, elle redevient telle par la réunion. La raison de cette décision est qu'autre chose est la faculté de payer par portions, intrinsèque à l'obligation, autre chose cette faculté qui ne résulte que d'une circonstance extrinsèque à l'obligation, sa division entre les ayant-cause du débiteur (1).

294. Le principe de la divisibilité entre héri-

_____

(1) Pothier n° 319.—Toullier n° 758, etc.— M. Duranton des contr. n° 602.

tiers reçoit plusieurs exceptions : 1º dans le cas où la dette est hypothécaire. Le cohéritier, détenteur de l'immeuble hypothéqué, doit l'acquitter en entier, sauf son recours contre les autres, ainsi que nous l'avons vu à l'article 873. 2º Lorsque la dette est d'un corps certain, quoique susceptible de division intellectuelle. La loi a voulu prévenir des lenteurs et des procès, en autorisant le créancier à le réclamer exclusivement de l'héritier détenteur. 3º Lorsqu'il s'agit de la dette alternative de choses au choix du créancier, dont l'une est indivisible. Cette exception semble superflue; la décision qui la consacre ne fait que reconnaître une conséquence nécessaire de l'indivisibilité. 4º Lorsque l'un des héritiers est chargé seul, par le titre, de l'exécution de l'obligation. Le mot *titre* s'applique ici aux contrats comme aux testamens. Mais il est à remarquer que cette observation ne s'applique qu'à l'exécution de l'obligation, et non pas à l'obligation elle-même qui ne pourrait être mise à la charge d'un des héritiers, sans recours contre les autres, que par testament, et non par contrat (1). 5º Lorsqu'il résulte, soit de la nature de l'engagement, soit de la chose qui en

---

(1) Toullier nº 416 et suiv. et773.

fait l'objet, soit de la fin que l'on s'est proposée dans le contrat, que l'intention des contractans a été que la dette ne pût s'acquitter partiellement. Les divers cas mentionnés dans cette exception rentrent dans l'indivisibilité *solutione* mentionnée plus haut (nos 289, 290). On peut facilement suppléer des exemples pour l'application de cette exception, fondée sur des circonstances dont l'appréciation est laissée aux tribubunaux (art. 1221).

Ainsi que je l'ai déjà dit, dans les divers cas exceptionnels de cet article, l'héritier qui acquitte la dette en totalité, a son recours contre les autres (id.).

Il va sans dire, qu'outre ces exceptions au principe de divisibilité entre héritiers qui viennent d'être énumérés, il en est une autre qui est la principale; c'est celle qui résulte de l'indivisibilité de la dette. Nous avons déjà vu quand elle existe.

## § II.

*Des effets de l'obligation indivisible.*

SOMMAIRE.

295. *Certains points de ressemblance et de différence entre les obligations indivisible et solidaire.*
296. *L'indivisibilité continue à l'égard des héritiers du débiteur.*

**295.** Entre les débiteurs eux-mêmes, ces effets sont les mêmes que ceux de la solidarité. Chacun de ceux qui ont contracté conjointement une dette indivisible, en est tenu pour le total, encore que l'obligation n'ait pas été contractée solidairement (art 1222).

Cependant, quoique les obligations solidaire et indivisible se confondent dans ce cas, quant au mode d'exécution, il existe, entre elles, une différence qui doit être signalée ici. Dans l'obligation indivisible, chacun des débiteurs est tenu pour le tout, à cause de la nature de la dette. Si donc cette nature vient à changer, cette obligation cesse, comme si la promesse d'un cheval est remplacée par celle de cent francs qui se diviseront entre les débiteurs. Mais dans l'obligation solidaire, la substitution d'un autre objet à celui qui était primitivement dû, ne modifiera pas les effets de la solidarité.

**296.** L'obligation indivisible conserve ce caractère à l'égard des héritiers de celui qui l'a contractée (art. 1223). C'est là une différence déjà signalée avec l'obligation solidaire, qui se justifie par la nature de la dette, par la nécessité. Lorsqu'en effet, un objet est indivisible, il est indifférent qu'il soit dû par une ou par plusieurs personnes; il n'y a qu'une manière de l'acquitter.

**297.** Chaque héritier du créancier peut exiger en totalité l'exécution de l'obligation indivisible. Il ne peut seul faire la remise de la totalité de la dette; il ne peut recevoir seul le prix, au lieu de la chose. Si l'un des héritiers a seul remis la dette ou reçu le prix de la chose, son cohéritier ne peut demander la chose indivisible qu'en tenant compte de la portion du cohéritier qui a fait la remise, ou qui a reçu le prix (art. 1224).

Ce n'est que l'impossibilité de la division qui autorise chaque héritier du créancier à exiger la totalité. Il fallait lui accorder cette faculté ou lui refuser tout droit, ce qui était inadmissible. Mais de là ne résultait pas nécessairement le droit, pour chaque héritier, de faire la remise de la dette, ou de recevoir seul le prix, au lieu de la chose. Le débiteur peut refuser ce prix à un des héritiers du créancier. S'il l'a payé, il s'est libéré, pour ce qui excède la part de cet héritier, entre les mains de celui à qui il ne devait pas ; et sa libération n'est pas valable. Il devra donc livrer la chose indivisible, nonobstant la remise ou le paiement par un ou à un des héritiers du créancier à un autre de ces héritiers, qui la lui demandera ; mais alors il est subrogé aux droits du cohéritier avec qui il a traité, et la position de celui qui réclame la chose n'en est pas changée.

298. L'héritier du débiteur, assigné pour la totalité de l'obligation, peut demander un délai pour mettre en cause ses cohéritiers, à moins que la dette ne soit de nature à ne pouvoir être acquittée que par l'héritier assigné, qui peut alors être condamné seul, sauf son recours en indemnité contre ses cohéritiers (art. 1225).

Cette faculté accordée à l'héritier du débiteur d'une chose indivisible, ne l'est pas à l'héritier d'un débiteur solidaire. Car les mêmes motifs n'existent pas en faveur de celui-ci qui n'est obligé à la dette solidaire que dans la proportion de son droit à la succession de son auteur.

La règle de l'article cité reçoit exception au cas où la dette est d'une chose déterminée dont un seul héritier est détenteur. Le délai pour mettre les autres en cause, n'aurait alors aucun objet.

**299.** Parmi les effets de l'indivisibilité , il faut ranger ce qui est relatif à l'interruption de la prescription. Ainsi l'interruption faite par l'un des créanciers, ou la suspension établie en faveur d'un des débiteurs , profitent aux autres créanciers ou débiteurs (art. 709, 710, 2249).

## SECTION VI.

*Des obligations avec clauses pénales.*

300. *Ce qu'on entend par-là.*
301. *Différences des obligations avec clause pénale et des conditionnelles.*
302. *Et des alternatives.*
303. *En général le principal et la peine ne peuvent pas être demandés en même temps.*
304. *Exception à cette prohibition.*
305. *Condition de validité de la clause pénale.*
306. *Effet respectif de la nullité de l'obligation et de cette clause.*
307. *Nécessité de la mise en demeure du débiteur, sauf exceptions.*
308. *Quid, si l'obligation est de ne pas faire.*
309. *Quand le juge peut modifier la peine.*
310. *Effet de la contravention d'un des héritiers du débiteur, si l'obligation est indivisible.*
311. *Il est différent si la peine est indivisible.*
312. *De la contravention à l'égard de l'un des héritiers du créancier d'une chose indivisible.*

300. La clause pénale est celle par laquelle
une personne, pour assurer l'exécution d'une
convention, s'engage à quelque chose en cas
d'inexécution (art. 1226). Je promets, par
exemple, de fermer, dans le délai d'un mois,
une porte ouverte sur le fond de mon voisin, et
de payer cent francs, si je ne le fais pas.

La clause pénale est la compensation des dommages et intérêts que le créancier souffre de l'i-
nexécution de l'obligation principale (art. 1229).
Ces dommages étant ainsi fixés d'avance, toute
contestation qui aurait pour objet de la déterminer est prévenue. C'est ce qui résulte du principe de l'article 1152.

301. L'obligation avec clause pénale offre des
analogies avec les obligations conditionnelle et
alternative. Cependant elles ne doivent pas être
confondues.

Dans la première, il existe déjà une obligation
primitive; et la condition n'est qu'accessoirement
stipulée, pour le cas de non exécution de cette

obligation, tandis que l'obligation conditionnelle n'a d'existence qu'à l'événement de la condition. Ainsi l'obligation est pénale lorsqu'elle est ainsi conçue : je batirai cette maison, sinon je paierai cent. Elle serait conditionnelle, si j'avais dit : si je ne batis pas cette maison, je donnerai cent. Cette différence est d'autant plus essentielle que les conséquences de ces deux obligations peuvent varier, au cas notamment de force majeure qui empêche l'exécution de l'obligation. Au premier cas, cette force est une excuse ; elle ne l'est pas au second cas, puisqu'on peut contracter sans une condition casuelle.

502. L'obligation alternative n'a qu'un objet, quoiqu'il soit indéterminé jusqu'à l'option ; et celle qui est faite avec clause pénale renferme deux objets bien distincts l'un de l'autre.

503. Mais, quoique cette dernière obligation ait deux objets, dans son principe, ils ne peuvent pas être exigés simultanément par le créancier qui ne peut pas demander en même temps le principal et la peine (id.). A cet égard, il est d'ailleurs dans la position du créancier de l'obligation alternative soumise à son choix. Il a l'option entre l'obligation principale et la peine (art. 1228).

**304.** Néanmoins, le principal et la peine peuvent être demandés en même temps, si la peine ayant été stipulée pour le simple retard, cette condition se vérifie (1229).

**305.** La clause pénale doit être autorisée par la loi. Elle ne peut donc pas être contraire à ses dispositions, ni aux bonnes mœurs. D'après les principes déjà expliqués sur l'article 1153, la clause pénale stipulée au cas de retard dans le paiement d'une somme d'argent, ne peut pas excéder l'intérêt légal.

**306.** La nullité de l'obligation principale entraine celle de la clause pénale. La nullité de celle-ci n'entraîne point celle de l'obligation principale (art. 1227). La clause pénale est, en effet, accessoire à une obligation préexistante ; elle en doit donc suivre le sort, sans qu'il puisse y avoir réciprocité à cet égard. Pour l'application de cette règle, il importe de bien distinguer si l'obligation est alternative ou véritablement pénale. Nous savons déjà que si elle est alternative, la perte de l'une des choses n'empêche pas l'autre d'être due, au lieu que si elle est pénale, la perte de la chose promise vaut au débiteur la remise de la peine (1).

---

(1) M. Duranton des contr. n° 626.

**307.** Dans tous les cas, soit que l'obligation primitive continue, soit qu'elle ne contienne pas un terme dans lequel elle doive être accomplie, la peine n'est encourue que lorsque celui qui s'est obligé soit à livrer, soit à prendre, soit à faire, est en demeure (art. 1230). Il en était autrement sous le droit Romain qui admettait la maxime : *dies interpellat pro homine.* Ici s'appliquent les exceptions déjà signalées à la nécessité de la mise en demeure, qui cesse si la chose due ou promise ne pouvait être donnée ou faite que dans un temps que le débiteur a laissé s'écouler, ou bien encore s'il a été convenu que la demeure résulte de la seule échéance (nos 123, 133).

**308.** La disposition de l'article 1230 s'applique aux obligations de donner ou de faire. Si l'obligation est de ne pas faire, la peine est encourue dès que la contravention a eu lieu (art. 1145). Mais, il faut que cette contravention soit réelle et non pas seulement apparente ou réduite aux termes d'un simple projet. (1).

**309.** Si l'obligation principale n'a reçu aucune exécution, la peine doit être prononcée par le juge telle qu'elle a été réglée par les parties. Mais si l'obligation a été réglée en partie, la

---

(1) Pothier n° 348.—Toullier n° 834.

peine peut être modifiée par le juge (art. 1231)
qui apprécie les circonstances. Cette décision
est tout-à-fait conforme à l'équité, mais elle ne
s'applique qu'au cas où l'exécution partielle de
l'obligation a eu lieu, du consentement du créancier, et jamais à celui où les parties ont convenu que la peine ne peut pas être modifiée,
même après l'exécution partielle de l'obligation
(1).

310. Examinons maintenant les effets de la
clause pénale, à l'égard des héritiers du débiteur.

Lorsque l'obligation primitive contractée avec
une clause pénale est d'une chose indivisible,
la peine est encourue par la contravention d'un
seul des héritiers du débiteur, et elle peut être
demandée, soit en totalité contre celui qui a
fait la contravention, soit contre chacun des
cohéritiers pour leur part et portion, et hypo-
thécairement pour le tout, sauf leur recours
contre celui qui a fait encourir la peine (art.
1232).

311. La division de la peine entre tous les
cohéritiers, chacun pour leur part et portion,

(1) Toullier n° 839.

serait impossible dans le cas où la peine stipulée serait elle-même une chose indivisible. Il y
aurait alors lieu d'appliquer les principes précédemment exposés sur les effets de l'obligation
indivisible, entre les héritiers du débiteur.

312. Il semblerait résulter du principe de
l'article 1232 que lorsqu'il s'agit d'une obligation indivisible contractée avec clause pénale,
la contravention envers l'un des héritiers du
créancier, rendrait la peine encourue au profit
de tous. Cependant, la raison d'équité a fait
généralement admettre une opinion contraire
(1).

313. Si l'obligation primitive contractée sous
une peine est divisible, la peine n'est encourue que par celui des héritiers du débiteur qui
contrevient à cette obligation, et pour la part
seulement dont il était tenu dans l'obligation
principale, sans qu'il y ait d'action contre ceux
qui l'ont exécutée (art. 1233). Il est sans difficulté que cette peine se divise entre les héritiers, comme une autre dette, lorsque tous
les héritiers sont en contravention.

---

(1) Delvincourt T. 2. p. 524,—M. Durantondes contr. n°
658.

Mais la divisibilité cesse, dans ces deux cas, lorsque la clause pénale ayant été ajoutée dans l'intention que le paiement ne pût se faire partiellement, un cohéritier a empêché l'exécution de l'obligation pour la totalité. En ce cas la peine entière peut être exigée contre lui, et contre les autres héritiers pour leur portion seulement, sauf leur recours (id.). Nous retrouvons ici l'application de l'article 1221, ? 5.

314. Il est reconnu que l'offre que ferait l'un des héritiers de sa part dans la dette originaire, ne l'affranchirait pas de la part qu'il doit supporter dans la peine (1).

## CHAPITRE IV.

### De l'extinction des obligations

SOMMAIRE.

315. Les obligations s'éteignent
    Par le paiement,
    Par la novation,
    Par la compensation,
    Par la confusion,
    Par la perte de la chose,

_____

(1) Toullier n° 843.

Par la nullité ou la rescision ,

Par l'effet de la condition résolutoire , qui
a été expliquée au chapitre précédent,

Et par la prescription qui est l'objet
d'un titre particulier (art. 1234).

A cette nomenclature donnée par cet article
des modes d'extinction des obligations , il faut
en ajouter plusieurs autres : Le consentement
mutuel des parties (art. 1134) ; dans certains
contrats , la volonté de l'une des parties, comme
dans la société , le mandat etc. ; l'impossibilité,
dans certains cas, d'exécuter l'obligation ; le
serment du débiteur ; l'expiration du temps pour
lequel l'obligation a été contractée, ou l'événement de la condition résolutoire ; la mort du
créancier ou du débiteur , s'il s'agit de créancier ou de dettes purement personnelles ; enfin
l'abandon de la chose, pour les obligations purement réelles (1).

En examinant les divers modes d'extinction
indiqués dans l'article 1234, et suivant l'ordre
qu'il a tracé, je trouverai l'occasion de parler
des autres modes, sur lesquels cet article garde
le silence.

_____

(1) Delvincourt T. 2. p. 538, notes.

# SECTION PREMIÈRE.

## *Du paiement.*

### SOMMAIRE.

316. *Acception générale du mot* paiement.

**316.** On appèle ainsi, tout mode d'acquittement d'une obligation quelconque, même de l'obligation de faire, en un mot, dans le sens le plus général, la prestation réelle qui libère le débiteur.

## § I.

### *Du paiement en général.*

#### SOMMAIRE.

10

**317.** Tout paiement suppose une dette : ce qui a été reçu sans être dû, est sujet à répétition (art. 1235), au moyen de l'action que les Romains appelaient *conditio indebiti,* et c'est à celui qui veut reprendre ce qu'il a payé, de prouver que la dette n'avait aucune existence, par application des règles qui ont été exposées sur l'erreur de droit qui donne lieu, comme l'erreur de fait, à la restitution.

**318.** Que si le paiement d'une chose non due a été fait après un jugement qui l'ordonne, la répétition n'en peut pas moins avoir lieu. Car ce n'est pas le jugement qui constitue la dette; Il en constate seulement l'existence (1).

**319.** Mais la répétition n'est pas admise à l'égard des obligations naturelles qui ont été volontairement acquittées (id). La loi ne définit pas ces obligations auxquelles la législation Romaine a consacré un grand nombre de textes. Telles sont, par exemple, celles d'un père envers un enfant naturel qu'il ne peut pas reconnaître et qui n'a pas le droit de demander des alimens, ainsi que celles qui sont contractées par des personnes naturellement capables, mais civilement incapables de s'engager, comme les femmes mariées, les interdits qui ont recouvré la raison (2).

**320.** Une obligation peut être acquittée par toute personne qui y est intéressée, telle qu'un coobligé ou une caution. Elle peut même être acquittée par un tiers qui n'y est point intéressé, pourvu que ce tiers agisse au nom et en l'acquit du débiteur, ou que, s'il agit en son nom propre, il ne soit pas subrogé aux droits du créancier (art. 1236).

---

(1) Sirey 2—1—181.
(2) Pothier n° 192.—Toullier n° 384, 385—M. Dur T. 10. n° 37, 38.

**321.** Si le tiers agit au nom et en l'acquit du débiteur, il est présumé avoir reçu mandat de celui-ci qui se trouve, jusqu'à preuve contraire, rédimé de toute obligation. Si le tiers agit en son propre nom, sans subrogation, l'obligation primitive est éteinte ; mais il en naît immédiatement une autre que le tiers peut exercer par une action nouvelle. Si, en payant, le tiers se fait subroger, la dette subsiste encore ; il y a seulement substitution d'un créancier à un autre (art. 1250). Il est même reconnu, malgré la maxime *invito beneficium non datur*, que le tiers peut payer contre le gré du débiteur (1). Il peut aussi payer le créancier malgré lui, à moins que celui-ci n'ait un intérêt contraire.

**322.** Mais cette faculté reçoit exception si l'obligation est de faire. Elle ne peut pas alors être acquittée par un tiers contre le gré du créancier, dans le cas où celui-ci a intérêt qu'elle soit remplie par le débiteur lui-même (art. 1237). Dans ce cas, la personne de celui qui a contracté l'obligation a été prise en considération, ce qui n'arrive pas ordinairement dans les obligations de donner.

**323.** Pour payer valablement, il faut être propriétaire de la chose donnée en paiement, et capable de l'aliéner (art. 1238).

---

(1) Toullier tom. 7 n° 10 et 12.

Il résulte de ces termes que si un paiement a été fait par celui à qui la chose livrée n'appartenait pas, le vrai propriétaire peut la revendiquer, et que si le paiement d'une dette légitime est fait par un incapable, la répétition peut en être faite par ceux qui le représentent.

324. Toutefois cette revendication ou répétition seraient sans objet si le vrai propriétaire de la chose livrée par un autre en était débiteur en faveur de celui qui l'a reçue. Celui-ci, en effet, pourrait écarter ces actions, par une demande reconventionnelle. Ainsi, la capacité d'aliéner exigée, dans la rigueur du droit, de celui qui paie une dette légitime échue, sera, dans l'usage, le plus souvent indifférente.

325. Cependant, si la dette payée par un incapable était d'un objet indéterminé qui ne se consomme pas par l'usage, et si, nonobstant ce paiement, elle a été promise par le représentant de l'incapable à un autre que celui qui l'a reçue, et à qui un autre objet pouvait être également donné en paiement, cette promesse devra recevoir son exécution. Ce n'est guères qu'à ce cas que peut s'appliquer, d'une manière utile, la première disposition de l'article 1238.

**326.** On a vu (1) une contradiction entre cette disposition et le principe suivant lequel la tradition n'est plus nécessaire pour la validité de l'aliénation. Mais il est vrai que, sans blesser ce principe, elle peut recevoir son exécution.

**327.** Néanmoins, le paiement d'une somme en argent, ou autre chose qui se consomme par l'usage, ne peut être répété contre le créancier qui l'a consommée de bonne foi, quoique le paiement en ait été fait par celui qui n'était pas capable de l'aliéner (id.). C'est là une juste application du principe (art. 2279) qu'en fait de meubles, la possession vaut titre.

**328.** Après avoir vu quels sont ceux qui peuvent payer valablement, il faut rechercher à qui le paiement peut être valablement fait.

Il doit être fait au créancier, ou à quelqu'un ayant pouvoir de lui, ou qui soit autorisé par justice ou par la loi, à recevoir pour lui. Le paiement fait à celui qui n'aurait pas pouvoir de recevoir pour le créancier, est valable, si celui-ci le ratifie, ou s'il en a profité (art. 1239). Il est sans difficulté que le paiement fait aux héritiers ou ayant-cause du créancier est valable comme s'il eut été fait au créancier lui-même.

_____

(1) Toullier T. 7. n° 10 et 12.

**329.** Le paiement fait au créancier lui-même n'est valable qu'autant qu'il est capable de le recevoir, à moins que le débiteur ne prouve que la chose payée a tourné au profit du créancier (art. 1241). Les incapables sont les mineurs non émancipés, les interdits. La capacité de la femme mariée pour recevoir un paiement varie suivant la nature des biens, et le régime sous lequel elle a contracté mariage. Quant au mineur émancipé, il faut voir l'article 481.

**330.** Le paiement fait au mandataire, qui d'ailleurs peut être lui-même incapable (art. 1990), libère donc le débiteur. Mais si le mandat est faux, lequel du créancier ou du débiteur, au cas d'insolvabilité de celui qui a reçu, devra supporter la perte? c'est le débiteur qui devait prendre ses précautions, pour s'assurer de la vérité du mandat. Car il n'y a ni faute, ni négligence à imputer au créancier (1).

**331.** Quelquefois le mandat peut être tacite. Tel est celui qui résulte pour l'huissier, de la remise d'un titre exécutoire. Mais cette remise à l'avoué ne constitue pas le mandat.

**332.** Des opinions diverses (2) ont été

_____

(1) L. 34 §. 4. ff de solut.—Pothier n° 510.—Toullier n° 19 etc.

(2) Pothier n° 513.—Delvincourt T. 2. p. 541, notes.—Toullier n° 23 etc.

émises sur la question de savoir si le pouvoir de vendre contient celui de recevoir le prix. Elle ne doit pas être résolue d'une manière trop absolue, et sa solution dépendra, le plus souvent, des circonstances et de l'intention présumée des parties. Dans le doute, elle devra être négativement résolue. Car un mandat, doit autant que possible, être renfermé dans les limites que lui donnent les termes qui le constituent.

333. Le paiement fait de bonne-foi à celui qui est en possession de la créance, est valable, encore que le possesseur en soit par la suite évincé (art. 1240). Cette disposition peut s'appliquer notamment aux paiemens faits à l'héritier apparent, qui est ensuite dépossédé.

La bonne-foi s'apprécie d'après les circonstances.

334. Un auteur pense que le débiteur est en faute et qu'il ne peut conséquemment pas être réputé de bonne-foi, s'il paye avant l'échéance du terme, une lettre de change ou un billet à ordre (1). Je ne saurais admettre cette opinion

_____

(1) M. Duranton des contr. n° 753.

qui crée une exception arbitraire au principe de l'article 1240.

**555.** Une des conditions de la validité du paiement est qu'il ne doit pas préjudicier aux droits qui seraient acquis à des tiers. S'il a donc lieu, au préjudice d'une saisie ou d'une opposition, il n'est pas valable à l'égard des créanciers saisissans ou opposans : ceux-ci peuvent, selon leur droit, contraindre le débiteur à payer de nouveau, sauf en ce cas seulement, son recours contre le créancier (art. 1242).

Ce principe qui, comme le plus grand nombre de ceux qui composent notre titre, n'est que l'expression d'une règle de raison et d'équité, doit se combiner avec les dispositions du Code de procédure (art. 557 et suiv.), sur les saisies-arrêts ou oppositions. Je n'ai pas à insister à cet égard. Mais c'est là qu'on verra les conditions auxquelles la saisie-arrêt ou opposition met obstacle à ce que le débiteur se libère entre les mains de son créancier.

Dans le cas où le paiement fait nonobstant la saisie, est d'une somme plus forte que celle pour laquelle la saisie a eu lieu, il n'est annulé qu'à concurrence des causes de la saisie, et il est maintenu pour le surplus. Car la saisie qui ne peut profiter qu'à son auteur, laisse le créancier et le débiteur dans la même position respective ; d'où il résulte que le débiteur qui, sans égard pour la saisie, se serait intégralement libéré en faveur de son créancier, ne pourrait pas si le saisissant gardait le silence, exercer la répétition contre celui qu'il a payé (1).

336. Le paiement doit être en rapport parfait avec la dette, et le créancier ne peut être contraient de recevoir une autre chose que celle qui lui est due, quoique la valeur de la chose offerte soit égale et même plus grande (art 1243). *Aliud pro alio invito creditori solvi non potest.* L. 2, ? 1 ff. de reb. cred. L'exception à cette règle résultant de la novelle 4, chap. 3, suivant laquelle le débiteur qui n'avait ni argent ni meubles à vendre, pouvait forcer son créancier de recevoir des immeubles, si mieux il n'aimait lui trouver un acquéreur, n'a été conservée ni par notre ancienne jurisprudence, ni par le Code. La règle s'applique aux obligations de faire comme aux obligations de donner (2).

337. Puisqu'elle est introduite en faveur du créancier, celui-ci peut y renoncer, même taci-

---

(1) Delvincourt P. 545, notes.
(2) Merlin quest. de Dr. V°. paiement §. 1.—Toullier n° 48.

tement. S'il a donc volontairement reçu une autre chose que celle qui devait être payée, il s'est interdit le droit de la réclamer. Mais il en serait autrement, si c'était par erreur qu'il eût accepté cet autre paiement (1).

558. L'article 1243 reçoit exception, au cas de compensation qui est un mode de paiement. L'article 1291 permet, en effet, de compenser des choses fongibles ou des prestations en nature avec des sommes d'argent.

559. Au reste, le paiement d'une somme due peut être fait indifféremment en monnaie d'or ou d'argent, à moins qu'il n'y ait une convention spéciale qui doit être exécutée. La monnaie de cuivre et de billon ne peut être employée dans les paiemens, contre le gré du créancier, si ce n'est pour l'appoint de la pièce de cinq francs (décret du 18 août 1810) (2).

540. Le débiteur ne peut pas forcer le créancier à recevoir en partie le paiement d'une dette même divisible (art. 1244). Nous avons déjà vu ce principe dans l'article 1220. Il s'ensuit que le créancier peut refuser de recevoir le capital, si

---

(1) Pothier n° 531.
(3) Merlin quest. de dr. V° paiement.--Toullier n° 51.

les intérêts ne lui sont pas offerts en même temps.

341. Néanmoins, les juges peuvent, en considération de la position du débiteur, et en usant de ce pouvoir avec une grande réserve, accorder des délais modérés pour le paiement, et surseoir à l'exécution des poursuites, toutes choses demeurant dans l'état (id.)

Cette faculté accordée aux juges constitue ce qu'on appèle le délai ou terme *de grâce,* par opposition au terme *de droit* dont il a été déjà question (nº 225). C'est par un motif d'humanité qu'en la consacrant, la loi déroge au principe de l'article 1134. Ce pouvoir que la loi accorde aux juges était anciennement exercé par le Roi, et quelquefois par les parlemens.

342. Il fut reconnu au conseil d'état que l'article 1244 suppose que le débiteur est poursuivi et condamné, et l'art 122 du Code de procédure mentionnant les délais que peuvent accorder les juges, pour l'exécution de leurs jugemens, est fondé sur la même supposition; d'où il résulte que si les poursuites sur lesquelles s'engage la contestation sont faites en vertu d'un titre exécutoire, il ne peut pas être accordé

de délai. Les juges dans ce cas, n'ont pas de
condamnation à prononcer (1).

**343.** Cependant, si les parties avaient convenu que des délais ne pourraient pas être accordés par les juges, cette convention devrait
être exécutée. C'est vainement que, pour soutenir l'opinion contraire on objecte que cette
convention ne peut pas avoir plus d'effet que la loi
elle-même qui prohibe les paiemens partiels. La
convention des parties, qui n'est pas contraire
à l'ordre public, doit recevoir son exécution
(2).

**344.** La question la plus importante qu'ait
fait naître l'article 1244 est celle de savoir si
cet article permet aux juges de diviser les
paiemens. Dans le projet du Code cette division en plusieurs termes était formellement
autorisée, et il ne parait pas que ce soit à suite
d'un changement d'idées, que cette rédaction
ne soit pas devenue définitive. D'un autre coté,
les expressions de la loi décident la question.
Elle permet d'accorder non un seul délai, mais
des délais; et le mot *néanmoins* qui commence

---

(1) Delvincourt p. 556. notes—Toullier T. 6. n° 660—M.
Duranton des contr. u° 767.

(2) Toullier T. 6. n° 658.—Cà Delvincourt p.556—Car-
ré sur l'art 124. cod de procéd.

la disposition prouve une dérogation à la règle qu'il suit qui est celle qui défend la divisibilité. L'opinion contraire n'a d'autre fondement que cette règle elle-même (1).

345. Il est généralement reconnu que l'article 1244 ne s'applique pas aux matières commerciales (2).

Les dispositions expresses des articles 157 et 186 du Code de commerce prouvent que des délais ne peuvent pas être accordés pour le paiement des lettres de change et des billets à ordre.

346. Le débiteur d'un corps certain et déterminé est libéré par la remise de la chose en l'état où elle se trouve lors de la livraison, pourvu que les détériorations qui y sont survenues ne viennent point de son fait ou de sa faute, ni de celle des personnes dont il est responsable, ou qu'avant ces détériorations il ne fut pas en demeure (art. 1245). Cette disposition est une application du principe de l'article 1138. Si les détériorations proviennent du fait d'un tiers, le créancier peut réclamer, contre lui, une indemnité.

---

(1) Toullier T. 6. n° 658—Delvincourt T. 2. p. 555.—Ca
M. Duranton des contr n° 766.

(2) Toullier T. 6. u° 661.

**347.** Si la dette est d'une chose qui ne soit
déterminée que par son espèce, le débiteur ne
sera pas tenu, pour être libéré, de la donner
de la meilleure espèce, mais il ne pourra l'offrir
de la plus mauvaise (art 1246). Nous avons déjà
vu la règle que pose cet article appliquée au
cas de legs (T. 3. n° 833).

**348.** Il reste à vérifier, pour terminer l'explication générale des règles ordinaires du paiement en quel lieu il doit être fait, et qui
doit en supporter les frais.

Le paiement doit être exécuté dans le lieu
désigné par la convention. Si le lieu n'y est pas
désigné, le paiement, lorsqu'il s'agit d'un corps
certain et déterminé, doit être fait dans le lieu
où était, au temps de l'obligation, la chose qui
en fait l'objet. Hors ces deux cas, il doit être
fait au domicile du débiteur (art. 1247).

Je m'occuperai d'abord de cette dernière disposition qui est la règle générale. Il est certain
que, dans le doute, les clauses devant s'interpréter en faveur du débiteur (art. 1162), c'est
au lieu de paiement le moins onéreux au débiteur que la préférence devait être accordée,
et par conséquent à son domicile.

Si, depuis le contrat, le débiteur a changé

de domicile, il devra indiquer à son précédent domicile, quelqu'un chargé de recevoir pour lui, si mieux il n'aime, au cas où son nouveau domicile serait plus éloigné de celui du créancier, ou rendrait la libération plus onéreuse pour celui-ci, l'indemniser de l'excédant des frais de remise qu'il serait obligé de faire. Cette opinion est équitable ; et je n'admettrais pas celle (1) suivant laquelle c'est toujours à l'ancien domicile que le paiement doit être fait. Elle doit être modifiée toutes les fois que le changement du lieu de paiement ne préjudicie pas au créancier : *malitiis non est indulgendum.*

Lorsqu'un lieu a été convenu pour le paiement, le créancier ne peut pas forcer le débiteur de payer ailleurs, même en lui offrant des frais de remise, règle qui reçoit une exception au cas de compensation (art. 1296).

Si deux endroits sont indiqués pour le paiement et réunis par la conjonction *et,* le paiement se fera par moitié dans chaque endroit. S'ils sont désignés avec la disjonctive *ou,* l'option du lieu appartiendra au débiteur à moins que la convention ne l'attribue au créancier (2).

---

(1) M. Duranton des contr n° 779.
(2) Pothier n° 241.—Toullier T. 7. n° 89.

S'il s'agit d'un corps certain et déterminé, le paiement veut dire la délivrance et notre article se trouve en rapport avec l'article 1609 fait pour le cas de vente. L'intention présumée des parties peut faire déroger à la règle d'après laquelle, c'est au lieu où était la chose, au temps de l'obligation, que le paiement doit être fait (1).

349. Remarquons que tout ce qui vient d'être dit, sur le lieu du paiement, n'a rien de commun avec la compétence des juges qui doivent statuer sur la contestation, s'il s'en élève. Ce point est réglé par d'autres principes dont je n'ai pas à m'occuper. Ici, le lieu du paiement n'est considéré que relativement à la libération du débiteur.

350. Les frais du paiement sont à la charge du débiteur (art 1248). En payant, il ne fait que remplir son obligation qui est de livrer la chose, et c'est lui qui a intérêt à prouver sa libération. Ces frais peuvent être ceux de la quittance devant notaire, de son enregistrement, du mesurage des denrées à livrer et autres semblables.

(1) Toullier n° 90, 91 etc.

# § II.

*Du paiement avec subrogation.*

### SOMMAIRE.

**351.** On entend par subrogation , dans le sens
le plus étendu , la substitution d'une personne
ou d'une chose , à une autre personne ou à
une autre chose. La subrogation est donc personnelle ou réelle. Il ne sera question ici que
de la subrogation personnelle. Elle peut être définie , le changement de créancier , sans que la
dette elle-même change. La subrogation qui
transporte les droits du créancier à une tierce
personne qui le paie , est ou conventionnelle ou
légale (art. 1249).

**352.** Elle est conventionnelle , 1° lorsque le
créancier recevant le paiement d'une tierce personne , la subroge dans ses droits , actions , privilèges ou hypothèques contre le débiteur : cette
subrogation doit être expresse et faite en même
temps que le paiement (art. 1250).

Il importe peu, pour que la subrogation s'o-
père , que le tiers ait ou n'ait pas intérêt au
paiement qu'il fait.

**353.** Quoique la loi exige que la subrogation
soit faite en même temps que le paiement, parce
que le créancier perd tout droit après la libération du débiteur , son but serait rempli dans le
cas où , postérieure au paiement , la subrogation aurait été expressément réservée au mo-

ment où le paiement aurait eu lieu (1). Elle peut même être consentie, antérieurement au paiement, ce qui est d'usage notamment dans les traités d'assurance contre l'incendie.

**354.** Il n'y a pas de différence entre la cession et la subrogation, quels que soient les termes qu'emploie le créancier qui met un autre à sa place; et la subrogation qui doit toujours être expresse emporte cession de tous les droits du créancier (2).

En subrogeant le tiers qui le paye à ses droits, le créancier doit lui remettre les titres (art. 1141), et le tiers, pour être saisi, doit faire notifier au débiteur, l'acte qui établit ses droits (art. 1690).

**355.** La subrogation est encore conventionnelle, 2° lorsque le débiteur emprunte une somme à l'effet de payer sa dette, et de subroger le prêteur dans les droits du créancier. Il faut, pour que cette subrogation soit valable, que l'acte d'emprunt et la quittance soient passés devant notaire; que, dans l'acte d'emprunt, il soit déclaré que la somme a été empruntée pour faire le paiement, et que, dans la quittance, il

---

(1) L. 76. de solut ,—M. Duranton des contr. n° 785.
(2) Toullier n° 119.

soit déclaré que le paiement a été fait des deniers fournis à cet égard par le nouveau créancier. Cette subrogation s'opère sans le concours de la volonté du créancier (art. 1250).

Toutes ces précautions de la loi ont pour objet de prévenir des fraudes et de constater que la subrogation n'a pas été imaginée après le paiement, pour faire revivre la créance éteinte, et préjudicier ainsi à d'autres créanciers.

356. Pour cette subrogation, le consentement du premier créancier est inutile, tandis qu'il est indispensable dans le premier cas de l'article 1250 où elle peut, au contraire, s'opérer, sans le concours de la volonté du débiteur. Il y a encore cette différence entre ces deux subrogations, que la seconde n'a pas besoin d'être expresse comme la première. Cette condition n'est pas exigée par la loi, parce que les formalités qui la constatent ne peuvent laisser aucun doute sur l'intention des parties (1).

357. Ce n'est pas seulement pour attribuer date certaine à la subrogation que la loi veut, dans celle qui émane du débiteur, que les actes qui la constatent soient notariés. Son motif est

---

(1) Toullier n° 129.

aussi que la présence d'un officier public est
une garantie de plus contre la fraude. Il résulte
de là que des actes sous seing-privé, quoique
enregistrés, ne suffiraient pas à cette subrogation (1).

358. La subrogation est légale ou a lieu de
plein droit dans les cas suivants :

1° Au profit de celui qui, étant lui-même
créancier, paie un autre créancier qui lui est
préférable à raison de ses privilèges ou hypothèques (art. 1251). Cette faculté est accordée aux
créanciers chirographaires aussi bien qu'aux hypothécaires, la loi ne fesant aucune différence à
cet égard.

Le motif de cette subrogation est l'intérêt qu'a
un créancier d'en désintéresser un autre qui,
par les poursuites qu'il pourrait faire, diminue-
rait le gage commun. On peut conclure de là,
malgré la précision du texte, que la subrogation a lieu également de plein droit en faveur
du créancier qui paie un autre créancier qui ne
viendrait qu'après lui (2).

359. 2° Au profit de l'acquéreur d'un immeuble qui emploie le prix de son acquisition au

---

(1) Toullier.  id.
(2) Delvincourt T.—2. p. 560.—Toullier n° 141.

paiement des créanciers auxquels cet héritage était hypothéqué (id.).

Le motif de cette subrogation est principalement d'assurer à l'acquéreur la conservation de l'immeuble, et de lui offrir un moyen d'éviter la purge des hypothèques. Car s'il y recourait, l'immeuble acquis en serait libéré, et, par conséquent, sa subrogation deviendrait superflue.

Si l'acquéreur était lui-même créancier, la confusion n'éteint pas tous ses droits, et il est subrogé à lui-même pour faire valoir son hypothèque contre les créanciers postérieurs (1).

560. Non seulement l'acquéreur est subrogé aux droits du créancier qu'il paie sur les biens acquis, mais encore à ceux que ce créancier pouvait avoir sur les autres biens du vendeur. Il faut reconnaître néanmoins que cette opinion n'est pas sans difficulté et qu'il existe une controverse à cet égard. La loi 17 ff *qui potiores* a une solution contraire adoptée par plusieurs anciens auteurs. Mais le Code qui, dans notre cas, accorde la subrogation légale à l'acquéreur, ne ne la restreint pas sur l'immeuble acquis; et d'un autre côté, la subrogation générale est prononcée en sa faveur, par les termes qui vont

_____

(1) Merlin Rep. v° subrogation de personne—Toullier n° 144.

être rapportés du troisième cas de subrogation légale de l'article 1251 (1).

**561.** 3º Au profit de celui qui étant tenu avec d'autres ou pour d'autres au paiement de la dette avait intérêt de l'acquitter (id.). Il est subrogé aux droits du créancier à concurrence de la part de dette de son codébiteur, ou de chacun de ses codébiteurs, s'il en a plusieurs, sans pouvoir néanmoins, ainsi que nous l'avons vu sur l'article 1214, agir solidairement contre tous, lorsque l'obligation est solidaire. Néanmoins, il en serait différemment, dans ce cas, si la subrogation était expressément consentie. On ne voit pas pourquoi le débiteur ne pourrait pas alors exercer contre ses codébiteurs, l'action solidaire moins sa part dans la dette. L'article 875 sur lequel est fondée l'opinion contraire, doit être écarté par cette seule observation que, dans le cas auquel il s'applique, il ne peut pas y avoir de solidarité, puisqu'il y est question de dettes entre héritiers, toujours divisibles (2).

**562.** Le motif de cette subrogation est la nécessité de payer qu'a subie l'auteur du paiement,

---

(1) Delvincourt p. 562, notes—Toullier nº 145. à la note—Cà M. Duranton des contr, nº 805.

(2) Toullier nº 163.—Cà M. Duranton des contr. nº 908, 810.

pour éviter des poursuites à raison de la totalité de la dette. Il s'ensuit que si la dette était divisible et si le paiement intégral a été fait sans nécessité, la subrogation n'a pas lieu (2).

**363.** 4° au profit de l'héritier bénéficiaire qui a payé de ses deniers la dette de la succession (id). Cette disposition dictée par l'équité, qui ne se trouvait pas dans les lois romaines, mais qui avait été admise dans notre ancienne jurisprudence, est une des conséquences du principe suivant lequel l'héritier bénéficiaire ne confond pas ses propres biens avec ceux de la succession.

**364.** La subrogation légale, dans les divers cas que je viens d'examiner, a lieu, tant contre les cautions que contre le débiteur. Elle ne peut nuire au créancier lorsqu'il n'a été payé qu'en partie; en ce cas, il peut exercer ses droits pour ce qui lui reste dû, par préférence à celui dont il n'a reçu qu'un paiement partiel (art. 1252). On ne peut pas supposer, en effet, à moins de clause expresse, qu'en recevant d'un tiers une partie de ce qui lui est dû, le créancier ait entendu établir un privilège à son préjudice : *nemo*

---

(2) Toullier n° 149, 150, 151.—M. Duranton des contr. n° 806.

*contra seipsum subrogasse videtur.* Mais ce droit du créancier est tout personnel, et il ne pourrait pas être exercé par un autre subrogé qui aurait payé le reste de la créance. Tous les auteurs s'accordent sur ce point.

## § III.

### De l'imputation des paiemens.

**365.** L'imputation des paiemens, qui est l'indication de la dette que le paiement peut éteindre ou diminuer, peut se faire de trois manières différentes : par le débiteur, par le créancier ou par la loi.

**366.** Le débiteur de plusieurs dettes a le droit de déclarer, lorsqu'il paie, quelle dette il entend acquitter (art. 1253). Car il est maître de l'emploi de l'argent qui lui appartient. Il peut donc acquitter une dette non échue au lieu de celle qui l'est, à moins que le terme de la première n'ait été stipulée en faveur du créancier (1).

**367.** Le débiteur d'une dette qui porte intérêt ou produit des arrérages, ne peut point, sans le consentement du créancier, imputer le paiement qu'il fait sur le capital, par préférence aux arrérages ou intérêts : le paiement fait sur le capital et intérêts, mais qui n'est point intégral, s'impute d'abord sur les intérêts (art. 1254). Cette disposition est fondée sur l'intérêt et l'intention présumée du créancier de conserver une créance productive d'intérêts de préférence à celle qui n'en produit pas. Mais si, même dans ce cas, le débiteur a déclaré payer sur le capital et si le créancier a consenti à recevoir à cette condition, il ne peut plus contester cette imputation (2).

Le motif déjà donné de l'article 1254 explique la disposition de l'article 1908 suivant lequel la

---

(1) Delvincourt T. 2. p. 556.—Toullier n° 174 etc.
(2) Pothier n° 565 etc.

quittance du capital donnée sans réserve des
intérêts, en fait présumer le paiement, et en
opère la libération.

368. Lorsque le débiteur de diverses dettes a
accepté une quittance par laquelle le créancier
a imputé ce qu'il a reçu sur l'une de ces dettes
spécialement, le débiteur ne peut plus demander l'imputation sur une dette différente, à moins
qu'il n'y ait eu dol ou surprise de la part du
créancier (art. 1255).

Cet article régit le cas où le débiteur n'ayant
pas fait usage de son droit d'imputer à son gré,
c'est le créancier qui fait lui-même l'imputation
dans la quittance. Il se forme alors entre les
parties un contrat qui ne peut être enfreint par
aucune d'elles. Il est à remarquer que non seulement le dol, tel que le définit l'article 1116,
autorise la réclamation du débiteur, mais qu'une
simple surprise produit le même effet, parce que
le créancier est dans ce cas, censé avoir fait ce
que le débiteur aurait fait lui-même.

369. Lorsque la quittance ne porte aucune
imputation, le paiement doit être imputé sur la
dette que le débiteur avait pour lors le plus
d'intérêt à acquitter entre celles qui sont pareillement échues, sinon sur la dette échue, quoi-

que moins onéreuse que celles qui ne le sont pas. Si les dettes sont d'égale nature, l'imputation se fait sur la plus ancienne : toutes choses égales, elle se fait proportionnellement (art. 1256).

Dans ces divers cas, c'est la loi qui, à défaut du débiteur et du créancier, fait l'imputation du paiement; et c'est à l'intention présumée des parties qu'elle se conforme.

La dette échue est préférée à la plus onéreuse, parce qu'il n'est pas naturel de penser que celui qui ne paie pas intégralement ce qu'il doit, veuille faire un paiement par anticipation, en demeurant exposé à des poursuites pour la dette échue qu'il ne payerait pas. L'exigibilité est considérée comme le caractère le plus onéreux de la dette.

370. La dette la plus ancienne dont il est ici question, n'est pas celle qui a été contractée la première, mais celle dont l'échéance a eu lieu depuis plus long-temps (1).

371. La loi s'en remet aux tribunaux pour l'application de l'article 1256, et il était impossible qu'elle déterminât elle-même quelle est

---

(1) Pothier n° 568 etc.

la dette que le débiteur a le plus d'intérêt d'acquitter. Les auteurs donnent, à cet égard, des
exemples qu'il peut être utile de rappeler. Ainsi
l'imputation se fera sur la dette qui entraîne la
contrainte par corps, plutôt que sur celle qui
n'y soumet pas; sur celle qui produit des intérêts, plutôt que sur celle qui n'en produit pas;
sur la dette hypothécaire, plutôt que sur celle
qui ne l'est pas; sur celle qui engage le débiteur
personnellement, plutôt que sur celle qui ne
l'engage que comme caution, etc. (1).

**372.** Si la quittance est à valoir sur tout ce
qui est dû au créancier, elle ne comprend que
les dettes civiles, et non les dettes naturelles
(2).

**373.** Si la somme payée pour intérêts excède
ce qui est dû à ce titre, cet excédant est sujet
à répétition et ne s'impute pas sur le capital qui
n'est pas exigible (3).

---

(1) Pothier n° 567.—Toullier n° 179 etc.
(2) Pothier n° 566 etc.
(3) Id 597 Toullier n° 182 etc.

## § I V.

*Des offres de paiement et de la consignation.*

### SOMMAIRE.

**574.** Il était juste que, dans le cas où le créancier refuse le paiement, pour une cause quelconque, la loi donnât au débiteur un moyen d'effectuer sa libération; ce moyen résulte d'offres réelles et, sur leur refus, de la consignation de la somme ou de la chose offerte. Ces offres et consignation valablement faites, tiennent lieu de paiement à l'égard du débiteur, le

13

libèrent, et la chose consignée demeure aux risques du créancier (art. 1257).

**375.** L'offre réelle est la présentation actuelle, effective de l'objet dû au créancier. L'offre verbale ne produirait pas le même effet.

**376.** La consignation est le dépôt de la somme ou de la chose due entre les mains d'un fonctionnaire public désigné par la loi pour recevoir. C'est à la caisse des dépôts et consignations qu'elle s'effectue ; et, d'après une ordonnance du 3 juillet 1816, les intérêts de la somme consignée sont dûs, à raison de trois pour cent, à compter du soixante-unième jour à partir de la date de la consignation.

**377.** La loi détermine les conditions nécessaires à la validité des offres ; elles sont au nombre de sept :

1° Elles doivent être faites au créancier ayant la capacité de recevoir , ou à celui qui a pouvoir de recevoir pour lui (art. 1258). Faites personnellement à un mineur, elles ne seraient donc pas valables ; elles le seraient , faites à son tuteur. Il en serait de même de celles qui seraient faites à une personne indiquée , dans le contrat, pour recevoir le paiement. (1).

_____

(1) Pothier n° 574—Toullier n° 189 etc.

**378.** 2° Elles doivent être faites par une personne capable de payer (id). Le paiement est une aliénation, et doit conséquemment émaner de celui qui est capable d'aliéner. Nous avons vu, sur l'article 1238, qu'en règle générale, le paiement fait par un incapable est sujet à répétition.

**379.** 3° Elles doivent être de la totalité de la somme exigible, des arrérages et intérêts dûs, des frais liquidés et d'une somme pour les frais non liquidés, sauf à la parfaire (id.). C'est ici une conséquence du principe de l'indivisibilité du paiement.

Une erreur de calcul dans l'offre de la totalité ne la vicierait pas. Elle pourrait être rectifiée.

Quoique les termes de la loi exigent que cette offre soit de la somme *exigible*, celle qui aurait pour objet une somme non échue et, par conséquent, non exigible, serait également valable, dans les cas où le terme n'est pas stipulé en faveur du créancier (1).

Une offre qui excéderait la somme due ne serait pas nulle, si le créancier pouvait diviser sans inconvénient l'objet offert. La question dépendrait donc des circonstances (2).

_____

(1) Delvincourt T. 2. p. 546 notes.
(2) Delvincourt id.—Toullier n° 194.

**580.** 4° Le terme doit être échu, s'il a été stipulé en faveur du créancier (id.). Jusques là, il ne peut pas être contraint à recevoir.

**581.** 5° La condition sous laquelle la dette a été contractée doit être arrivée (id.). s'il en est autrement, le créancier peut refuser, afin de ne pas s'exposer à restituer, si la condition ne s'accomplit pas.

**582.** 6° Les offres doivent être faites au lieu dont on est convenu pour le paiement, et s'il n'y a pas de convention spéciale sur le lieu du paiement, elles doivent être faites à la personne du créancier, ou à son domicile ou au domicile élu pour l'exécution de la convention (id.). On a écrit (1) que si le créancier n'a pas un domicile réel ou d'élection au lieu convenu pour le paiement, c'est comme s'il n'avait pas de domicile connu et que le débiteur doit procéder conformément à l'article 69 n° 8 du Code de procédure. Mais, puisque le débiteur s'est soumis à payer au lieu désigné, il doit s'imputer de n'avoir pas fait préciser par le créancier l'endroit du paiement, et il doit assigner le créancier pour le faire condamner à élire, à ce lieu, un domi-

___

(1) Delvincourt T. 2. p. 545, notes.

cile où le paiement puisse se faire, faute de quoi il pourra consigner (1).

583. On pourrait rigoureusement conclure des termes de la loi sur les conditions des offres que celles qui seraient faites à la barre d'un tribunal ne seraient pas valables. Cependant, dans l'usage de certains tribunaux, on déclare telles celles qui sont faites à la barre, et à la personne du débiteur. On ne peut nier que cet usage ne soit fondé en raison.

584 7° Enfin, les offres doivent être faites par un officier ministériel ayant caractère pour ces sortes d'actes (id.). Cette qualification s'applique ici aux huissiers et aux notaires seulement (2). Les premiers sont officiers ministériels de la juridiction contentieuse, les seconds, de la juridiction volontaire.

585. J'ai déjà dit où doit s'opérer la consignation (n° 367). Il n'est pas nécessaire pour sa validité qu'elle ait été autorisée par le juge. Le Code indique ses conditions qui sont au nombre de quatre :

1° Elle doit être précédée d'une sommation si-

---

(1) Toullier n° 197.
(2) Toullier n° 201.

gnifiée au créancier, et contenant l'indication
du jour, de l'heure et du lieu où la chose offerte
sera déposée (art. 1259). L'objet de cette sommation est d'avertir le créancier d'être présent,
si bon lui semble, à la consignation.

**586.** S'il s'agit de créances payables au porteur
ou négociables par voie d'endossement, l'offre
et la sommation préalables à la consignation ne
sont pas nécessaires, puisque le créancier peut
être inconnu. Une loi du 6 thermidor an 3 règle,
pour ce cas, les formes de la consignation. (1).

**587.** 2° Le débiteur doit s'être dessaisi de la
chose offerte en la remettant dans le dépôt indiqué par la loi pour recevoir la consignation, avec
les intérêts jusqu'au jour du dépôt (id.).

**588.** On a vu une contradiction entre l'article
1257 suivant lequel les offres réelles suivies de
consignation libèrent le débiteur, et la disposition
de l'article 1259 qui vient d'être transcrite qui,
fesant courir les intérêts jusqu'au jour du dépôt,
ne fait pas résulter la libération des offres réelles.
Cette contradiction, ajoute-t-on, a disparu devant l'article 816 du Code de procédure qui fait
cesser les intérêts du jour de la *réalisation*, ce

_____

(1) Toullier n° 208.

qui veut dire du jour des offres réalisées par la présentation de la chose au créancier (1).

Mais cette contradiction, eutre les articles 1257 et 1259, n'a jamais existé. Le premier de ces articles n'attribue pas, en effet, la libération aux offres réelles seules, mais à ces offres suivies de consignation. Quant à l'expression *réalisation* de l'article 816, il ne faut que lire cet article pour se convaincre qu'elle ne s'applique qu'à la réalisation du dépôt. Cette opinion professée par les commentateurs du Code de procédure, l'est aussi par d'autres auteurs (2), et me paraît conforme aux principes.

**389.** 3° Il faut qu'il y ait eu procès-verbal dressé par l'officier ministériel, de la nature des espèces offertes, du refus qu'a fait le créancier de la recevoir, ou de sa non comparution, et enfin du dépôt (id.). Nous avons vu ce qu'on doit entendre par officier ministériel (n° 384). Nul autre n'aurait le droit de rédiger ce procès-verbal.

**390.** 4° Il faut enfin qu'en cas de non comparution du créancier le procès-verbal de dépôt

_____

(1) Toullier n°ˢ 221 à 230.

(2) Delvincourt p. 547 et suiv.—Tarrible rapport au tribunat.—M. Duranton des contr. n° 829—Favard T. 4. p. 34.

lui ait été signifié, avec sommation de retirer la chose déposée (id.).

Ainsi, c'est du jour de cette signification que le débiteur est libéré, et c'est le receveur de la caisse des consignations qui devient débiteur à sa place (1). Il a été pourtant soutenu, d'après l'article 1257, que les offres suivies de consignation suffisent pour libérer le débiteur sans que cette signification soit nécessaire (2).

**391.** Les articles 812 et suivans du Code de procédure traitent des offres de paiement et de la consignation. Ils complètent le système de notre législation sur ce point.

**392.** Les règles qui viennent d'être expliquées ne s'appliquent pas aux consignations faites dans des cas particuliers, tels que celui de l'acquéreur d'un immeuble hypothéqué qui veut se libérer, et celui où la somme due a été saisie entre les mains du débiteur (3).

**393.** Les frais des offres réelles et de la consignation sont à la charge du créancier, si elles

(1) Delvincourt p. 550, notes.
(2) M. Duranton des contr. n° 834.
(3) Toullier n°s 215 et suiv.

sont valables (art. 1260). Il devait en être ainsi parce que c'est par son injuste refus de recevoir que ces frais ont été rendus nécessaires.

594. Cette raison doit faire décider aussi que les frais des offres acceptées sont à la charge du créancier. Pour justifier l'opinion contraire, on dit que, d'après l'article 1248, les frais du paiement sont à la charge du débiteur (1). Mais les frais des offres ne sont pas les frais de paiement, dans le sens de cet article, et il est présumable que c'est la morosité du créancier qui les a rendus nécessaires, en pure perte. Il est, en effet, naturel de penser que le débiteur ne se détermine à faire des offres réelles que sur le refus du créancier de ses offres verbales (2). Toutefois je penserais différemment, s'il était établi que le débiteur n'a pas fait précéder ses offres réelles d'une offre verbale.

595. Tant que la consignation n'a point été acceptée par le créancier, le débiteur peut la retirer ; et, s'il la retire, ses codébiteurs ou ses cautions ne sont point libérés (art. 1261). Le dé-

---

(1) Toullier n° 203, 219 — M. Duranton des contr. n° 834.

(2) Favard T. 4. n° 34. — Pigeau T. 2. p. 404. — Delvincourt T. 2. p. 551, notes.

biteur reste donc propriétaire de la chose consignée tant que le créancier ne l'a pas retirée, d'où résultent plusieurs conséquences; 1° la consignation peut être retirée par le débiteur, lorsmême que la chose consignée aurait augmenté de valeur ; 2° les créanciers du débiteur peuvent saisir-arrêter les sommes qu'il a consignées ; 3° si le débiteur tombe en faillite, le créancier ne peut plus accepter la consignation; etc. etc. (1).

**596.** Lorsque le débiteur a lui-même obtenu un jugement passé en force de chose jugée, qui a déclaré ses offres et sa consignation bonnes et valables, il ne peut plus, même du consentement du créancier, retirer sa consignation au préjudice de ses codébiteurs ou de ses cautions (art. 1262).

Ce jugement ayant définitivement libéré les codébiteurs et les cautions aussi bien que le débiteur lui-même, celui-ci peut bien s'obliger de nouveau envers le créancier, si bon lui semble. Mais il ne peut pas faire revivre, contre ses coobligés et sans leur participation, une obligation éteinte.

**297.** Après ce jugement, le débiteur ne peut

---

(1) M. Duranton des contr. n° 855 et suiv.

pas retirer la consignation contre le gré du créancier. Il a cessé d'avoir aucun droit à la chose
consignée (1).

598. Le créancier qui a consenti que le débiteur retirât sa consignation après qu'elle a été
déclarée valable par un jugement qui a acquis
force de chose jugée, ne peut plus, pour le paiement de sa créance, exercer les privilèges et
hypothèques qui y étaient attachés; il n'a plus
d'hypothèque que du jour où l'acte par lequel il
a consenti que la consignation fut retirée, aura
été revêtu des formes requises pour emporter
l'hypothèque (art. 1263).

Ce jugement de validité équivaut au paiement
de la dette qui dès-lors se trouve irrévocablement éteinte. Les privilèges et hypothèques qui
la garantissaient ne peuvent plus préjudicier aux
droits des tiers. L'acte de consentement que la
consignation soit retirée, est l'origine d'une nouvelle dette qui ne peut pas produire effet (l'hypothèque) avant d'exister. Mais si le débiteur retire
sa consignation avant ce jugement et avant l'acceptation du créancier, les privilèges et hypothèques
subsistent, par la raison qui fait conserver, dans ce
cas, l'obligation des codébiteurs et des cautions.

---

Id n° 842,

**599.** Il est un cas où les formalités des offres et consignation ne peuvent pas être observées par le débiteur qui veut se libérer. C'est lorsque la dette est d'un corps certain qui doit être livré au lieu où il se trouve. Le débiteur doit alors faire sommation au créancier de l'enlever, par acte notifié à sa personne ou à son domicile, ou au domicile élu pour l'exécution de la convention. Cette sommation faite, si le créancier n'enlève pas la chose, et que le débiteur ait besoin du lieu dans lequel elle est placée, celui-ci pourra obtenir de la justice la permission de la mettre en dépôt dans quelque autre lieu (art. 1264). Cette disposition est à la fois l'expression de la nécessité et de l'équité. La libération du débiteur sera définitive seulement après que le dépôt aura été ordonné et exécuté, le créancier présent ou appelé.

## § V.

*De la cession de biens.*

SOMMAIRE.

**400.** La cession de biens est l'abandon qu'un
débiteur fait de tous ses biens à ses créanciers,
lorsqu'il se trouve hors d'état de payer ses dettes
(art. 1265).

**401.** L'explication de cette matière va prouver que la cession de biens n'aurait pas dû figurer parmi les modes d'extinction des obligations. Car la dette continue de subsister, pour ce qui excède la valeur des biens abandonnés. Le seul avantage de cette cession dans l'intérêt du débiteur, est de lui assurer la liberté de sa personne, en le mettant à l'abri de l'exercice de la contrainte par corps, dans les cas où elle peut avoir lieu. D'ailleurs elle ne constitue qu'un paiement partiel (art. 1270).

**402.** La cession de biens est volontaire ou judiciaire (art. 1266).

**405.** La cession de biens volontaire est celle que les créanciers acceptent volontairement, et qui n'a d'effet que celui résultant des stipulations même du contrat passé entre eux et le débiteur (art. 1267).

Cette cession qui est aussi appelée *abandonnement* n'est sujette à aucune condition. Elle n'est obligatoire que pour ceux des créanciers qui l'ont consentie, en quoi elle diffère du concordat entre les créanciers après la faillite du débiteur et de la cession judiciaire. Ses effets, en ce qui concerne la propriété et les dispositions des biens cédés, sont les mêmes que ceux de la cession judiciaire, dont je vais parler incessamment (1).

Elle diffère de l'atermoiement qui laisse au débiteur la possession et l'administration de ses biens ; de la dation en paiement, en ce qu'elle ne transfère pas la propriété des biens aux créanciers, et n'éteint pas l'obligation ; enfin, de l'antichrèse, en ce que ce contrat ne donne pas au créancier le pouvoir de vendre (art. 2085).

**404.** La cession judiciaire est un bénéfice que la loi accorde au débiteur malheureux et de bonne-foi, auquel il est permis, pour avoir la liberté de sa personne, de faire en justice l'abandon de tous ses biens à ses créanciers, nonobstant toute stipulation contraire (art. 1268).

**405.** En règle générale, toute personne qui réunit les conditions voulues, peut obtenir les bénéfices de la cession. Sont exceptés seulement ceux à qui la loi le refuse par une disposition expresse. L'article 905 du Code de procédure fait connaître ces exceptions que j'énoncerai bientôt.

**406.** La première condition exigée du débiteur est qu'il soit malheureux, et c'est à lui de le prouver. Les tribunaux apprécient souverainement les circonstances à cet égard.

---

(1) Toullier n° 251 et suiv.—Delvincourt T. 3. p. 401 notes —M. Duranton des contr. n° 848, 849, etc.

Il faut encore que le débiteur soit de bonne-foi, et l'obligation de la constater lui est également imposée, par exception à la règle générale qui fait toujours présumer la bonne-foi (art. 2268). L'insolvabilité du débiteur le place, en effet, dans un état exceptionnel qui autorise bien la présomption naturelle de sa mauvaise foi.

**407.** Il ne suffit pas que le débiteur justifie de ses pertes et de sa bonne-foi; il faut qu'il prouve ses malheurs, car celui qui aurait engagé sa fortune dans des entreprises téméraires ne devrait pas être admis, quoique de bonne-foi, au bénéfice de la cession. Des accidens prévus et probables ne constituent pas des malheurs, dans le sens de la loi.

**408.** Un motif d'humanité ayant fait admettre la cession, la loi a dû déclarer nulle toute stipulation par laquelle celui qui se constitue débiteur, y aurait renoncé à l'avance.

**409.** Les articles 898 et suivans du Code de procédure réglent les formalités de la cession de biens.

**410.** Il faut maintenant en déterminer les effets.

Le premier a déjà été signalé. Il soustrait le débiteur à la contrainte par corps. Il lui procure la liberté de sa personne (id.).

**411.** Quant aux biens abandonnés par le débiteur, la cession n'en confère point la propriété aux créanciers ; elle leur donne seulement le droit de les faire vendre à leur profit, et d'en percevoir les revenus jusqu'à la vente (art. 1269).

Le Code de procédure, au lieu cité, fait connaître les formes à suivre pour cette vente.

Il résulte de ce que le débiteur conserve la propriété des biens cédés, que si la vente produit un excédant de ce qui est dû, cet excédant appartient au débiteur et qu'en payant ses créanciers, il peut reprendre les biens cédés.

**412.** Les créanciers sont tenus, sous leur responsabilité, d'administrer convenablement les biens ; ils doivent se concerter pour cela ; et s'ils ne peuvent pas s'accorder, ils doivent faire déterminer en justice le mode d'administration.

**413.** Au reste, tous les biens du débiteur, quelle que soit leur nature ou leur situation, sont compris dans la cession. On reconnait néanmoins que le débiteur peut retenir les ob-

14

jets que la loi déclare insaisissables (art. 592.
C. Proc.) (1).

**414.** Sous l'ancienne jurisprudence, le débiteur pouvait, après la cession, obtenir des alimens
de ses créanciers. L'article 530 du Code de
commerce permet d'en accorder au failli, ce
qui a fait penser à quelques personnes qu'il en
est de même dans tous les cas de cession de
biens (2). Mais cette opinion est contraire à la
rigueur du droit, et il paraît que des alimens
ne doivent être fournis au débiteur par les
créanciers que lorsqu'ils l'ont fait incarcérer,
ou qu'ils peuvent le faire (3).

**415.** Les créanciers ne peuvent refuser la
cession judiciaire, si ce n'est dans les cas exceptés par la loi (art. 1270). J'ai déjà dit que ces
cas sont ceux qu'énumère l'article 905 du Code
de procédure qui mentionne les étrangers, les
stellionataires, les banqueroutiers frauduleux,
les condamnés pour vol ou escroquerie et les
comptables tels que tuteurs, administrateurs et
dépositaires. Mais il est à remarquer que les

---

(1) Toullier nᵒ 256.—Delvincourt T. 3. p. 402 notes. —
M. Duranton des contr. nᵒ 854.

(2) M. Duranton des contr. nᵒ 854.

(3) Toullier nᵒˢ 257, 258.

énonciations de cet article sont limitatives, et ne peuvent pas être étendues à d'autres cas.

**416.** Si les biens abandonnés aux créanciers ont été insuffisans pour les payer en entier, le débiteur est obligé d'abandonner ceux qui lui surviennent après la cession, jusqu'au parfait paiement (id.). Cette disposition n'est applicable qu'à la cession judiciaire, et non à la volontaire. Elle est néanmoins étendue à cette dernière par M. Toullier (1) qui se borne à énoncer cette opinion et qui ne la justifie par aucune raison. Mais l'article 1267 conçu en termes restrictifs n'attribue à la cession volontaire que les effets convenus entre parties, ce qui suffit pour reconnaitre que, s'il n'y a pas eu de convention expresse à cet égard, dans la cession volontaire, elle ne comprend pas les biens qui surviennent postérieurement au débiteur (2).

**417.** L'article 5 de la constitution du 22 frimaire an 8 prive le débiteur failli de l'exercice des droits politiques. La cession judiciaire doit produire la même conséquence contre le particulier non commerçant tombé en déconfiture (3).

_____

(1) Toullier 7, n° 243.

(2) M. Duranton des contr. n° 847.

(3) Toullier n° 266.—M. Duranton des contr. n° 856.

# SECTION II.

## *De la novation.*

### SOMMAIRE.

**418.** La novation est le second mode d'ex-tinction des obligations qu'énonce l'article 1234. On peut la définir : L'extinction de l'obligation résultant de la substitution d'une obligation nou-velle à l'ancienne.

Elle s'opère de trois manières : 1.º lorsque le débiteur contracte envers son créancier une nouvelle dette qui est substituée à l'ancienne, laquelle est éteinte (art. 1271). Je vous dois, par exemple, une somme de mille francs, et nous convenons qu'en vous abandonnant mon champ je serai libéré.

2.º Lorsqu'un nouveau débiteur est substi-tué à l'ancien qui est déchargé par le créancier (id). Paul doit une somme, et il est convenu que c'est Pierre qui la paiera.

3.º Lorsque par l'effet d'un nouvel engage-ment, un nouveau créancier est substitué à l'ancien envers lequel le débiteur se trouve dé-chargé (id). Je suis votre débiteur, et il est convenu que je le serai de votre frère.

On voit donc que, dans le premier mode, il y a changement dans la chose et non dans les personnes ; que le second consiste au change-ment du débiteur, et le troisième au change-ment du créancier. Il résulte des principes déjà connus, que l'intervention du débiteur indis-pensable aux premier et troisième cas, n'est pas nécessaire dans le second (art. 1274).

**419.** Il n'y a pas de novation sans contrat. La capacité de ceux qui l'opèrent, condition de tous les contrats, est donc une condition de la novation (art. 1272).

**420.** On ne doit pas supposer que le créancier consente facilement à l'extinction de sa première créance. Aussi la novation ne se présume-t-elle pas (art. 1273); et c'est à celui qui en allègue l'existence de la prouver. Mais il n'est pas néces-saire que les parties déclarent en termes exprès qu'elles font novation ; il suffit que la volonté de l'opérer résulte clairement de l'acte (id). C'est donc une question d'interprétation laissée aux tribunaux. C'est à eux d'apprécier, selon les termes ou les circonstances, si les parties ont entendu modifier seulement l'obligation primi-tive, ou lui substituer une obligation nouvelle.

On donne pour exemples de l'application de la

seconde règle de l'article 1273, la conversion d'un prêt en un dépot, celle d'un prêt à intérêt en une rente viagère, et d'autres cas analogues (1). La jurisprudence offre de nombreux exemples de l'application de ces principes.

**421.** Il n'y a pas de novation possible, si une première dette n'a pas existé. Mais il importe peu que celle-ci soit naturelle ou civile. Il suffit qu'elle ne soit pas illicite (2).

**422.** Une obligation conditionnelle peut être transformée par la novation en une obligation pure et simple. Cependant, s'il n'apparaît pas que les parties ont voulu renoncer à l'éventualité résultant de la condition, la seconde obligation sera conditionnelle comme la première (3).

**423.** Une obligation immédiatement exigible peut être substituée à une obligation à terme. Mais le terme pourra encore être invoqué, s'il ne résulte pas de l'acte que les parties ont eu l'intention d'y renoncer. Cette présomption ne serait par établie par le seul changement d'objet dans l'obligation.

---

(1) Pothier nº 595.—Toullier nº 276 à 281.—Delvincourt T. 2. p. 566, notes.

(2) Pothier nº 589 etc.

(3) Pothier nº 585.

**424.** La délégation est l'acte par lequel un débiteur, pour s'acquitter, désigne une tierce personne qui s'oblige, en sa place, envers son créancier ou une autre personne indiquée par ce dernier : *Delegare est vice suâ alium reum dare creditori, vel cui jusserit.* L. 11. ff. De novat.

**425.** La délégation par laquelle un débiteur donne au créancier un autre débiteur qui s'oblige envers le créancier, n'opère point de novation, si le créancier n'a expressément déclaré qu'il entendait décharger son débiteur qui a fait la délégation (art. 1275).

C'est le consentement du débiteur qui distingue la délégation de la novation qu'établit le n.º 2 de l'article 1271.

La délégation parfaite suppose le concours de trois personnes : le débiteur délégant, le créancier qui accepte la délégation, le délégué qui devient débiteur personnel du créancier délégataire.

**426.** Si la déclaration expresse que mentionne l'article 1275 n'existe pas, l'acte de délégation n'est autre chose qu'un mandat de payer donné à un tiers par le débiteur dont l'obligation reste d'ailleurs entière, et qui est tenu de l'acquitter à défaut par le tiers délégué de l'avoir fait. Si le créancier a accepté la délégation, ce mandat équivaut à une cession, et ne peut plus être révoqué sans son consentement.

**427.** Si cette déclaration existe, elle opère une véritable novation avec tous ses effets.

**428.** L'article 1275 exige que la déclaration du créancier soit expresse. Cependant, il est généralement admis que, de même que dans le cas de l'article 1273, il suffit que la volonté de faire la délégation résulte clairement de l'acte (1).

**429.** Le créancier qui a déchargé le débiteur par qui a été faite la délégation, n'a point de recours contre ce débiteur, si le délégué devient insolvable, à moins que l'acte n'en contienne une réserve expresse, ou que le délégué ne fut déjà en faillite ouverte, ou tombé en déconfiture au moment de la délégation (art. 1276). La dette éteinte par la novation résultant, dans ce cas, de la délégation, ne peut pas, en effet, revivre. L'exception résultant de la faillite ou de la déconfiture du débiteur délégué s'explique par la présomption toute naturelle de l'erreur dans laquelle était le délégataire sur ces

---

(1) Pothier nᵒ 600.—Delvincourt T. 2. p. 596 notes, — Toullier nᵒ 290 etc.

circonstances. Car on ne peut pas supposer que, s'il les eût connues, il eut accepté le nouveau débiteur.

430. La délégation rend donc le délégué débiteur exclusif du délégataire. Il s'ensuit que le premier ne peut plus opposer au second les exceptions, telles que l'erreur ou le dol, qu'il aurait pu faire valoir contre le délégant. Cependant, dans le cas ou le délégué aurait à payer une somme donnée au délégataire, il pourrait opposer ces exceptions à celui-ci parce que *certat de damno vitando,* et le créancier *certat de lucro captando.* On admet aussi que le délégué a le droit d'opposer les exceptions dont aurait pu se servir le délégant qu'il représente (1).

431. La simple indication faite par le débiteur d'une personne qui doit payer à sa place, n'opère point novation. Il en est de même de la simple indication faite par le créancier, d'une personne qui doit recevoir pour lui (art. 1277). Dans ces deux cas, il ne s'agit que d'un mandat de payer ou de recevoir qui, en règle générale, peut être révoqué. Le créancier conserve toujours son recours contre le débiteur, et il n'a pas perdu son droit contre celui-ci, nonobs-

_____

(1) Pothier n° 602—Toullier n° 319 —M. Duranton des contr. n° 898 et suiv. etc.

tant l'indication du tiers qui doit recevoir pour lui.

432. Passons maintenant à l'examen de la novation proprement dite et de la délégation qui emporte novation.

Les privilèges et hypothèques de l'ancienne créance ne passent point à celle qui lui est substituée, à moins que le créancier ne les ait expessément réservés (art. 1278). Cette dernière disposition fait cesser une ancienne controverse sur la réserve tacite des hypothèques, dans la novation (1).

Ces privilèges et hypothèques, en effet, n'étaient que l'accessoire d'une créance à laquelle ils ne peuvent survivre; et cette solution s'applique même au cas d'inexécution du nouveau traité. Au surplus, la réserve expresse qu'autorise la disposition citée ne peut pas rendre plus onéreuse la garantie des privilèges et hypothèques, et si la nouvelle obligation est plus forte que l'ancienne, l'hypothèque réservée n'est transférée qu'à concurrence du montant de celle-ci, et en vertu d'une nouvelle inscription (2).

433. Lorsque la novation s'opère par la substitution d'un nouveau débiteur, les privilèges et hypothèques primitifs de la créance ne peuvent

---

(1) Toullier n° 308, 309.
(2) Pothier n° 600 etc.

point passer sur les biens du nouveau débiteur
(art. 1279).

C'est encore une conséquence de l'extinction
de la première créance. Quant aux biens du nouveau débiteur, ils ne peuvent être grevés d'hypothèques qu'en vertu et à dater de la convention
nouvelle.

454. La question de savoir si, dans le cas de
l'article 1279, le créancier peut réserver son
hypothèque sur les biens de son ancien débiteur, est controversée. Pour justifier la négative, on se fonde sur ce que le principal n'exis-
tant plus, l'accessoire ne doit pas être conservé,
et cette opinion s'appuie encore sur une raison
d'analogie que présente l'article 1280 dont il va
être question (1). L'opinion contraire repose sur
ce que, dans notre législation, il est permis de
conserver l'hypothèque en fesant novation de
dette, ce qui résulte de l'article 1278, sur ce
que l'article 1280 est spécial pour les débiteurs
solidaires, et ne peut pas s'étendre à d'autres
cas ; enfin, sur ce que la réserve de l'hypothèque sur les biens de l'ancien débiteur est une
condition de la novation qu'aucune loi ne défend (2). C'est à cette dernière opinion que
j'accorde le préférence.

(1) Delvincourt. T. 2. p. 570, notes.
(2) Toullier n° 312, 313,—M. Duranton des contr. n° 890.

**435.** Lorsque la novation s'opère entre les créanciers et l'un des débiteurs solidaires, les privilèges et hypothèques de l'ancienne créance ne peuvent être réservés que sur les biens de celui qui contracte la nouvelle dette (art. 1280). Il ne doit pas dépendre de l'un des débiteurs solidaires de changer la position de ses codébiteurs. Il peut faire sans doute novation sans eux; car, par là, il les libère. Mais cette libération a précisément pour conséquence la disposition précitée.

Cependant les principes qui viennent d'être exposés sur une question analogue (nº 434) autorisent à penser que les hypothèques sur les biens des codébiteurs solidaires étrangers à la novation peuvent être conservées (sans subir d'ailleurs de modification), si telle est la condition du nouveau traité (1).

**436.** Par la novation faite entre le créancier et l'un des débiteurs solidaires, les codébiteurs sont libérés. La novation opérée à l'égard du débiteur principal libère les cautions. Néanmoins, si le créancier a exigé, dans le premier cas, l'accession des codébiteurs, ou, dans le second, celle des cautions, l'ancienne créance subsiste,

(1) M. Duranton nº 881.

si les codébiteurs ou les cautions refusent d'accéder au nouvel arrangement (art. 1281).

J'avais déjà fait connaitre les effets de la novation de l'un des débiteurs solidaires, à l'égard de ses codébiteurs. Le Code s'occupe ici des effets de la novation à l'égard des cautions. Elle les libère si bien, que c'est vainement que le créancier aurait fait des réserves à leur égard. l'obligation personnelle de la caution nécessairement éteinte par la novation, ne peut revivre que de son consentement (1).

Mais si la caution avait fourni une hypothèque, elle profiterait à la nouvelle créance pourvu qu'elle eût été expressément réservée, et à condition d'ailleurs que la condition de la caution n'en serait, sons aucun rapport, plus désavantageuse. Cette réserve serait indispensable, et il ne suffirait pas de stipulation d'accession future de la caution au nouveau traité. Comme aussi, la réserve des hypothèques acceptée par la caution les maintiendrait, sans qu'il y eut accession de sa part à la nouvelle obligation du débiteur principal (2).

---

(1) Toullier n° 314.
(2) M. Duranton n° 884.

# SECTION III.

## De la remise de la dette.

### SOMMAIRE.

**437**. La remise volontaire est, suivant l'article 1234, le troisième mode d'extinction des obligations; et ce mode a une parfaite analogie avec le consentement mutuel qui est cause de révocation des conventions, aux termes de l'article 1134. C'est l'abandon de la dette faite par le créancier au débiteur.

**438**. La remise est une aliénation de la créance. Elle doit donc, pour être valable, émaner d'une personne ayant la capacité d'aliéner.

**439**. Elle constitue une libéralité. Elle doit donc être faite à une personne capable de recevoir. Elle doit être acceptée par le débiteur, pour être obligatoire pour le créancier, sans qu'il soit néanmoins nécessaire que l'acceptation soit expresse comme dans les donations directes; et elle est sujette à révocation, pour les causes ordinaires qui font révoquer les donations (1).

**440**. La remise n'est d'ailleurs soumise à au-

---

(1) Pothier n° 614.—Toullier n° 321.—Delvincourt T. 2. p. 571 notes.—M. Duranton des contr. n° 912.

cune formalité. Elle peut être faite par une simple lettre missive (1).

**441.** Elle peut être expresse ou tacite. C'est des règles de cette dernière que s'occupe notre section.

**442.** La remise volontaire du titre original sous signature privée, par le créancier au débiteur, fait preuve de la libération (art. 1282). Puisque ce titre est le moyen qu'avait le créancier de constater son droit, il est raisonnable de supposer qu'en s'en dessaisissant volontairement, il a eu l'intention de renoncer à son droit. On admet, par analogie, que la remise d'un simple brevet d'obligation notariée prouve aussi l'extinction de la dette (2).

**443.** Il faut distinguer le fait de la remise volontaire, de la présomption de libération qui en résulte. La possession du titre par le débiteur fait bien présumer la remise. Mais cette présomption peut être détruite par le créancier au moyen de la preuve contraire ; tandis que rien ne peut détruire la présomption de libération résultant du fait inattaquable de la remise volontaire (3).

---

(1) Toullier n° 323.
(2) Pothier n° 608.—Toullier n° 324. etc.
(3) Toullier n° 325.—Delvincourt T. 2. p. 572.

**444.** Cependant, j'admettrais une exception à la règle qui met la preuve contraire à la charge du créancier, lorsque le débiteur est en possession du titre, dans les cas ou ce débiteur serait un commis, un domestique, en un mot toute personne qui a eu des facilités pour s'emparer du titre (1).

**445.** La remise volontaire de la grosse du titre fait présumer la remise de la dette ou le paie-ment, sans préjudice de la preuve contraire (art. 1283).

La grosse du titre est, comme nous l'avons déjà vu, la copie qui en est délivrée en forme exécutoire par le notaire. On l'appèle ainsi parce qu'elle est écrite en gros caractères.

La facilité qu'a le créancier d'obtenir du notaire une autre copie ou expédition de son titre, ne devait pas attribuer à cette remise, l'effet que produit celle du titre sous signature privée. Mais il en résulte une présomption de l'intention du créancier qui doit bien produire un effet. La possession de la grosse par le débiteur est, comme celle du titre sous signature privée, une simple présomption qui peut être détruite par la preuve que ferait le créancier qu'il n'a pas fait volontairement la remise.

_____

(1) Toullier n° 325.

446. Il est à remarquer que l'article 1283 ne mentionnant que la grosse du titre, ne s'appliquerait pas à de simples expéditions qui peuvent être délivrées plusieurs fois (1).

447. Ce n'est que la remise du titre obligatoire qui produit les effets qui viennent d'être signalés. La remise par le débiteur au créancier, de la quittance qui est son titre de libération, n'aurait aucune efficacité.

448. La cancellation ou destruction volontaire du titre par le créancier a autant d'effet que sa remise volontaire (2). Il en est de même d'une note écrite par le créancier au dos ou en marge du titre qui est resté en sa possession, qui constaterait la libération du débiteur (3).

449. Des principes déjà connus en matière de solidarité, il suit que la remise du titre original sous signature privée ou de la grosse du titre, à l'un des débiteurs solidaires, a le même effet au profit de ses codébiteurs (art. 1284). Il en est ainsi non seulement dans le cas de remise tacite auquel s'applique cette disposition, mais encore de

(1) M. Duranton des contr. n° 919.
(2) Delvincourt T. 2. p. 571 notes—Toullier n° 340.
(3) Toullier n° 341.

celui de remise expresse ou conventionnelle. Cette remise ou décharge au profit de l'un des codébiteurs solidaires libère tous les autres, à moins que le créancier n'ait expressément réservé ses droits contre ces derniers. Dans ce dernier cas, il ne peut plus répéter la dette que déduction faite de la part de celui auquel il a fait la remise (art. 1285).

450. Ces deux articles sont fondés sur cette présomption que la remise est plutôt réelle que personnelle, c'est-à-dire qu'elle a plutôt pour objet l'extinction de la dette en soi, qu'un avantage particulier a accorder à l'un des débiteurs. Elle serait personnelle, s'il était clairement établi que c'est en faveur de la personne de l'un des débiteurs qu'elle a été consentie, et alors elle ne profiterait pas à ses codébiteurs. Malgré le mot *expressément* de l'article 1285, il faut reconnaître qu'il suffit que le créancier ait manifesté sans aucun doute son intention de réserver ses droits (1).

451. La manière de déterminer la part à déduire, conformément à cet article, dans le cas où la dette n'a été contractée que dans l'intérêt

_____

(1) Pothier n°. 616 , 617.—Delvincourt T. 2. p. 572 , notes—Toullier n° 329.

de l'un des débiteurs solidaires (art. 1216), a donné lieu à des difficultés. Est-ce de la part réelle ou de la part virile qu'il s'agit? je pense que c'est de la part virile, soit que le créancier ait sû, soit qu'il ait ignoré cette circonstance (1).

452. La remise de la chose donnée en nantissement ne suffit point pour faire présumer la remise de la dette (art. 1283). Le gage n'est ici que l'accessoire dont la conservation n'est pas indispensable à celle du principal ; et le créancier peut se contenter des autres garanties que lui présente le débiteur. Toutefois, cette remise de la chose donnée en nantissement, insuffisante pour opérer décharge de la dette, peut servir d'élément de conviction pour l'établir (2).

Par la même raison, la remise accordée à la caution ne libère pas le débiteur principal. Celle qui est accordée à l'une des cautions ne libère pas les autres (art. 1287).

453. Mais la remise ou décharge conventionnelle accordée au débiteur principal libère les cautions (id.), parce que l'accessoire ne peut plus

---

(1) Toullier n° 329.—Cà Delvincourt T. 2. p. 573.
(2) M. Duranton des contr. n° 921.

subsister, lorsqu'il n'y a plus de principal. Elle prouve aussi la remise du gage (1). Mais tel n'est pas l'effet de la remise lorsqu'elle est forcée comme au cas de concordat. Tous les auteurs s'accordent à cet égard.

**454.** Ce que le créancier a reçu d'une caution pour la décharge de son cautionnement, doit être imputé sur la dette, et tourner à la décharge du débiteur principal et des autres cautions (art. 1288). C'était là un point anciennemeut controversé, ainsi que l'atteste Pothier n° 618. Mais l'opinion consacrée par le Code est conforme non seulement au droit, mais encore à l'équité. La même dette ne peut pas être payée deux fois, et tout ce qui tendrait à favoriser l'usure doit être sévèrement proscrit par la loi.

## SECTION IV.

### *De la compensation.*

SOMMAIRE.

---

(1). Delvincourt T. 2. p. 572, notes.

**455.** La compensation, quatrième mode d'extinction des obligations, d'après l'article 1234, est une imputation réciproque de paiemens entre deux personnes qui se trouvent débitrices l'une de l'autre. L'utilité commune des parties l'a faite introduire; car elle sert à éviter des circuits d'actions en éteignant les deux dettes (art. 1289).

**456.** La compensation est légale ou facultative. Je m'occuperai d'abord de la première.

**457** La compensation s'opère de plein droit, par la seule force de la loi, même à l'insu des débiteurs; les deux dettes s'éteignent réciproquement, à l'instant où elles se trouvent exister à la fois, jusqu'à concurrence de leurs quotités respectives (art. 1290).

Il résulte du principe posé par cet article que la compensation peut être prononcée par le juge, sans qu'aucune des parties l'ait opposée. Il suffit, pour cela, que le fait de l'existence simultanée des deux dettes soit établi (1).

_____

(1) Pothier n° 635.—Toullier n° 344. etc.

458. Le Code exige cinq conditions pour la compensation légale. Je vais les indiquer successivement.

1° Les deux dettes doivent être identiques dans leur objet, soit qu'il s'agisse de sommes d'argent, soit d'une certaine qualité de choses fongibles de la même espèce (art. 1291). Car on ne peut pas payer contre le gré du créancier une chose pour une autre.

459. Il est un cas où la compensation s'opère entre deux dettes de choses non fongibles. C'est lorsqu'elles sont indéterminées et de même espèce. Ainsi, par exemple, il y a compensation entre un cheval vendu et un cheval légué qui, dans la vente et le testament, ne sont déterminés que par leur espèce (1).

460. Elles ne s'opère pas, si les choses fongibles sont déterminées, sans être absolument identiques, quoique de la même espèce, dans le cas, par exemple, où une personne doit un tonneau de vin de Bordeaux à celui qui lui doit un tonneau de vin, sans autre désignation (2).

461. La nécessité de l'identité d'objets reçoit

---

(1) Pothier — id. Toullier n° 365 etc.

(2) Toullier n° 364—M. Duranton des contr. n° 933, etc.

exception dans le cas où l'une des dettes a pour
objet des prestations en grains ou denrées, non
contestées, et dont le prix est réglé par les mercuriales. Ces prestations se compensent avec des
sommes liquides et exigibles (id.). On entend par
*mercuriales* les régistres qui servent à constater
le cours des denrées, dans les marchés, et à fixer
leur prix. L'intérêt commun des parties justifie
cette compensation qui ne peut pas donner lieu
à des difficultés. Au reste, il est généralement
reconnu que, bien que la loi ne mentionne que
les prestations, ce qui veut dire ordinairement
des obligations payables par année, la disposition
citée s'applique à des denrées dues, payables suivant un mode quelconque (1).

**462.** 2º Les deux dettes doivent être également
liquides (id.). Une dette est liquide lorsqu'il est
certain qu'il est dû et combien il est dû : *Cùm
certum est an et quantùm debeatur.* Si donc il y
avait litige sur une dette, elle ne pourrait pas
être opposée en compensation. Cette condition
ne doit pas néanmoins servir à favoriser la mauvaise foi ou l'esprit de chicane de l'une des parties; et la compensation peut avoir lieu, si
l'existence et la qualité de la dette peuvent être

---

(1) M. Duranton nᵉ 935 etc.

justifiées promptement et facilement. La jurisprudence est fixée en ce sens (1). Mais si la dette
dépend d'un compte qui n'est pas réglé, il ne
peut pas y avoir compensation légale (2).

465. 3° Les dettes doivent être exigibles (id.).
Une dette dont le terme conventionnel ne serait
pas encore échu, ne peut donc pas être compen-
sée. Mais le terme de grâce, c'est-à-dire qu'accorde le juge, n'est point un obstacle à la
compensation (art. 1292).

Ce terme n'est, en effet, accordé à un débiteur qu'à cause de son impossibilité de payer
qui cesse au moment où il se trouve créancier
lui-même. Le délai accordé à un failli, par un
concordat, est reputé terme de grâce; et les
délais ou sursis que certaines lois particulières
donnent à certaines classes d'individus, pour le
paiement de leurs dettes, ne produit pas plus
d'effet que ce terme (3).

Il résulte de cette condition d'exigibilité qu'un
capital de rente non exigible, et qu'une dette
soumise à une condition suspensive ne peuvent
être opposés en compensation.

---

(1) Dalloz jur. gén. T. 10. p. 623 n° 15.
(2) Toullier n° 369 etc.
(3) Toullier n° 373 etc.

**464.** 4º La dette doit être personnèlle à celui qui invoque la compensation et à celui auquel elle est opposée. C'est ce qui est établi par les termes de l'article 1289. Le tuteur ou le man-dataire débiteurs ne peuvent donc pas compenser leur dette avec ce qui est dû au pupille ou au mandant.

**465.** Mais la caution peut opposer la compensation de ce que le créancier doit au débiteur principal (art. 1294). La raison en est que l'obligation du débiteur principal ayant été éteinte de plein droit, l'obligation accessoire de la caution n'a plus d'existence. La même faculté est accordée à la caution solidaire, ce qui s'induit du principe posé par l'article 2036, malgré l'argument que semblerait offrir à l'opinion contraire le rapprochement des articles 2021 et 1294, *in fine* (1).

**466.** Cette exception en faveur de la caution, qui déroge à la règle suivant laquelle la compensation n'a lieu qu'entre parties, n'est pas la seule. Car les codébiteurs solidaires de celui qui, étant en même temps créancier, a éteint sa dette par la compensation, profitent de cette extinction.

---

(1) Toullier nº 376 etc.

**467.** Mais le débiteur principal ne peut opposer la compensation de ce que le créancier doit à la caution (id.), cette dette n'ayant rien de commun avec la sienne.

Le débiteur solidaire ne peut pas non plus opposer la compensation de ce que le créancier doit à son codébiteur (id.), disposition conforme à celle de l'article 1208, suivant laquelle, le débiteur solidaire ne peut opposer les exceptions qui sont purement personnelles à quelques-uns des autres codébiteurs.

**468.** 5º Il faut enfin que la dette ne soit pas exceptée par la loi de celles qui peuvent entrer en compensation. A cette classe appartiennent 1º La demande en restitution d'une chose dont le propriétaire a été injustement dépouillé (art. 1293). nul ne peut, en effet, se faire justice soi-même, et la restitution doit, avant tout, effacer la spoliation : *spoliatus antè omnia restituendus;* 2º La demande en restitution d'un dépôt et du prêt à usage (id.). Cette loi, en ce qui concerne le prêt à usage, est répétée par l'article 1885. Le dépôt et le prêt à usage sont des témoignages de confiance ou d'obligeance du déposant ou du prêteur, qui ne doivent pas créer des droits contre eux. S'il s'agissait du dépôt ou de l'usage de corps certains et déterminés, cette disposition serait superflue, puisque nous savons déjà que la compensation n'a pas lieu à leur égard. Elle aura donc son utilité dans le cas où le dépôt serait d'une somme dont les espèces ne seraient pas désignées, où d'un prêt à usage qui ne serait pas de consommation, mais *ad pompam aut ostentationem*, comme en reconnaissaient les lois romaines (1). 3º Une dette qui a pour cause de alimens déclarés insaisisables (id.) (art. 581 Cod. procéd.), ce qui s'applique aussi bien aux alimens déclarés insaisisables par contrat ou par testament, qu'à ceux que la loi déclare tels (2).

Il est encore d'autres dettes pour lesquelles la compensation ne peut pas avoir lieu. Telles sont les dettes naturelles qui ne produisent pas d'action, les obligations sujettes à rescision pour cause d'erreur, de dol, de violence ou d'incapacité (3).

469. Le principe suivant lequel la compensation éteint les dettes de plein droit, reçoit exception contre le débiteur qui, pouvant l'opposer, a accepté purement et simplement la cession que son créancier a faite de ses droits à un

---

(1) Toullier. nº 384.

(2) M. Duranton nº 971.

(3) Merlin Rep. vº. compensation §. 3. M. Duranton nº 944 et suiv.

tiers (art. 1295). Ce tiers a dû compter sur la garantie de cette acceptation qui est une renonciation tacite du débiteur à la compensation ; il n'est pas même nécessaire, puisque la loi ne l'exige pas, que, dans ce cas, l'acceptation de la cession soit faite par acte authentique, comme dans le cas de l'article 1690. A l'égard de la cession qui n'a point été acceptée par le débiteur, mais qui lui a été signifiée, conformément au même article, elle n'empêche que la compensation des créances postérieures à cette notification (id.), dont l'effet, qui ne saurait d'ailleurs rétroagir, est de saisir le cessionnaire, c'est-à-dire, de le rendre propriétaire de la créance cédée.

470. Lorsque les deux dettes ne sont pas payables au même lieu, on n'en peut opposer la compensation qu'en fesant raison des frais de la remise (art. 1296). Cette disposition s'applique non seulement à la compensation des sommes d'argent, mais encore de tous les autres objets susceptibles d'être compensés, d'après les principes déjà exposés.

La compensation, dans ce cas, aurait pu préjudicier aux parties s'il n'eut dû être fait raison entre elles des frais de remise. Un habitant de Toulouse, par exemple, doit une somme payable à Paris et son créancier lui doit une pareille somme payable à Toulouse. La compensation s'opérera. Mais les frais de remise pouvant être plus ou moins considérables de Toulouse à Paris que de Paris à Toulouse, les parties se devront compte de cette différence.

**471.** Quelques auteurs ont pensé que, dans le cas de l'article 1296, la compensation n'avait pas lieu de plein droit et qu'elle était seulement facultative et devait être opposée. Cette opinion est fondée sur la rédaction même de l'article (1). Mais le compte à faire pour les frais de remise ne saurait empêcher la compensation légale, dans les cas où elle peut avoir lieu ; et l'intention de la loi n'a pu être de déroger ici à la règle générale (2).

**472.** Lorsqu'il y a plusieurs dettes compensables dues par la même personne, on suit, pour la compensation, les règles établies pour l'imputation des paiemens par l'article 1256 (art. 1297). C'est un point sans difficulté, puisque la compensation équivaut au paiement.

**473.** La compensation n'a pas lieu au préjudice des droits acquis à un tiers. Ainsi, celui qui

(1) Delvincourt T. 2. p. 178 et 582, notes Toullier n° 400
(2) M. Duranton n°. 932—Rolland v°. compens. n° 56. Domat, Pothier etc.

étant débiteur, est devenu créancier depuis la saisie-arrêt faite par un tiers entre ses mains, ne peut, au préjudice du saisissant, opposer la compensation (art. 1298). Ici, la loi, par l'exemple qu'elle donne, justifie et explique parfaitement sa disposition. La même raison a dicté l'article 1242. Mais il est hors de doute que la compensation aurait eu lieu à concurrence des créances qui auraient existé simultanément avant la saisie-arrêt.

474. Celui qui a payé une dette qui était, de droit, éteinte par la compensation, ne peut plus, en exerçant la créance dont il n'a point opposé la compensation, se prévaloir, au préjudice des tiers, des privilèges ou hypothèques qui y étaient attachés, à moins qu'il n'ait eu une juste cause d'ignorer la créance qui devait compenser sa dette (art. 1299).

Ainsi, la compensation produit son effet non seulement à l'égard de ceux qui sont respectivement créanciers et débiteurs, mais encore à l'égard des tiers intéressés. C'est une conséquence de ce qu'elle a lieu de plein droit. S'il en était autrement, les tiers pourraient être trop facilement victimes d'une collusion qu'ils n'auraient aucun moyen de prévenir. Mais s'il n'y a ni fraude, ni négligence à imputer à celui qui a

16

payé sans opposer la compensation, ce qui a lieu s'il a ignoré sa créance, ses privilèges et hypothèques devaient être conservés.

Au surplus, l'article 1299 ne s'applique pas à la compensation facultative dont il va être question (1).

**475.** Sans aucun doute, celui qui peut opposer la compensation a le droit d'y renoncer. On a agité la question de savoir si cette renonciation pouvait avoir lieu d'avance. La négative se fonde sur ce qu'on ne peut pas renoncer a un droit qu'on n'a pas encore, principe appliqué formellement à la prescription par l'article 2220 (2). Mais la règle générale étant que les renonciations qu'aucune loi ne prohibe sont permises, et aucun texte, ni aucune raison d'un intérêt majeur ne défendant cette renonciation à la compensation future, je pense qu'elle serait valable (3).

**476.** Il me reste à parler de la compensation facultative. Ce n'est autre chose que la renonciation au droit qu'on avait de se refuser à la compensation.

---

(1) M. Duranton n° 979 etc.
(2) Toullier n° 393.
(3) Delvincourt T. 2. p. 579, 580, notes.

Elle peut avoir lieu, si lē déposant devient débiteur du dépositaire, si le prêteur à usage devient aussi débiteur de l'emprunteur, si le débiteur à terme renonce à cet avantage, et dans d'autres cas analogues. Elle date du jour de la demande, ou du consentement exprès ou tacite de celui qui pouvait l'opposer, et c'est alors seulement qu'elle peut produire son effet (1).

## SECTION V.

### De la confusion.

#### SOMMAIRE.

---

(1) Toullier n° 396, et suiv.—Delvincourt p. 177,178,581. —M. Duranton des contr. n° 975, 978 etc.

477. La Confusion que l'article 1234 présente comme le cinquième mode d'extinction des obligations, est la réunion, dans la même personne, des qualités de débiteur et de créancier de la même obligation. Elle éteint, de droit, les deux créances (art. 1300), parce qu'on ne peut être ni créancier ni débiteur de soi-même.

Ainsi, le débiteur devient-il héritier du créancier, ou le créancier du débiteur? Il y a confusion, qui est universelle, lorsque cette représentation a lieu pour le tout, et qui n'est que partielle et à concurrence de son étendue, si elle n'a lieu que pour partie.

478. La Confusion, qui s'opère dans la personne du débiteur principal, profite à ses cautions (art. 1301). Car elle a éteint la dette dont le cautionnement était l'accessoire, et qui, dèslors, ne peut plus avoir aucune existence.

479. La Confusion, qui s'opère dans la personne de la caution, n'entraîne point l'extinction de l'obligation principale (id.). Elle a lieu, si le débiteur succède à la caution ou réciproquement. Il s'en suit bien que le cautionnement, qui est l'accessoire, est détruit; mais le principal, qui ne suit pas le sort de l'accessoire, reste toujours dû. Si, dans ce cas, la caution

avait donné une hypothèque pour la sûreté de son cautionnement, elle continuerait de subsister en faveur du créancier. Car, autre chose est l'obligation personnelle, autre chose, l'obligation hypothécaire (1).

480. La dette principale continue également de subsister, si c'est le créancier qui succède à la caution, ou la caution au créancier.

481. Cependant la Confusion ne produit pas son effet en faveur de la caution qui succède au débiteur, lorsque l'obligation principale peut être annulée pour un vice qui n'affecte pas le cautionnement; dans le cas, par exemple, où une dette d'un mineur ou d'une femme mariée, qui serait sujette à rescision, aurait été cautionnée (2).

482. La Confusion, qui s'opère dans la personne du *créancier,* ne profite à ses codébiteurs solidaires que pour la portion dont il était débiteur (id.), respectivement à eux. Pour que cette disposition ait un sens, il est évident qu'il faut substituer le mot *débiteur* au mot *créancier* inséré dans l'article par inadvertance. Cependant

(1) Toullier n° 427.—Delvincourt T. 2, b. 583, notes, etc.
(2) Toullier n° 428, etc.

il peut aussi y avoir Confusion dans la personne du créancier de la dette solidaire qui succède à l'un des débiteurs. La règle citée s'applique à ce cas, ainsi qu'à celui où l'un des créanciers solidaires devient débiteur.

483. La Confusion n'a pas lieu lorsqu'une succession est acceptée sous bénéfice d'inventaire (art. 802); ou lorsque l'état recueille une succession en déshérence. L'état n'est tenu des dettes que comme détenteur des biens qu'il doit rendre aux héritiers, s'il s'en représente dans les délais (1)

484. La confusion n'éteint pas toujours irrévocablement la dette; et celui qui, après avoir été considéré comme héritier, ne conserve pas cette qualité, reprend ses droits ou ses obligations. Il doit en être ainsi, même au cas où celui qui a accepté une succession, en est ensuite exclu pour cause d'indignité (2). Cette restitution n'était pas accordée à l'indigne par le droit romain. Mais une peine ne doit pas se suppléer arbitrairement.

---

(1) M. Duranton n° 999, etc.

(2) Lebrun des suc. liv. 3. chap. 9 n° 25.—Toullier n° 437.
— C⁴ M. Duranton n° 1003.

# SECTION VI.

*De la perte de la chose due.*

### SOMMAIRE.

**485.** C'est, toujours d'après l'article 1234, le sixième mode d'extinction des obligations. Il s'applique à celles qui ont pour objet un corps certain et déterminé. Lorsque ce corps vient à périr, est mis hors du commerce, ou se perd de manière qu'on en ignore absolument l'exis-

tence, l'obligation est éteinte, si la chose a péri
ou a été perdue sans la faute du débiteur, et
avant qu'il fut en demeure (art 1302). Il n'en
est pas de même, si la chose qui a péri est in-
déterminée ou déterminée seulement quant à
son espèce, comme une somme d'argent, un
cheval, une certaine quantité de choses fongibles. C'est alors ce que les auteurs appellent
*obligatio generis,* et il ne peut pas y avoir extinction des choses dues : *genus nunquàm perit.*

486. La chose objet de l'obligation peut être
mise hors du commerce, soit parcequ'elle est
consacrée à l'utilité publique, comme si, par
exemple, un champ promis est employé à un
chemin, soit parce que, étant reconnue nuisi-
ble aux intérêts généraux, la vente en est prohibée.

487. Mais si le débiteur est en faute, ou en
demeure, et si même c'est par son fait, quoique
involontaire, que la chose a péri, l'obligation
continue de subsister et produit, ainsi que nous
l'avons déjà vu, des dommages et intérêts.

488. La demeure du débiteur ne met pas
toujours à sa charge la perte de la chose due.
Il est libéré dans le cas où la chose aurait éga-

lement péri chez le créancier, à moins qu'il ne
se fût chargé des cas fortuits. Dans ces divers
cas, le débiteur est tenu de prouver le cas
fortuit qu'il allègue. (id.).

489. De quelque manière que la chose volée
ait péri ou ait été perdue, sa perte ne dispense
pas celui qui l'a soustraite de l'obligation d'en
payer le prix (id.). L'auteur du vol est toujours
en faute, et en demeure de restituer ce qui
ne lui appartient pas.

490. Pothier (1) se fondant sur deux lois
romaines (2) décide que l'auteur du vol doit
payer le prix de la chose qui a péri, lors même
quelle aurait dû périr chez le propriétaire. Cette
opinion dictée par la juste haine qu'inspire le
vol, se concilierait difficilement avec les principes de notre législation. Le vol autorise l'exercice de deux actions distinctes, l'action publique, dans un intérêt social, et l'action privée
ou la réparation du préjudice réellement éprouvé.
Mais il est certain, que si la chose volée qui a
péri chez l'auteur de la soustraction, eut dû
également périr chez le propriétaire, celui-ci,

_____

(1) n° 664.
(2) L. fin. ff. de condit. furt.; L. 19 ff. de vi et vi arm. etc.

n'éprouvant pas de préjudice, n'a pas de réparation à prétendre (1). Il ne reste alors que l'action publique contre l'auteur du vol.

**491.** Ce n'est que la perte totale de la chose
due qui peut éteindre l'obligation. Elle subsiste,
s'il n'y a que perte partielle, sur ce qui reste
encore (2).

**492.** Lorsque la chose est périe, mise hors
du commerce ou perdue, sans la faute du débiteur, il est tenu, s'il y a quelques droits ou
actions en indemnité par rapport à cette chose,
de les céder à son créancier (art. 1303).

Cette disposition est superflue dans les cas
les plus ordinaires. La propriété étant, en
effet, dans nos principes, transférée par le seul
consentement des parties et sans tradition, cette
cession n'ajoute rien aux droits du propriétaire
de la chose (3). Cependant elle peut recevoir son
application, sans contrarier ces principes, au
cas, par exemple, où le dépositaire cède au déposant l'action contre l'auteur de la soustraction de la chose (4). Elle sert alors à prévenir
toute difficulté sur la qualité du demandeur.

---

(1) M. Duranton des contr. n° 1025.
(2) Pothier n° 660 etc.
(3) Toullier u° 476.
(4) Delvincourt T. 2., p. 587. M. Duranton n° 1028.

**493.** Si la chose due périt par la faute de la caution, le débiteur principal est libéré et la caution est seule obligée ; c'est pour le débiteur, comme si la perte était le résultat d'une force majeure. Mais la perte par la faute du débiteur, ne libère pas la caution. La raison de cette différence est que la caution est obligée pour le débiteur principal qui n'est point obligé pour la caution (1).

## SECTION VII.

*De l'action en nullité, ou en rescision des conventions.*

### SOMMAIRE.

494. *Le Code confond, dans plusieurs articles, la nullité et la rescision. Différence entre l'une et l'autre.*

495. *Délai dans lequel l'action en nullité ou en rescision doit être intentée. Exceptions.*

496. *Tous actes même autres que les conventions proprement dites sont sujets à cette action.*

497. *Ceux qui n'ont pas été parties dans un acte ont trente ans pour l'attaquer.*

498. *Le délai n'est pas limité, si l'acte est attaqué par voie d'exception.*

---

(1) Pothier nᵒˢ 665-666.—Toullier nᵒ 471 et suiv. etc.

**494.** Le Code (art. 1234) place *la nullité ou la rescision* au nombre des causes d'extinction des obligations. Cette section est intitulée *de l'action en nullité ou en rescision.* Ces deux causes d'extinction des obligations sont aussi confondues dans l'article 1117. Ensorte que la loi, dans ses textes, réunit, presque toujours, par un seul membre de phrase, la nullité et la rescision, et n'établit aucune espèce de différence entre elles. Cependant on les distingue l'une de l'autre, dans le langage de la jurisprudence.

Il y a nullité dans un acte, lorsqu'il est entaché d'un vice extrinsèque, apparent, dont la preuve n'est susceptible d'admettre aucune contestation. Tels sont, par exemple, la donation qui serait faite par acte sous seing privé (art. 931), l'engagement souscrit par une femme mariée sans l'autorisation de son mari (art. 217).

L'acte est sujet à rescision, lorsque son vice est intrinsèque, caché, comme le défaut de consentement réel, la lésion, quoiqu'il offre toutes les apparences d'un acte qui réunit les conditions de validité voulues par la loi.

Dans les deux cas, l'acte doit être mis au néant par les tribunaux, mais avec cette différence, que le demandeur en nullité n'a rien à prouver, qu'il lui suffit de représenter l'acte attaqué, et c'est en ce sens qu'il faut entendre ces mots *nullité de droit* qu'on lit dans la loi, notamment dans l'article 502; tandis que le demandeur en rescision doit prouver les faits qu'il allègue par des moyens autres que la représentation de l'acte lui-même, et qui peuvent être détruits par des moyens contraires invoqués par le défendeur.

Au surplus, cette distinction n'est pas d'une grande utilité pour l'intelligence des règles déjà assez importantes de cette section, dans lesquelles je dois me circonscrire. Je dois encore moins insister sur les théories difficiles et souvent contradictoires des nullités en général, qui ont exercé la logique de nos commentateurs les plus distingués (1).

495. La loi s'occupe d'abord de fixer le délai dans lequel l'action en nullité ou en rescision doit être intentée. Dans tous les cas où elle n'est pas limitée à un moindre temps, par une loi particulière, l'action en nullité ou en rescision d'une convention dure dix ans (art. 1304). Ce laps de temps écoulé sans réclamation équivaut à une ratification, et couvre le vice originaire de l'acte. L'action est limitée à un moindre temps notamment par l'article 183 qui, dans le cas qu'il prévoit, ne donne qu'une année aux

---

(1) Toullier T. 7. n° 479 et suiv.—M. Duranton des contr. n° 1038 et suiv. etc.

parens pour demander la nullité du mariage.
L'article 1676 offre encore une application de
cette exception.

496. La disposition précitée s'applique non
seulement anx *conventions* qu'elle mentionne,
expression qui ne s'appliquerait rigoureusement
qu'à un acte constatant le concours de plusieurs
volontés, un acte synallagmatique, mais encore
à un acte unilatéral, tel qu'une reconnaissance
de dette, une quittance émanée de celui qui
l'attaque.

497. Mais cette dernière circonstance est nécessaire pour qu'elle puisse recevoir son application. Car celui qui n'aurait pas été partie dans
un acte, qui voudrait, par exemple, demander
la nullité d'un testament, aurait trente ans pour
exercer son action, conformément aux régles
ordinaires de la prescription (1)

498. L'exercice du droit n'est limité à dix
ans, que lorsque la nullité ou rescision sont
demandées par voie d'action. Mais si elles sont
opposées par voie d'exception, le droit du défendeur dure autant que celui du demandeur et

_____

(1) Toullier n° 617 etc.

peut être perpétuel, d'après la règle : *quæ temporalia sunt ad agendum, perpetua sunt ad excipiendum* (1). L'ordonnance de 1539 dont la précision n'a pas été reproduite par le code, bornait expressément à dix années l'exception de nullité aussi bien que l'action.

**499.** L'action en répétition d'une chose non due ne doit pas être confondue avec l'action en nullité. Elle dure trente ans (2).

**500.** Le délai de dix ans accordé pour l'exercice de l'action en nullité ou en rescision ne court, dans le cas de violence, que du jour où elle a cessé, dans le cas d'erreur ou de vol, du jour où ils ont été découverts; et pour les actes passés par les femmes mariées non autorisées, du jour de la dissolution du mariage. Le temps ne court, à l'égard des actes faits par les interdits, que du jour où l'interdiction est levée; et à l'égard de ceux faits par les mineurs, que du jour de la majorité (id.). La loi a voulu que ce délai fut utile; et, dès lors, il ne devait pas courir contre ceux qui ne sont pas en état d'agir, par application de cette règle d'équité : *Contra non valentem agere non currit præscriptio.*

---

(1) Toullier n° 600 et suiv.—Delvincourt T. 2., p. 597, 599, notes.—Cᵃ M. Duranton n° 1065 et suiv.

(2) M. Duranton n° 1070 et suiv.

**501.** Les majeurs et les incapables ayant, en principe, l'exercice de l'action en nullité ou en rescision, il importe d'en bien déterminer les conditions, dans les divers cas.

Les majeurs peuvent fonder l'action sur le défaut de consentement de leur part, ou sur la lésion qu'ils ont éprouvée. Mais ils ne sont restituables, pour cette dernière cause, que dans les cas et sous les conditions spécialement exprimées dans le code civil (art. 1313). Ces cas et cet conditions sont le partage dans lequel la lésion n'opère que lorsqu'elle est de plus du quart (art. 887), et la vente dans laquelle la lésion doit être de plus des sept douzièmes (art. 1674).

**502.** Sous le rapport de la lésion, les femmes mariées qui ont traité avec l'autorisation de leurs maris, sont assimilées aux majeurs. Leur incapacité tient à un autre principe que celui des mineurs.

**503.** Mais de graves difficultés peuvent s'élever sur le caractère et les conditions de la lésion qui peut être invoquée dans l'intérêt du mineur. Il faut en accuser l'insuffisance et le peu de clarté des dispositions du Code sur ce point important. Voici, en peu de mots, la doctrine à laquelle il me paraît qu'on doit s'arrêter.

16

En ce qui concerne les mineurs, l'action en nullité est formellement distinguée par la loi, de l'action en rescision. C'est ce que prouve l'article 1311 qui, mentionnant l'engagement du mineur, dit : *Soit que cet engagement fut nul en sa forme, soit qu'il fut seulement sujet à restitution.* Il y a donc, relativement au mineur, des actes qui doivent être annulés, lors même qu'ils ne lui auraient causé aucun préjudice, et d'autres actes qui peuvent être rescindés, lors même qu'ils auraient été faits dans les formes voulues.

Les premiers sont tous ceux qui auraient été faits par le mineur sans le ministère du tuteur et sans les formalités de la loi. Ce n'est pas à ces actes que peut s'appliquer l'ancienne règle, *Non tanquàm minor restituitur, sed tanquàm læsus.*

Les second sont ceux faits par le tuteur avec toutes les formalités, qui néanmoins occasionnent une perte au mineur. C'est pour ces actes qu'est fait l'article 1305 ainsi conçu : La simple lésion donne lieu à la rescision en faveur du mineur non émancipé, contre toutes sortes de conventions; et, en faveur du mineur émancipé, contre toutes conventions qui excèdent les bornes de sa capacité, ainsi qu'elle est déterminée au titre de la minorité, de la tutelle et de l'émancipation.

C'est étrangement abuser de ce texte évidemment attributif d'un privilége au mineur, que d'en conclure que, dans tous les cas, pour exercer l'action en nullité ou en rescision, le mineur doit prouver son préjudice. Ce serait, bien contre les termes et l'esprit de la loi, le placer dans une position plus désavantageuse que la femme mariée qui n'a qu'à prouver son défaut d'autorisation. Il en résulte, au contraire, qu'une lésion quelconque vicie, dans l'intérêt du mineur, les actes régulièrement faits. Au reste, la loi ne détermine pas la quotité de cette lésion. Elle s'en remet à l'appréciation des tribunaux.

Ceci est rendu plus évident par l'article 1314 qui crée des exceptions à ces principes, en faveur de certains actes. Il porte que lorsque les formalités requises à l'égard des mineurs ou des interdits, soit pour aliénation d'immeubles, soit dans un partage de succession, ont été remplies, les mineurs sont, relativement à ces actes, considérés comme s'ils les avaient faits en majorité, ou avant l'interdiction.

La simple lésion ne vicie donc pas ces actes. Il faudrait celle du quart ou de plus de sept douzièmes. C'est leur importance, le besoin de consolider les propriétés, qui motive l'exception dont ils sont l'objet. Mais cette exception ne vient-elle pas confirmer la règle générale, l'interprétation de la loi que je viens de retracer? (1).

304. Ce que je viens de dire du mineur s'applique à l'interdit, en vertu du principe écrit dans l'article 509 (2).

305. Les lois romaines, dont la solution doit être encore suivie, décident qu'un mineur lésé dans un acte fait avec un autre minenr, doit être restitué, parce que la condition de celui qui est engagé est toujours la plus dure (3).

306. Le mineur n'est pas restituable contre la lésion qui ne résulte que d'un événement casuel et imprévu (art. 1396). S'il en était autrement, personne ne voudrait traiter, en aucune manière, avec un mineur.

307. En accordant le bénéfice de la restitution au mineur, la loi n'a pas voulu qu'il fut rendu illusoire, par la précaution que prendrait celui qui traite avec lui de le porter à se déclarer majeur. Tel est le motif principal de la disposi-

---

(1) Merlin Rép. V° mineur §. 6. n°, 2. Toullier u° 573 , 565 et suiv.—M. Demante, Programme, T. 2. n°. 780 n° suiv.

(2) Merlin quest. de dr V° Rescision 2.—3.

(3) L. 11. § 6 et 34. ff. de minoribus-Merlin loc. est. n° 3.

tion, suivant laquelle, la simple déclaration de majorité, faite par le mineur, ne fait pas obstacle à la restitution (art. 1307). De ces mots *simple déclaration*, il faut conclure que si le mineur employait d'ailleurs des manœuvres coupables, comme s'il exhibait un faux acte de naissance, il serait déchu de la restitution. Ce serait alors au moins un délit auquel s'appliquerait le principe de l'article 1310 (1).

508. Des motifs graves ont fait admettre des exceptions au principe de la restitution en faveur du mineur. Ainsi, le mineur commerçant, banquier ou artisan, n'est point restituable contre les engagemens qu'il a pris à raison de son commerce ou de son art (art. 1308). Cette disposition est toute dans l'intérêt du mineur lui-même. Le même motif a dicté l'article 487.

509. Le mineur n'est point restituable contre les conventions portées en son contrat de mariage, lorsqu'elles ont été faites avec le consentement et l'assistance de ceux dont le consentement est requis pour la validité de son mariage (art. 1309) (Voy. les articles 1095, 1308).

510. Il n'est point restituable contre les obli-

_____

(1) Toullier n° 589, 599 etc.

gations résultant de son délit ou quasi-délit
(art. 1310).

Le délit est l'acte préjudiciable à autrui, fait
avec l'intention de nuire ; le quasi-délit est cet
acte, sans cette intention. Nous retrouvons ici
une conséquence de la règle déjà citée ; *In delictis neminem œtas excusat*. Mais il importe de
remarquer, pour l'intelligence de cette disposition, qu'elle ne s'appliquerait pas à un traité
fait par le mineur, pour donner réparation de
son délit ou quasi-délit. Cet acte serait rescin-
dable pour cause de lésion. Elle veut dire
seulement que le mineur ne peut pas se prévaloir de sa minorité pour se soustraire à une réparation qui est réglée par son tuteur, ou par
la justice.

511. Le mineur n'est plus recevable à revenir
contre l'engagement qu'il avait souscrit en minorité, lorsqu'il l'a ratifié en majorité, soit que
cet engagement fut nul en la forme, soit qu'il
fût seulement sujet à restitution (art. 1311). La
ratification doit être faite conformément à l'article 1338, et c'est alors comme si l'acte eut été
fait en majorité.

512. L'annulation des actes par suite de l'action en nullité ou en rescision a pour objet ordinaire de remettre les parties en l'état où elles

étaient avant les actes annulés. Cette conséquence soumettrait donc l'incapable, s'il n'y avait
une loi exceptionnelle pour lui, à restituer, en
obtenant l'annulation, tout ce qu'il a reçu. Mais
cette exception que commandait l'intérêt des incapables et dont l'absence aurait pu les priver
du bénéfice de la restitution, existe. Lorsque les
mineurs, les interdits ou les femmes mariées
sont admis, en ces qualités, à se faire restituer
contre leurs engagemens, le remboursement de
ce qui aurait été, en conséquence de ces engagemens, payé pendant la minorité, l'interdiction ou le mariage, ne peut en être exigé, à
moins qu'il ne soit prouvé que ce qui a été
payé a tourné à leur profit (art. 1312)

La présomption est donc, que ces incapables
n'ont pas profité de ce qu'ils ont reçu, et c'est à
ceux qui allégueront le contraire, de le prouver,
pour obtenir la restitution. Elle est ordonnée, dans
ce cas, parce qu'il serait contraire à la justice
que les mineurs et autres pussent s'enrichir aux
dépens d'autrui; c'est assez qu'ils ne soient pas
appauvris.

313. Cette faveur, toute spéciale pour les
incapables, ne saurait être invoquée par les majeurs.

## CHAPITRE VI.

*De la preuve des obligations et de celle du paiement.*

SOMMAIRE.

514. *Le demandeur et le défendeur doivent prouver, le premier, sa demande; le second, son exception.*
515. *Cette preuve se fait de cinq manières.*

**514.** Avant de faire connaître les diverses manières dont on prouve soit l'existence de l'obligation, soit celle du paiement, le Code énonce un principe général suivant lequel celui qui réclame l'exécution d'une obligation doit la prouver, et celui qui s'en prétend libéré doit en prouver l'extinction (art. 1315). Ce n'est là que l'expression d'une règle de raison et d'équité formulée par plusieurs maximes reçues au palais : *Onus probandi incumbit actori; actore non probante, reus absolvitur; reus excipiendo fit actor.*

**515.** La preuve des obligations ou du paiement se fait de cinq manières dont les sections de notre chapitre s'occupent successivement (art. 1316).

## SECTION PREMIÈRE.

### De la preuve littérale.

**516.** La preuve littérale est celle qui résulte d'un écrit, *quæ litteris constat*, ou qui s'établit par la représentation d'un objet matériel.

Les titres ou écrits qui font preuve sont authentiques ou sous seing privé, originaux ou copies, primordiaux ou récognitifs. Les tailles sont l'objet matériel qui peut produire le même effet.

## § I.

### Du titre authentique.

**517.** L'acte authentique est celui qui a été reçu par officiers publics ayant le droit d'instrumenter dans le lieu ou l'acte a été rédigé, et avec les solennités requises (art. 1317).

Ici, le mot acte qui, dans un sens général, exprime tout ce qui est fait, est pris comme synonime d'écrit, de titre, quelquefois de contrat, en un mot de ce que les Romains appelaient *instrumentum*.

**518.** Les officiers publics que mentionne l'article 1317, sont les juges de paix, les officiers de l'état civil, les greffiers, et surtout les

notaires. Les attributions ou la compétence de
ces derniers fonctionnaires sont réglées par la
loi du 25 ventôse an XI. Il en résulte que les
notaires des villes sièges de Cours royales peuvent instrumenter, c'est-à-dire exercer leur ministère, dans l'étendue du ressort de ces cours,
que ceux des villes sièges d'un tribunal de première instance le peuvent dans l'étendue du
ressort de ce tribunal, et que ceux des autres communes peuvent exercer dans le ressort
du tribunal de paix de leur résidence.

**519.** Malgré la rédaction de l'article 1317, il
est des actes authentiques qui ne sont pas *reçus*
par des officiers publics. Ce sont ceux qui émanent du pouvoir législatif. Aucun doute n'est
permis sur ce point. La même qualification
s'applique aux actes judiciaires et administratifs.

**520.** Les solennités requises dans les actes
authentiques sont la présence des témoins, la
signature du notaire et autres formalités exigées
soit par la loi de ventôse an XI, soit par des
lois spéciales.

**521.** Quoique reçu par un officier public,
l'acte n'est point authentique, si cet officier est
incompétent ou incapable (art. 1318). Il est

incompétent, s'il exerce hors de son ressort ; incapable, s'il est parent au degré prohibé des parties, s'il a été interdit ou suspendu de ses fonctions. L'acte perd aussi le caractère d'authenticité, s'il présente un défaut de forme, comme s'il n'en a pas été donné lecture aux parties. Dans ces divers cas, on distingue si cet acte a été ou non signé des parties. Avec cette signature, il vaut comme écriture privée (id.) ; si elle n'existe pas, il ne peut produire aucun effet. Il est bien évident que cette disposition ne s'applique qu'aux actes qui peuvent valoir faits sous seing privé, aussi bien qu'authentiques, tels que la vente par exemple, et non à ceux dont l'authenticité est une condition essentielle, tels que les actes de donations.

522. Les articles 1325 et 1326 qui exigent des conditions pour les actes synallagmatiques et pour certains actes unilatéraux, sont manifestement inapplicables au cas où un acte vicié comme authentique vaut comme acte sous seing privé. S'il en était autrement, cette disposition de l'article 1318 resterait toujours sans application.

523. Des conditions de l'acte authentique, la loi passe à l'examen de ses effets.

L'acte authentique fait pleine foi *de la conven-*

*tion* qu'il renferme entre les parties contractantes et leurs héritiers ou ayant cause (art.
1319). Ces expressions de la loi sont insuffi-
santes. Car non seulement cet acte fait foi des
conventions, mais encore des faits, des déclarations des parties (1).

Mais, pour que l'acte authentique fasse pleine
foi, il faut que le notaire se soit renfermé dans
les limites de ses fonctions et de son ministère
qui consistent à constater les conventions et
les faits qui intéressent les familles ou les individus, leur état ou leur fortune, en un mot
ce que l'on comprend sous l'expression générale
de transactions de la vie sociale. Car un notaire
qui constaterait, même avec toutes les solennités
possibles, un fait dont on ne voudrait que conserver la mémoire, ne serait plus réputé personne publique, et un tel acte ne ferait pas
pleine foi (2).

524. L'acte authentique ne fait pleine foi,
dans le sens de l'article 1319, que des choses
pour lesquelles le notaire donne son témoignage
personnel. Il établit donc, par exemple, la comparution des parties, leurs déclarations, la nu-

(1) Toullier T. 8. n° 146, 147.
(2) Toullier T. 8. n° 144, 145.

mération réelle des espèces. Mais il ne prouve pas, d'une manière aussi entière, la sincérité des déclarations des parties, que les espèces comptées appartenaient au débiteur et que le créancier en a réellement profité. C'est aussi vainement que le notaire certifierait que ceux qui ont comparu devant lui étaient sains d'esprit. L'appréciation de ces circonstances conjecturales n'est pas de son ministère. Il n'en résulte pas des preuves irrécusables, mais de simples présomptions qui peuvent être détruites par des preuves ou des présomptions contraires.

525. La rédaction de l'article 1319 est encore insuffisante, sous un autre rapport. Il n'y est question que de la foi que fait l'acte authentique entre les contractans, leurs héritiers ou ayant-cause, mais nullement de la foi qu'il peut faire à l'égard des tiers. Cependant il est reconnu que cet acte fait foi, à l'égard des tiers, de tout ce qui est ont attesté personnellement par le notaire. Telle est la doctrine des auteurs anciens et nouveaux (1).

526. Anciennement, l'exécution de l'acte au-

(1) Pothier n° 704—Dumoulin Cout. de Paris § 8. n° 8—Toullier n° 148 et suiv—M. Duranton des Contr. n° 1213 et suiv. etc etc.

thentique n'était arrêtée qu'après le jugement définitif sur l'inscription de faux dirigée contre lui. Mais ce principe a été modifié par le Code, comme il l'avait été par la loi du 25 ventôse an XI. En cas de plainte en faux principal, l'exécution de l'acte argué de faux est suspendue par la mise en accusation ; et, en cas d'inscription de faux faite incidemment, les tribunaux peuvent, suivant les circonstances, suspendre provisoirement l'exécution de l'acte (id.).

Le faux est principal, lorsque celui qui en est accusé est poursuivi devant les tribunaux criminels. Il est incident lorsque la fausseté de l'acte est alléguée dans le cours d'une contestation pendante devant un tribunal civil (voy. les art. 214 et suiv. du cod. de procéd.).

527. D'après les principes déjà exposés, lorsqu'un acte sera attaqué par une des parties, pour cause de dol, ou par un tiers, pour cause de simulation entre les parties, la voie de l'inscription de faux ne sera point nécessaire pour en détruire l'effet.

528. L'acte, soit authentique, soit sous seing privé, fait foi entre les parties, même de ce qui n'y est exprimé qu'en termes énonciatifs, pourvu que l'énonciation ait un rapport direct à la dis-

position. Les énonciations étrangères à la disposition ne peuvent servir que d'un commencement de preuve (art. 1320). Il est même à remarquer que cette dernière disposition n'est que facultative.

La difficulté peut consister seulement ici à distinguer, dans l'acte, les énonciations qui ont un rapport direct à la disposition, de celles qui lui sont étrangères. Cette appréciation est toute dans le domaine du juge. Les auteurs donnent des exemples propres à leur servir de guides. Dans un acte contenant reconnaissance de rente perpétuelle de ma part, il est dit, sans contradiction du créancier présent, que les arrérages ont été payés jusqu'à ce jour. Cette énonciation, quoiqu'elle ne soit pas aussi formelle qu'une quittance, étant en rapport direct avec la disposition, fait pleine foi contre mon créancier. Mais, dans un acte de vente, je me déclare héritier d'une personne désignée, sans que cette énonciation soit en rapport avec l'objet de l'acte ; elle ne fait pas foi, et *peut* seulement servir de commencement de preuve (1).

Je reviendrai, en expliquant l'article 1347, sur le commencement de preuve et sur ses effets.

---

(1) Pothier n° 702, 703.—Toullier n° 158 et suiv.

**529** Au reste, ces énonciations, qu'elles soient ou ne soient pas en rapport avec la disposition, ne servent pas même de commmencement de preuve à l'égard des tiers, à moins que les titres qui les contiennent ne soient fort anciens. Alors on applique la règle : *in antiquis enunciativa probant* (1).

**530.** Il arrive souvent qu'après avoir rédigé par écrit une convention, les parties concertent une déclaration destinée à rester secrète, qui annule, ou modifie l'acte ostensible. Cet acte ou déclaration est appelé *contre-lettre.* Son but est tantôt de faire fraude à la loi, tantôt de préjudicier à des tiers. Ainsi, le vendeur et l'acquéreur, voulant diminuer les droits de mutation, ne déclareront pas le prix réel de la vente, dans l'acte qui la constate, et ils le déclareront dans une contre-lettre. Ainsi encore, pour donner une apparence de fortune à une personne qui n'a rien, on lui fera une vente apparente dont l'effet sera détruit par une contre-lettre.

**531.** La loi déclare que les contre-lettres ne peuvent avoir leur effet qu'entre les parties contractantes, et qu'elles n'ont point d'effet contre

---

(1) Toullier nₒ 162 et suiv.

17

les tiers (art. 1321). Ces termes sont absolus, et
ils s'appliquent à toute sorte de contre-lettres,
soit authentiques, soit sous seing privé. Le
Code a modifié la loi du 22 Frimaire, an 7,
dont l'article 40 déclarait nulle et de nul effet
la contre-lettre qui avait pour objet l'augmentation du prix stipulé dans un acte public ou
dans un acte privé enregistré, disposition qu'on
appliquait aux parties comme aux tiers. C'est
en ce sens, qu'après quelques incertitudes, la
jurisprudence s'est fixée (1).

## § II.

### De l'acte sous seing privé.

#### SOMMAIRE.

---

(1) Toullier n° 186.—M. Duranton n° 1227.—Delvincourt
T. 2. p. 609.

552. L'acte sous seing privé est celui qui, à
la différence de l'acte authentique, n'exige pas,
pour son existence et sa validité, le ministère
d'officiers publics. En règle générale, il n'est
pas nécessaire qu'il soit écrit en entier par les
parties, et il suffit qu'il soit signé d'elles. Il est
même certains de ces actes pour lesquels la signature de ceux qui s'en prévalent, ou qu'ils obligent, n'est pas exigée, comme dans les cas des
articles 1329, 1330, 1331 et 1332. Toutes les
conventions, autres que celles pour lesquelles
la loi prescrit des formes plus solennelles, telles
que le contrat de mariage, la donation, la constitution d'hypothèque, peuvent être constatées
par des actes sous seing privé. Ils ne sont d'ailleurs soumis à aucune forme ou condition rigoureuse, sauf certains, pour lesquels les lois ont
des dispositions spéciales, comme le testament
olographe, la lettre de change.

553. L'acte sous seing privé, reconnu par
celui auquel on l'oppose, ou légalement tenu

pour reconnu, a, entre ceux qui l'ont souscrit, et entre leurs héritiers et ayant-cause, la
même foi que l'acte authentique (art. 1522).
Pour qu'il produise cet effet, l'acte sous seing
privé doit avoir été reconnu authentiquement,
ou par un jugement.

534. Il n'est question, dans la disposition précitée, que des effets de cet acte entre ceux
qui y sont dénommés. Mais il ne s'ensuit pas
qu'il soit sans effet à l'égard des tiers. Il prouve
contre eux, le fait de la convention qu'il constate, pourvu que sa date soit fixée conformément à l'article 1328, sur lequel je reviendra
bientôt (1).

535. Suivant un édit de 1684, un acte privé
ne pouvait servir de base à une condamnation
judiciaire, avant que la reconnaissance en eût
été demandée. Cette marche ne doit plus être
nécessairement suivie aujourd'hui, et l'action
en condamnation peut être intentée sans ce
préalable (2).

536. Celui auquel on oppose un acte sous
seing privé, est obligé d'avouer ou de désavouer

---

(1) Pothier n° 715—Toullier n° 239 etc.
(2) Toullier n° 229—Favard Rep.—V° acte S. S. privé

formellement son écriture ou sa signature. Ses héritiers ou ayant-cause peuvent se contenter de déclarer qu'ils ne connaissent point l'écriture ou la signature de leur auteur (art. 1323). Cette différence entre les exceptions que peuvent opposer l'auteur prétendu de l'acte ou ses héritiers, repose sur des raisons sensibles. Celui auquel l'acte est attribué doit s'expliquer positivement ; car il sait bien s'il en est ou non l'auteur ; tandis que ses héritiers ou ayant-cause ne peuvent pas s'expliquer d'une manière aussi formelle.

537. Dans le cas où la partie désavoue son écriture ou sa signature, et dans le cas où ses héritiers ou ayant-cause déclarent ne les point connaître, la vérification en est ordonnée en justice (art. 1324).

Le Code de procédure (art. 193 et suiv.) fait connaître les règles à suivre pour cette vérification, et je ne dois pas insister ici à cet égard.

Il y a donc cette différence entre l'acte authentique et l'acte sous seing privé, différence qui s'explique par l'origine diverse de ces actes, que celui qui invoque un acte authentique, n'a rien à prouver, et c'est à celui qui le conteste d'en prouver la fausseté, tandis que le porteur d'un acte sous seing privé, doit avant tout, s'il est contesté, en prouver la sincérité.

**538.** Au reste, la voie de l'inscription de faux peut aussi être prise contre un acte privé, aux périls et risques du demandeur ; et son exécution, lors même qu'il aurait été antérieurement reconnu, peut être arrêtée par l'inscription de faux (1).

**539.** Les actes sous seing privé qui contiennent des conventions synallagmatiques, ne sont valables qu'autant qu'ils ont été faits en autant d'originaux qu'il y a de parties ayant un intérêt distinct. Il suffit d'un original pour toutes les personnes ayant le même intérêt. Chaque original doit contenir la mention du nombre des originaux qui en ont été faits. Néanmoins, le défaut de mention que les originaux ont été faits doubles, triples, etc., ne peut être opposé par celui qui a exécuté de sa part la convention portée dans l'acte (art. 1325).

Les motifs principaux de cette disposition sont, que l'une des parties ne devait pas avoir le moyen de contraindre l'autre à l'exécution de l'engagement, sans qu'il y eut réciprocité, et que si la mention des originaux n'existait pas, une partie pourrait, en supprimant l'original qui est dans

---

(1) M. Duranton n° 1235—art. 214 C. de procéd.

ses mains, prétendre qu'il n'en a été fait qu'un seul, ce que cette mention rend impossible.

**540.** L'article 1325 ne régit que les actes synallagmatiques parfaits, tels que ceux de vente, d'échange, mais non ceux de ces actes qui peuvent être considérés comme synallagmatiques imparfaits, de cela, qu'ils sont susceptibles de produire une double action, comme ceux de mandat, de dépôt (1).

**541.** Il n'est pas nécessaire que tous les originaux soient signés de toutes les parties. Il suffit que chacune d'elles justifie sur l'original, qui est en son pouvoir, de la signature de l'autre (2).

**542.** Le vice résultant de ce que l'acte n'est pas fait en autant d'originaux qu'il y a de parties, est couvert par le dépôt que font toutes les parties, de l'acte unique, chez un notaire. Ce dépôt lui confère un caractère d'authenticité qui supplée les originaux manquans (3).

**543.** L'omission de quelqu'une des formalités de l'article 1325 rend bien, suivant ses expres-

---

(1) Toullier n° 326 etc.
(2) Toullier n° 344.
(3) Sirey 7—2—924—Toullier n° 325 et c

sions, l'acte non valable, mais n'annule pas la convention, si d'ailleurs, il y a quelque moyen légal de la prouver. L'acte même qui, dans ce cas, ne fait pas preuve entière du traité, sert de commencement de preuve qui peut être complété par la preuve testimoniale ou les présomptions, conformément à la règle posée dans l'article 1347. C'est en ce sens que la jurisprudence s'est prononcée à cet égard (1).

544. Il est des actes unilatéraux qui sont aussi soumis à des conditions que loi exprime. Le billet ou la promesse sous seing privé, par lequel une seule partie s'engage envers l'autre à lui payer une somme d'argent ou une chose appréciable, doit être écrit en entier de la main de celui qui le souscrit, ou du moins il faut, qu'outre sa signature, il ait écrit de sa main un bon ou un approuvé, portant, en toutes lettres, la somme ou la quantité de la chose (art 1326).

Cette loi, empruntée à la déclaration de 1733, a pour objet de prévenir des surprises ou les abus de blanc seing.

545. Quoiqu'elle mentionne une *seule partie*, elle s'applique aussi bien au cas où plusieurs par-

---

(1) Toullier T. 8. 4° 322 — T. 9. n° 84---Merlin Rep. V⁰ Double écrit

ties s'obligent par le même acte, ce qui n'a rien de contraire à la loi. Chacune d'elles devra s'y conformer (1)

**546.** Le défaut de *bon* ou *approuvé* n'ôte pas absolument tout effet au billet revêtu de la signature de celui auquel il est opposé. Il peut servir de commencement de preuve par écrit. C'est un point admis par les auteurs (2).

**547.** De même que dans le cas de l'article 1325, l'exécution donnée à l'acte unilatéral qui n'offrirait pas la condition du bon ou approuvé, en couvrirait le vice. La plus frappante analogie existe, en effet, sous ce rapport, entre les deux cas (3).

**548.** Il est des actes unilatéraux autres que ceux que mentionne l'article 1326, qui doivent avoir les conditions qu'il exige. Tels sont les reconnaissances de dépot (4), et, en général, les arrêtés de comptes (5). Il y a quelques difficul-

---

(1) Toullier n° 300, 301—Delvincourt T. 2. p. 613, notes — M. Duranton des contr. n° 1268 et suiv. etc.

(2) Merlin Rep. T. 16 V°. Billet—Toullier n° 284 et suiv. M. Duranton n° 1279 et suiv.

(3) Dalloz T. 10. p. 697. n° 12 etc.

(4) Toullier n° 304. etc.

(5) Merlin Rep. V° Billet—Toullier n° 306. etc.

tés sur les actes de constitution de rente viagère ou autres. Je crois néanmoins, qu'ils y sont également sujets (1).

549. La loi prononce une exception à la nécessité de ces conditions, pour les cas où l'acte émane de marchands, artisans, laboureurs, vignerons, gens de journée et de service (id.). D'un côté, c'est la célérité du commerce ; de l'autre, l'ignorance présumée des artisans et autres, qui la justifient. Mais cette ignorance ne les laisse-t-elle pas plus exposés aux attaques de la mauvaise foi, et cette exception n'a-t-elle pas ses inconvéniens ?

550. Il est à remarquer que ce n'est que pour les actes contenant obligation qu'est fait l'article 1326, et qu'il ne s'applique pas à une quittance, valable par la seule signature du créancier.

551. Lorsque la somme exprimée au corps de l'acte est différente de celle exprimée au bon, l'obligation est présumée n'être que de la moindre somme, lors même que l'acte, ainsi que le bon, sont écrits en entier de la main de celui qui s'est obligé, à moins qu'il ne soit

---

(1) Dalloz. id. p. 699. n° 15—Cà Toullier n° 305.

prouvé de quel côté est l'erreur (art. 1327).
C'est parce que, dans le doute, l'interprétation doit être toujours en faveur du débiteur.
Cette présomption peut, comme on le voit,
être détruite par la preuve contraire. Il est
même reconnu que la preuve testimoniale est
admissible, l'acte lui-même servant de commencement de preuve par écrit (1).

852. J'ai parlé de la foi due aux actes sous
seing privé, en ce qui concerne les parties. Pour
elles, ils font foi de leur contenu, ainsi que
de leur date. Mais, pour les tiers, ils n'ont de
date certaine que du jour où ils ont été enregistrés, du jour de la mort de celui ou de l'un
de ceux qui les ont souscrits, ou du jour où
leur substance est constatée dans des actes
dressés par des officiers publics, tels que procès-verbaux de scellé ou d'inventaire (art. 1328).
Si cette disposition n'existait pas, il eut été trop
facile de préjudicier frauduleusement à autrui,
au moyen d'actes antidatés.

855. Elle a donné lieu à deux questions assez
importantes. La première consiste à savoir
quelle est ici la véritable acception ou plutôt

---

(1) Toullier n° 297.—M. Duranton et 1277 etc.

l'étendue du mot *tiers*, ou bien ce qu'il faut entendre par *ayant-cause* que l'article 1322 assi-
mile à ceux qui ont souscrit l'acte sous seing
privé. Les premiers pourront se prévaloir de
l'article 1328; les autres ne le pourront pas.

Suivant M. Toullier (1), on doit considérer
comme ayant cause non seulement les successeurs universels et à titre universel, mais encore les successeurs à titre singulier, tels que
les donataires particuliers, les acquéreurs,
etc. Mais cette doctrine contrarierait trop l'esprit de la loi et offrirait trop de facilités à la
fraude, pour pouvoir être accueillie. Les ayant-
cause autres que les héritiers proprement dit,
dont parle l'article 1322, sont les successeurs
irréguliers tels que l'enfant naturel, le conjoint survivant, l'État; tels sont encore les donataires de biens à venir, les légataires à titre
universel, les parens envoyés en possesion des
biens des absens(2). On peut dire que cette opinion du savant et judicieux Toullier a été
universellement rejetée.

554. La seconde question qui naît de l'article
1328 est celle de savoir s'il est limitatif ou seu-

(1) T. 8. nº 245 et suiv·
(2) Thémis T. 3. p. 19 et T. 5. p. 6.—Merlin quest. de dr.
Vº Tiers—M. Duranton nº 1293 et suiv. etc.

lement indicatif de certaines circonstances qui servent à fixer, à l'égard des tiers, la date des actes sous seing privé. Il est reconnu que la loi a voulu prévenir l'arbitraire des interprétations, et que conséquemment les termes qu'elle a employés sont limitatifs (1).

555. Occupons-nous maintenant de l'effet de certaines écritures privées dispensées de signature.

Les registres des marchands ne font point, contres les personnes non marchandes, preuve des fournitures qui y sont portées, sauf ce qui sera dit à l'égard du serment (art. 1329).

Les livres des marchands font preuve contre eux; mais celui qui veut en tirer avantage ne peut les diviser en ce qu'ils contiennent de contraire à sa prétention (art. 1330).

Les livres de commerce régulièrement tenus peuvent faire foi entre commerçans (art. 12 code de comm.). S'il en était autrement, il y aurait souvent, dans le commerce, des difficultés insurmontables.

Mais il n'en devait pas être de même entre les

---

(1) Sirey 23—1—297—Toullier qui avait d'abord émis un sentiment contraire—M. Duranton des contr. n° 291—Favard Rép V° acte S. S. privé etc.

marchands d'un côté, et les personnes non
marchandes, de l'autre. Dans ce cas, il n'y aurait pas réciprocité, et il ne s'agit pas de l'intérêt
général du commerce. Cependant, par application de l'article 1367, les livres de commerce
produits par un négociant, peuvent figurer au
nombre des présomptions qu'apprécient les tribunaux pour déférer le serment au demandeur
(1). Mais je ne saurais admettre l'opinion qui
considère ces livres comme pouvant servir de
commencement de preuve par écrit, et rendre admissible la preuve testimoniale (2).

Il était raisonnable d'admettre que les livres
des marchands font preuve contre eux, parce
qu'on ne peut pas supposer qu'ils se déclarent
débiteurs, lorsqu'il n'existe pas de dette. Mais
il serait injuste qu'ils fussent divisés contre
eux, ce qui veut dire que les énonciations qui
tendent à détruire leur obligation qui y est exprimée, font autant de foi que celles qui constatent l'obligation elle-même.

556. Dailleurs un commerçant sommé, dans
le cours d'une contestation, de représenter ses

(1) Toullier T. 8 n°368.—M. Duranton des contr. n° 1297.
—Delvincourt T. 2., p. 616, notes.
(2) Cà Toullier n° 369.

livres, ne peut pas s'en dispenser sous le prétexte qu'ils seraient irréguliers (1).

557. Les registres et papiers domestiques ne
font point un titre pour celui qui les a écrits
(art. 1331). On ne peut pas, en effet, se créer
un titre à soi-même. *Exemplo perniciosum est
ut ei scripturæ credatur, quâ unusquisque sibi
adnotatione propriâ, debito rem constituit. L. 7,
Cod. de probat.*

Mais ils font foi contre lui, 1º dans tous les
cas où ils énoncent formellement un paiement
reçu ; 2º lorsqu'ils contiennent la mention expresse que la note a été faite pour suppléer le
défaut du titre en faveur de celui au profit duquel ils énoncent une obligation (id.).

558. L'expression *papiers domestiques* ne comprend pas les feuilles volantes. Elle ne s'applique
qu'aux journaux, tablettes, cahiers destinés à
conserver la mémoire de ce qui intéresse leur
auteur (2). Mais une simple feuille volante ou
une note qui ne serait pas dans les prescriptions
de la loi, pourraient servir de commencement de
preuve par écrit.

---

(1) Toullier nº 387, 388.—Pardessus, etc.
(2) M. Duranton nº 1301.—Delvincourt T. 2, p. 583, notes.

**559.** Au reste, il est indifférent que ces registres ou papiers domestiques soient signés, ou ne le soient pas.

**560.** Si la note qui peut servir de titre à un tiers, a été biffée ou barrée, elle ne fait plus preuve pour lui (1).

**561.** L'écriture mise par le créancier, à la suite, en marge ou au dos d'un titre qui est toujours resté en sa possession, fait foi, quoique non datée ni signée par lui, lorsqu'elle tend à établir la libération du débiteur. Il en est de même de l'écriture mise par le créancier au dos, en marge ou à la suite du double d'un titre ou d'une quittance, pourvu que ce double soit entre les mains du débiteur (art. 1332).

La première disposition de cet article veut que l'écriture qui fait foi, soit de la main du créancier. Cette circonstance n'était pas éxigée par Pothier (2) qui attribuait le même effet à l'écriture d'un tiers, du débiteur lui-même, lorsque l'acte n'avait pas cessé d'être entre les mains du créancier; et le premier projet de l'article 1332 ne fesait pas cette précision que l'écriture devait être mise par le créancier. On

---

(1) M. Duranton, nº 1301.—Delvincourt T· 2., p. 617, notes.

(2) nº 726.

a conclu de là (1) qu'il suffit, pour que l'écriture fasse foi, que le titre soit resté en la possession du débiteur, et qu'il n'est pas nécessaire que l'écriture soit de la main du créancier. Quelque judicieux que soient les raisonnemens sur lesquels cette opinion se fonde, elle contrarie trop un texte formel pour pouvoir être admise. Un créancier de bonne foi pourrait en être victime, alors que, garanti par le texte de la loi, il n'attacherait aucune importance à une note mise sur son titre, par un autre que lui.

Si ces écritures de la main du créancier sont biffées ou barrées, elles ne doivent avoir aucun effet (2).

## § III.

### *Des tailles.*

#### SOMMAIRE.

562. *Ce qu'on entend par tailles et échantillons. Leur effet.*

563. *Droits du créancier au cas de dénégation du débiteur ou de perte de l'échantillon.*

564. *La taille ne prouve pas le fait des fournitures.*

**562.** On donne ce nom à un morceau de bois divisé en deux parties dont certaines per-

---

(1) Toullier n° 353. — M. Duranton n° 1303 et suiv.
(2) Toullier n° 356, etc.

sonnes se servent pour constater les fournitures de détail qui leur sont faites. Le fournisseur et le consommateur en conservent chacun une partie. Celle qui est dans les mains du consommateur est appelée *échantillon*; l'autre conserve le nom de taille. Les fournitures se constatent par des incisions faites transversalement sur ces deux parties réunies.

Les tailles corrélatives à leurs échantillons font foi entre les personnes qui sont dans l'usage de constater ainsi les fournitures quelles font ou reçoivent en détail (art. 1333).

**563.** Si le débiteur nie l'existence de l'échantillon, le fournisseur peut établir, même par témoins, cette existence et l'usage qui en a été fait. S'il prétend l'avoir perdu, c'est une faute qu'il doit s'imputer; il devait arrêter son compte et faire une nouvelle taille (1).

**564.** Mais si le fait des fournitures est nié par le défendeur, la taille ne prouve rien. Elle ne peut pas faire plus de foi que les livres des marchands (2).

---

(1) Toullier; n° 409., etc.
(2) M. Duranton, n° 1312.

## § IV.

*Des copies des titres.*

### SOMMAIRE.

565. Lorsque l'original d'un titre subsiste, les copies qui en ont été faites ne font foi que de ce qui est contenu au titre dont la représentation peut toujours être éxigée (art. 1334). Les détenteurs des originaux ne pourraient se dispenser de cette représentation qu'en prouvant qu'ils ont péri.

566. Si le titre original n'existe plus les copies font foi, d'après les distinctions suivantes : 1º Les grosses ou premières expéditions font la même foi que l'original. Il en est de même des

copies qui ont été tirées par l'autorité du magistrat, parties présentes ou duement appelées, ou
de celles qui ont été tirées en présence des
parties et de leur consentement réciproque (art.
1335).

Nous avons déjà vu (n° 445) pourquoi ces
premières expéditions son appelées grosses. Elles
sont revêtues de la forme exécutoire, c'est-à-
dire qu'elles sont intitulées et terminées dans
les mêmes termes que les jugemens (art. 25 de
la loi du 25 ventôse an XI). Chacune des parties
intéressées peut exiger une première grosse.
Mais une ordonnance du président du tribunal
est nécessaire pour qu'elles en obtiennent une
autre (art. 26 id.).

567. Peuvent faire foi, 2° les copies qui, sans
l'autorité du magistrat, ou sans le consentement
des parties, et depuis la délivrance des grosses
ou premières expéditions, auront été tirées sur
la minute de l'acte par le notaire qui l'a reçu,
ou par l'un de ses successeurs, ou par officiers
publics, qui, en cette qualité, sont dépositaires
des minutes. Mais il faut que ces copies soient
anciennes (art. 1335).

Il y a donc cette différence entre ces copies
et les grosses, que celles-ci font foi comme
l'original, tandis que les copies *peuvent* seulement faire foi.

La loi elle-même détermine les conditions qui constituent l'ancienneté requise. Les copies sont considérées comme anciennes lorsqu'elles ont plus de trente ans. Si elles ont moins de trente ans, elles ne peuvent servir que de commencement de preuve par écrit (id.). Le Code consacre ici l'ancienne règle : *in antiquis enunciativa probant*, ainsi qu'une exception à la règle générale, suivant laquelle le commencement de preuve par écrit doit être émané de la partie à laquelle on l'oppose ou de celui qu'elle représente (art. 1347).

568. Enfin, ne sont considérées que comme commencement de preuve par écrit, 3° les copies tirées sur la minute d'un acte par un autre que le notaire qui l'a reçu, ou que l'un de ses successeurs ou que les officiers publics, qui, en cette qualité, sont dépositaires des minutes, quelle que soit l'ancienneté de ces copies (art. 1335). Encore même faut-il remarquer que ces copies ne doivent pas, mais peuvent servir de commencement de preuve par écrit.

569. Les copies des copies ne constituent ni preuve ni commencement de preuve. Elles peuvent seulement, selon les circonstances, être considérées comme simples renseignemens (id.).

**570.** La transcription d'un acte sur les registres publics ne peut servir que de commencement de preuve par écrit. Il faut même pour cela 1° qu'il soit constant que toutes les minutes du notaire, de l'année dans laquelle l'acte paraît avoir été fait, soient perdues, ou que l'on prouve que la perte de la minute de cet acte a été faite par un accident particulier ; 2° qu'il existe un répertoire en règle du notaire, qui constate que l'acte a été fait à la même date. Lorsque, au moyen du concours de ces deux circonstances, la preuve par témoins sera admise, il sera nécessaire que ceux qui ont été témoins de l'acte, s'ils existent encore, soient entendus (art. 1336).

La règle de cet article s'applique aux transcriptions des donations immobilières qui doivent être faites, comme nous l'avons vu, sur le registre du conservateur ds hypothèques.

**571.** On entend par *répertoire*, un registre que doivent avoir les notaires, sur lequel ils inscrivent, jour par jour, par ordre de numéro, tous les actes qu'ils reçoivent (art. 149 de la loi du 22 frimaire an 7).

**572.** L'article 1335 est manifestement inapplicable à l'enregistrement des actes sous seing

privé. Quant à celui des actes authentiques, des
auteurs ont pensé qu'il pouvait servir de commencement de preuve par écrit (1). Mais il faut
reconnaître que ce n'est que par exception
qu'un écrit non émané de la partie peut servir de
commencement de preuve contre elle, qu'il faut
donc, pour qu'il en soit ainsi, une disposition
spéciale qui n'existe pas, en ce qui concerne
l'enregistrement qui d'ailleurs n'offre qu'un extrait des actes (2).

## § V.

### *Des actes récognitifs et confirmatifs.*

#### SOMMAIRE.

---

(1) Delvincourt, T. 2, p. 830, notes. — M. Duranton des
contr. n° 1333.

(2) Toullier, T. 9, n° 72.

**573.** Le titre primordial est la même chose que le titre original. Il est désigné sous ce dernier nom par opposition aux copies; sous le premier, par opposition aux titres récognitifs et confirmatifs. Entre ces derniers, il y a cette différence que l'acte récognitif est celui par lequel le débiteur reconnaît une obligation préexistante, déjà constatée par un titre primordial, sans vice originaire, dont l'objet est principalement d'empêcher le cours de la prescription, tandis que l'acte confirmatif a pour objet de faire disparaître les vices du titre primordial.

**574.** Nous allons donc rechercher les conditions et les effets des actes récognitifs et confirmatifs.

Les actes récognitifs ne dispensent point de la représentation du titre primordial, à moins que sa teneur n'y soit spécialement relatée. Ce qu'ils contiennent de plus que le titre primordial, ou ce qui s'y trouve de différent, n'a aucun effet. Néanmoins, s'il y avait plusieurs reconnaissances conformes, soutenues de la possession, et dont l'une eut trente ans de date, le créancier pourrait être dispensé de représenter le titre primordial (art. 1337).

L'objet de cette disposition est de remédier, dans l'intérêt du débiteur et du créancier, aux erreurs qui peuvent intervenir dans des titres nouveaux qui, dans l'intention des parties, ne doivent que reproduire d'anciennes obligations.

Elle n'exige pas, dans la première exception qu'elle mentionne, la copie littérale du titre, mais la relation spéciale de sa teneur. L'examen de cette condition peut offrir des difficultés qui doivent être décidées, d'après les termes de l'acte et qui sont abandonnées à la prudence des juges (1).

La représentation de plusieurs reconnaissances conformes pour suppléer le titre primordial, n'est exigée que lorsque l'acte récognitif n'en relate pas spécialement la teneur. Il est à remarquer que, pour qu'il y ait lieu à cette exception, il faut le concours des deux circonstances, de plusieurs reconnaissances conformes et de la date de trente ans pour l'une d'elles au moins. Le Code, dont la disposition pourrait bien donner lieu à qrelques critiques, est formel sur ce point.

**575.** L'acte de confirmation ou ratification d'une obligation contre laquelle la loi admet l'action en nullité ou en rescision, n'est valable que lorsqu'on y trouve la substance de cette obligation, la mention du motif de l'action en rescision, et l'intention de réparer le vice sur lequel cette action est fondée (art. 1338).

**576.** La confirmation peut être expresse ou tacite. Il s'agit, dans la disposition précitée, de la confirmation expresse. Les précautions de la loi ont ici pour but, comme dans l'article

(1) Toullier T. 8, n° 484.

précédent, de prévenir les erreurs ou les surprises.

**577.** Elles règlent les cas où il s'agit d'un acte émané de nous ou de notre auteur, et non d'un acte fait en notre nom par un tiers. Ce dernier cas est régi par les principes du mandat, auquel ne s'applique par l'article 1338 (1).

**578.** La ratification peut porter sur les formes de l'acte, ou sur la convention elle-même, choses qui ne doivent pas être confondues. Celle des formes de l'acte peut laisser subsister l'action contre les vices de la convention. Mais celle de la convention elle-même emporte la renonciation implicite à faire valoir les vices de forme, puisqu'alors, il n'est plus besoin d'acte (2).

**579.** Parmi les conditions de la confirmation ou ratification, on voit la mention du motif de l'action en rescision. Si l'acte renferme plusieurs vices intrinsèques, la violence et la lésion par exemple, la confirmation motivée sur la renonciation à opposer la violence, n'arrêterait pas l'ac-

---

(1) Toullier, n° 490, etc.
(2) Id. n° 492.

tion fondée sur la lésion. Car les renonciations ne se présument pas (1).

580. La confirmation ou ratification est tacite, lorsque l'obligation est volontairement exécutée après l'époque à laquelle elle pouvait être valablement confirmée ou ratifiée d'une manière expresse (id.).

581. Il résulterait de cette rédaction que la loi ne reconnaît que l'exécution volontaire comme caractère de renonciation tacite, ce qui se concilierait difficilement avec l'article 1115 suivant lequel le vice résultant de la violence ne peut plus être opposé par celui qui a donné à l'acte une approbation même tacite. Mais cette disposition de l'article 1338 ne doit pas être prise trop à la lettre, et je pense qu'une approbation tacite, pourvu qu'elle ne fut pas équivoque, produirait le même effet que l'exécution volontaire (2).

582. Il en est de même du silence gardé pendant dix ans conformément à l'article 1304.

---

(1) Toullier, n° 498.—M. Duranton, n° 1353.
(2) Favard, V° acte recogn. et conf. § 2, n° 3. — M. Duranton, n° 1346 et suiv.

583. L'exécution ne couvre le vice de l'acte que lorsqu'elle a lieu après l'époque où il pouvait être valablement confirmé. S'il s'agit donc, par exemple, d'un acte fait par un mineur, l'exécution volontaire qu'il lui donne, lorsqu'il est parvenu à sa majorité, en couvre le vice. L'exécution antérieure à cette époque serait inefficace. Il faut aussi qu'à l'époque où l'exécution a lieu, le vice en soit connu. C'est, comme nous l'avons vu, le concours de ces conditions qui détermine l'époque à laquelle commence la prescription de l'action en nullité ou en rescision.

584. La confirmation, ratification, exécution volontaire (et même l'approbation tacite) dans les formes et à l'époque déterminées par la loi, emportent la renonciation aux moyens et exceptions que l'on pouvait opposer contre l'acte, sans préjudice néanmoins du droit des tiers (id.)

Ainsi, en ce qui concerne la partie elle-même, la ratification rétroagit au moment de l'acte. Mais les actes passés dans l'intervalle, qui auraient donné à des tiers un droit à la chose objet de la convention ratifiée, sont maintenus. L'acte, à leur égard, n'a d'existence qu'à dater de la ratification.

585. Les nullités d'ordre ou d'intérêt public qui sont absolues, ne sont pas susceptibles d'être couvertes par la ratification. Tel serait un partage d'une succession future. Il en est de même des conventions sans objet ou sans cause. Le même vice entacherait la ratification. Ce n'est donc qu'aux nullités d'intérêt privé ou relatives que s'appliquent les principes qui viennent d'être exposés (1).

586. Il est un acte dont les vices sont irréparables. C'est la donation entre vifs. Nulle en la forme, il faut qu'elle soit refaite en la forme légale (art. 1339). Nous savons déjà que l'importance des actes de libéralité entre-vifs les soumet à des formes solennelles qui ne sont point exigées pour les autres actes et que la possibilité de la ratification permettrait d'éluder.

587. Mais cette disposition a donné lieu à une question des plus intéressantes déjà annoncée (T. 3. nᵒ 627), qui consiste à savoir si les nullités de forme de la donation peuvent être couvertes au moyen de l'exécution volontaire de l'acte par le donateur.

_____

(1) Toullier; T. 8, nᵒ 515 et suiv.—Delvincourt T. 2. p. 602, 603, 604, notes.

On se fonde principalement, pour la résoudre affirmativement, sur les termes même de l'article 1339 qui ne prohibent que la confirmation expresse, et non la ratification tacite résultant de l'exécution volontaire (1). Mais cette opinion me paraît contraire à l'intention de la loi qui ne saurait être d'avoir voulu attribuer plus d'effet à la ratification tacite, qu'à la ratification expresse; et je ne l'admettrais que pour la donation d'objets mobiliers, mais par cette unique raison qu'ils peuvent être manuellement donnés (2).

588. La confirmation ou ratification, ou exécution volontaire d'une donation par les héritiers ou ayant-cause du donateur, après son décès, emporte leur renonciation à opposer soit les vices de forme, soit toute autre exception (art. 1340).

Il peut sembler extraordinaire que les héritiers ou ayant-cause puissent exercer un droit que n'a pas leur auteur. La raison de cette différence vient de ce qu'il ne peut pas être permis au donateur de faire une donation sans les formalités voulues par la loi, tandis que les héritiers

---

(1) Toullier, n° 526.
(2) Sirey, 32—2—III.—M. Duranton, n° 1368.

doivent être autorisés à renoncer à une nullité dont ils pourraient se prévaloir : *Unicuique licet juri in favorem suum introducto renuntiare.*

## SECTION II.

### De la preuve testimoniale.

#### SOMMAIRE.

19

600. *Elle régit le cas où les intérêts* antérieurs à la demande *sont réunis au Capital.*

601. *Une demande supérieure à* 150 *F. ne peut pas être réduite pour faire admettre la preuve.*

602. *Elle n'est pas admissible si la somme demandée est le restant d'une créance excédant* 150 *F. Examen d'une Controverse sur cette disposition.*

603. *De plusieurs demandes qui, réunies, excèdent* 150 *F.*

604. Quid, *si plusieurs demandes sont adressées à plusieurs parties dans la même instance.*

605. *Et si, parmi les demandes, il en est où, par exception, la preuve par témoins est admissible.*

606. *Les demandes diverses qui sont à terme doivent être formées par un seul exploit.*

607. *En cette matière, les héritiers n'ont pas plus de droits que leur auteur.*

608. *Exception à la prohibition, résultant du commencement de preuve par écrit.*

609. *Si l'écrit qui le constitue est désavoué, il doit être préalablement vérifié.*

610. *L'écrit du mandataire sert de commencement de preuve contre le mandant.*

611. *La vraisemblance exigée est laissée à l'appréciation des tribunaux.*

612. *L'acte nul, dans le cas de l'article* 1318, *signé d'une seule partie, peut servir de commencement de preuve.*

613. *Circonstances dans lesquelles il existe sans écrit et même sans fait personnel de la partie.*

614. *L'impossibilité d'avoir une preuve littérale, rend admissible la preuve par témoins. Exemples.*

589. La preuve par témoins est la plus ancienne de toutes les preuves. Car les hommes devaient bien avoir un moyen de constater leurs conventions, avant la découverte de l'écriture. Elle était préférée, à Rome, à la preuve écrite; et il en était de même anciennement en France, où l'on avait admis la maxime : *Témoins passent lettres.* Mais les abus de cette preuve laissée à la merci des hommes, qu'il n'est que trop facile de séduire ou d'égarer, s'étant fait sentir, l'ordonnance de Moulins, de 1566, restreignit son admissibilité aux choses qni n'excédaient pas cent livres : disposition que confirma l'ordonnance de 1667.

590. Les principes du Code sont un peu moins sévères. Il veut qu'il soit passé acte devant notaire ou sous signature privée, de toutes choses excédant la somme ou valeur de cent cinquante francs, même pour dépôts volontaires (art. 1341).

591. Il faut bien entendre ce que la loi a voulu dire par ces mots *toutes choses.* C'est aux conventions qui obligent, ou qui libèrent qu'ils s'appliquent, aux circonstances que ne constituent pas des faits matériels, appréciables, et que peut

constater la seule parole des parties. Mais ils ne reçoivent pas d'application aux faits qui tombent sous les sens, qui peuvent être prouvés par des témoins, lors même qu'il en résulterait un avantage bien supérieur à cent cinquante francs, comme si, par exemple, il s'agissait de la possession d'un immeuble. D'ailleurs, l'admissibilité de la preuve orale est la règle ; l'inadmissibilité, l'exception. Elle doit donc être restreinte, plutôt qu'étendue (1).

592. Il est des cas où cette preuve ne peut pas être admise, même pour une valeur inférieure à cent cinquante francs. C'est lorsqu'il s'agit de bail non écrit (art. 1715), ou bien d'actes qui ne peuvent être faits qu'en la forme authentique, tels que les donations, les constitutions d'hypothèques et autres.

593. La régle qui défend la preuve testimoniale, au-dessus de cent cinquante francs, a été considérée par un auteur grave, comme d'ordre public, et il en a conclu que les tribunaux, sous peine de violer la loi, ne peuvent pas l'admettre, même lorsque toutes parties ne s'y opposent pas, ou y consentent (2). Mais cette

---

(1) Toullier T. 9. n° 26 et suiv.
(2) Toullier, n° 36 et suiv.

opinion repose sur une base inexacte. Car la
prohibition est toute dans l'intérêt privé , et non
dans l'intérêt général (1). Il s'ensuit que le consentement des parties peut la laisser sans application.

594. Anciennement , on n'accordait pas foi
entière à la déposition d'un seul témoin. Elle
n'avait que la force d'une demi preuve. Aujour-
d'hui, la loi ne prescrit rien sur ce point. Elle
s'en remet aux tribunaux qui peuvent trouver
une preuve complète dans une seule déposition ,
et ne pas la voir dans un grand nombre de témoignages. Car l'enquête ne lie pas le juge (2).

595. Les tribunaux ne sont pas tenus d'admettre les preuves offertes , même dans les limites de la loi. Ils ont , à cet égard , un pouvoir
discrétionnaire qu'ils exercent, suivant les circonstances.

596. La question d'admissibilité de la preuve
tient au fond du droit , et non pas à la forme de
procéder. Il s'ensuit que , sur cette admissibilité, c'est la loi en vigueur à l'époque de la con-

---

(1) M. Duranton n° 1388
(2) Toullier n° 322—Favard V° Preuve §. 2 n° 2 etc. et

vention, et non à celle de l'offre en preuve, qu'il faut consulter (1).

596. Il n'est reçu aucune preuve par témoins contre et outre le contenu aux actes, ni sur ce qui serait allégué avoir été dit avant, lors ou depuis les actes, encore qu'il s'agisse d'une somme ou valeur moindre de cent cinquante francs (art. 1341). Cette disposition est la consé-quence du principe qui consacre la foi due aux actes.

597. Cela ne veut pas dire que s'il s'agissait d'une valeur inférieure à cent cinquante francs, dont l'obligation serait constatée par acte, la preuve par témoins de la libération serait inad-missible. La loi n'a voulu prohiber que ce qui tendrait à modifier la convention écrite ; et tel n'est pas le fait du paiement qui, bien loin de détruire l'existence du prêt, la confirme (2).

598. Mais ce n'est qu'aux personnes qui ont été parties dans les actes que cette prohibition s'applique. Elle ne concerne pas les tiers qui

---

(1) Merlin Rep. V° preuve.—Toullier n° 44, notes—M. Duranton n° 1370 etc. et

(2) Delvincourt T. 2. P. 623, notes—Cà Favard V° preuve §. 1. n° 7.

n'ont pas eu les moyens de se procurer une preuve écrite de la vérité des faits (1).

599. Une exception aux principes de l'article 1341 est consacrée, par sa dernière disposition, pour les matières commerciales. La célérité et la bonne foi réunies, étant l'âme des transactions de cette nature, l'article 109 du Code de commerce permet la preuve testimoniale, au-dessus de cent cinquante francs.

600. Plusieurs dispositions de la loi ont pour objet d'empêcher que la défense de prouver par témoins, au-delà de cent cinquante francs, soit éludée. La prohibition s'applique au cas où l'action contient, outre la demande du capital, une demande d'intérêts qui, réunis au capital, excèdent la somme de cent cinquante francs (art. 1342). Mais cette disposition ne s'applique qu'au cas où les intérêts sont échus avant la demande, et non aux intérêts qui courent depuis, et que la demande conserve au créancier, quoiqu'il y soit statué en même temps, et par la même disposition que sur le capital (2).

601. Celui qui a formé une demande excédant

(1) M. Duranton n° 1394.
(2) M Duranton n° 1377 etc.

cent cinquante francs ne peut plus être admis
à la preuve testimoniale, même en restreignant
sa demande primitive (1343). La raison de cette
règle, qui a été trouvée trop rigoureuse (1), est
que le demandeur doit être puni, pour ne s'être
pas conformé à la loi qui exige que toute obligation excédant cent cinquante francs soit constatée par acte.

602. Par une conséquence de la même règle,
la preuve testimoniale, sur la demande d'une
somme, même moindre de cent cinquante francs,
ne peut être admise, lorsque cette somme est
déclarée être le restant, ou faire partie d'une
créance plus forte, qui n'est point prouvée par
écrit (art. 1344). Quelques auteurs (2) ont cru
que, pour que cette disposition sévère soit appliquée, il faut que la demande contienne la
déclaration qu'elle a pour objet le restant d'une
somme excédant cent cinquante francs; et que
conséquemment, si cette circonstance n'est pas
mentionnée, quoiqu'elle existe, la preuve testimoniale peut être admise; mais ce subterfuge
est rejeté par l'ensemble et par l'esprit de la
loi (3).

---

(1) Toullier n° 42, 43.
(2) Maleville art. 1344—M. Duranton n° 1383.
(3) Toullier n° 45.

**603.** Si, dans la même instance, une partie fait plusieurs demandes, dont il n'y ait point de titre par écrit, et que, jointes ensemble, elles excèdent la somme de cent cinquante francs, la preuve par témoins n'en peut être admise, encore que la partie allègue que ces créances proviennent de différentes causes, et qu'elles se soient formées en différents temps; si ce n'était que ces droits procédassent par succession, donation ou autrement, de personnes différentes (art. 1345).

**604.** Il est bien évident que cet article ne s'applique qu'au cas où les diverses dettes émanent de la même partie, et non à celui où plusieurs demandes seraient adressées à plusieurs parties, quoique dans la même instance.

**605.** Il n'est pas moins certain que si, parmi les demandes faites à une seule partie, dont la réunion excède cent cinquante francs, il en est qui soient dans les exceptions qui font admettre la preuve testimoniale (art. 1347, 1348), de telle manière que les autres se trouvent inférieures à cent cinquante francs, la preuve par témoins est admissible (1).

_____

(1) M. Duranton nº 1385

**606.** Enfin, toutes les demandes, à quelque titre que ce soit, qui ne seront pas entièrement justifiées par écrit, seront formées par un même exploit, après lequel, les autres demandes dont il n'y aura point de preuves par écrit, ne seront pas reçues (art. 1346).

On admet généralement que cette disposition ne s'applique pas au cas où la seconde créance n'était pas exigible, lorsque la demande de la première a été formée. Il est, en effet, impossible de comprendre, dans l'exploit, cette seconde créance. La même exception résulte aussi de ce que les deux demandes devraient être portées devant des tribunaux différens (1).

**607.** La division entre héritiers d'une créance excédant cent cinquante francs, n'autoriserait pas chacun d'eux, créancier d'une somme inférieure à cette valeur, à offrir la preuve testimoniale. La position et les droits du débiteur ne doivent pas changer par le décès du créancier; et les héritiers ne peuvent pas exercer plus de droits que leur auteur. Il suit de là que si le créancier de deux sommes de cent cinquante francs chacune, laisse deux héritiers,

---

(1) Toullier n° 50—Favard Vᵒ Prcuve §. 1. n° 14—M. Duranton n° 1387.

aucun d'eux ne sera admis à la preuve testimoniale. Ce n'est, en effet, que dans le cas où les
diverses créances proviennent de personne différentes, que la preuve par témoins peut être
admise. L'opinion contraire se fonde sur ce qu'il
s'agit de deux créances diverses qui, dans leur
principe, n'excédaient pas cent cinquante francs,
dont chacune, par conséquent, était originairement susceptible d'être prouvée par témoins
et sur ce que la prohibition *qui était personnelle*
a cessé par la division entre héritiers; dont
chacun ne peut demander que sa part (1). Ce
raisonnement doit céder à cette incontestable et
simple observation, que les représentans ne
doivent pas avoir, réunis, des droits que la loi
refusait au représenté.

**608.** Les règles qui défendent la preuve testimoniale au dessus de cent cinquante francs
reçoivent exception, lorsqu'il existe un commencement de preuve par écrit. On appèle ainsi,
tout acte par écrit qui est émané de celui contre
lequel la demande est formée, ou de celui qu'il
représente, et qui rend vraissemblable le fait
allégué (art. 1347).

---

(1) Toullier n° 52.

La loi a dû se montrer moins sévère, lorsqu'il a été question de compléter la preuve, que lorsqu'il faut la faire tout entière. Ainsi, trois conditions sont nécessaires pour qu'elle reçoive son application ; 1° un écrit quelconque; 2° qu'il soit émané de la partie à laquelle l'obligation est attribuée, (nous avons vu une exeption à cette nécessité dans les articles 1329, 1335 et 1336;) 3° que cet écrit rende vraisemblable l'existence du fait dont la preuve est offerte.

**609.** Si l'écrit est désavoué par celui auquel on l'oppose, la vérification doit en être préalablement ordonnée. Jusques là, il ne peut pas même servir de commencement de preuve par écrit (1).

**610.** L'acte du mandataire qui a représenté le mandant et que celui-ci représente à son tour peut servir de commencement de preuve par écrit (2).

**611.** L'appréciation de la troisième condition est laissée au discernement des tribunaux, et la jurisprudence offre, sur ce point, de nombreux exemples.

---

(1) Danty sur Boiceau liv. Ch. 1, n° 1.—Cà Toullier n° 64.
(2) Toullier n° 67.

**612.** L'acte qui serait nul dans le cas de l'article 1318, et qui ne serait signé que par l'une des parties pourrait évidemment servir contre elle de commencement de preuve par écrit (1).

**613.** Les mots *émanés de celui etc.* qu'on lit dans l'article 1347, ne veulent pas dire qu'il faut nécessairement que l'écrit soit de la main de la partie. Ainsi, il est reconnu que l'aveu même non signé de la partie dans un interrogatoire sur faits et articles, son silence ou son refus de répondre, peuvent servir de commencement de preuve par écrit, quelquefois même de preuve complète ( art. 330 cod. de procéd. ). (2).

Le même effet peut être produit par les déclarations consignées dans un procès-verbal de non conciliation (3), et par celles des parties ou des avoués dans les actes produits en justice (4).

**614.** Il y a encore exception à la prohibition de la preuve par témoins, toutes les fois qu'il

---

(1) Toullier n° 87 , 88.
(2) id. n° 116 et suiv.
(3) id. n° 119 et suiv.
(4) id. n° 126.

n'a pas été possible au créancier de se procurer une preuve littérale de l'obligation qui a été contractée envers lui (art. 1348).

La loi applique cette exception 1º aux obligations qui naissent des quasi-contrats ou des délits ou quasi-délits (id.).

Les quasi-contrats sont les faits purement volontaires dont il résulte un engagement (art. 1371). Je citerai pour exemple, la gestion des affaires d'autrui, à l'insu du propriétaire. Celui-ci qui dès lors a été dans l'impossibilité d'avoir une preuve littérale contre le gérant, sera admis à prouver par témoins les circonstances de la gestion.

Les délits et les quasi-délits sur lesquels j'aurai à insister dans le titre suivant, sont les faits plus ou moins graves de l'homme qui préjudicient à autrui (art. 1382). Il n'est pas possible de se procurer une preuve littérale d'un fait presque toujours imprévu et qu'on n'a pas pu empêcher.

2º Aux dépôts nécessaires faits en cas d'incendie, ruine, tumulte ou naufrage, et à ceux faits par les voyageurs en logeant dans une hotellerie, le tout suivant la qualité des personnes, et les circonstances du fait (art. 1348). C'est donc aux tribunaux que, dans ces divers cas, la loi s'en remet pour l'appréciation des circonstances.

3° Aux obligations contractées en cas d'accidens imprévus, où l'on ne pourrait pas avoir fait des actes par écrit (id.). Ceci comprend tous les évènemens inopinés, heureux ou malheureux que peuvent présenter les chances de la vie. Ces cas sont infiniment nombreux et ne peuvent pas être déterminés.

4° Enfin, au cas où le créancier a perdu le titre qui lui servait de preuve littérale, par suite d'un cas fortuit, imprévu et résultant d'une force majeure (id.) Le demandeur doit d'abord prouver le cas fortuit résultant d'une force majeure, comme un incendie, un pillage; ensuite, l'existence du titre et sa perte par la force majeure. Des présomptions graves et concordantes peuvent constater les circonstances. Des témoins *de visu* ne sont pas toujours nécessaires, et quelquefois la vraisemblance peut suffire (1).

Quoiqu'il ne s'agisse, dans la dernière disposition de l'article 1348, que du titre perdu par le créancier, il est juste de l'appliquer au débiteur qui prétendrait avoir perdu la preuve écrite de sa libération (2).

---

(1) Toullier, n° 209 et suiv.
(2) Favard, V° preuve, § 1. n° 29.—M. Duranton, n° 1241.

## SECTION III.

*Des présomptions.*

SOMMAIRE.

**615.** Les présomptions sont des conséquences que la loi ou le magistrat tire d'un fait connu à un fait inconnu (art. 1349). Les premières sont les présomptions légales, les secondes celles qui sont abandonnées aux lumières des magistrats.

Le Code s'occupe dans cette section, divisée en deux paragraphes, des unes et des autres.

616. La présomption légale est celle qui est attachée par une loi spéciale à certains actes ou à certains faits; tels sont 1° les actes que la loi déclare nuls, comme présumés faits en fraude de ses dispositions, d'après leur seule qualité; telle est la donation faite au père d'un incapable (art. 911); 2° les cas dans lesquels la loi déclare la propriété ou la libération résulter de certaines circonstances déterminées, comme celui de la prescription (art. 2262), de mitoyenneté d'un mur (art. 654), de la remise du titre original (art. 1282); 3° l'autorité que la loi attribue à la chose jugée dont il est question à l'article suivant; 4° la force que la loi attache à l'aveu de la partie ou à son serment dont il sera traité dans les sections 4 et 5 (art. 1350).

617. Les présomptions légales se divisent en présomptions *juris et de jure*, et en présomptions *juris tantum*. Aucune preuve n'est admise contre les premières; telle est celle qu'établit l'article 1282. Les secondes peuvent être détruites par la preuve contraire, comme dans le cas de l'article 1283.

618. L'autorité de la chose jugée n'a lieu

20

qu'à l'égard de ce qui a fait l'objet du jugement. Il faut que la chose demandée soit la même, que la demande soit fondée sur la même cause; que la demande soit entre les mêmes parties et formées par elles et contre elles en la même qualité (art. 1351).

Cette présomption légale est fondée sur la maxime considérée comme d'ordre public : *Res judicata pro veritate habetur.* Mais elle ne peut exister que par le concours des circonstances que la loi détermine.

**619.** On remarque notamment qu'il faut que la demande soit fondée sur la même cause. Ainsi, je vous demande mille francs pour prix d'un meuble que je vous ai vendu et mon action est rejetée. Je n'en ai pas moins le droit de vous demander mille francs que je vous ai prêtés. Il n'y a pas chose jugée.

La demande doit être entre les mêmes parties : *Res inter alios judicata alteri neque nocere neque prodesse potest.*

**620.** Elle doit être formée en la même qualité. Un tuteur agissant en cette qualité, réclame le paiement d'une somme, et il succombe. Il forme ensuite la même demande en son nom personnel. La présomption légale ne la repousse pas.

**621.** La chose jugée ne produit pas son effet de plein droit ; et la partie qui a obtenu le jugement peut renoncer à s'en prévaloir. Il faut donc qu'elle soit proposée, et elle ne peut pas être suppléée d'office par le juge (1).

**622.** Cette présomption est fondée sur le droit civil et non sur le droit des gens. Il s'ensuit qu'elle ne résulte pas, avec tous ses effets, des jugemens rendus en pays étranger (2).

**623.** L'autorité de la chose jugée reçoit exception dans le cas où celui qui aurait été condamné à payer une somme, retrouve, après le jugement, la quittance qui avait été égarée. La condamnation ne peut plus avoir d'effet, à moins que l'exception de paiement n'ait été produite et rejetée (3).

**624.** La présomption légale dispense de toute preuve celui au profit duquel elle existe. Nulle preuve n'est admise contre la présomption de la loi, lorsque, sur le fondement de cette présomption, elle annule certains actes ou dénie l'action en justice, à moins qu'elle n'ait réservé

---

(1) Toullier T. 10. n° 73. et suiv.

(2) id.— n° 76.

(3) id— n° 126, 127— Merlin Rep. V°. succession Sᵒᵘ 1. §. 2. art. 3.

la preuve contraire, et sauf ce qui sera dit sur le serment et l'aveu judiciaires (art. 1352.)

**625.** La seconde disposition de cet article, en attribuant un effet qui n'est pas donné à d'autres, à certaines présomptions, prouve donc bien que le Code a conservé, comme nous l'avons déjà vu, l'ancienne distinction entre les présomptions *juris et de jure* et les présomptions, *juris tantùm.* Elle s'applique, par exemple, au cas de personnes interposées ou de dette de jeu. Mais il a déjà été établi qu'ici la loi n'est pas restrictive. Car la preuve contraire n'est pas admise, par exemple, dans le cas de l'article 1382, quoiqu'il ne soit pas compris dans la précision de l'article 1352. Au reste, il n'est pas sans difficulté de bien classer les présomptions qui permettent ou qui ne permettent pas la preuve contraire. C'est aux tribunaux d'apprécier, à cet égard, les termes ou l'esprit de la loi.

**626.** Il ne faut pas conclure des derniers mots de l'article 1352 *sauf ce qui sera dit sur le serment et l'aveu judiciaire,* que la présomption légale peut toujours être détruite par le serment ou par l'aveu. Nous retrouverons le vrai sens de ces expressions, en examinant les sections 4 et 5 de ce chapitre.

## § II.

*Des présomptions qui ne sont pas établies
par la loi.*

### SOMMAIRE.

627. *Conditions que ces présomptions appelées* humaines *doivent réunir, pour être admises.*
628. *Cas où elles sont admissibles.*
629. *Effets, en cette matière du dol et de la fraude.*

**627.** Les présomptions qui ne sont point établies par la loi, sont abandonnées aux lumières et à la prudence du magistrat, qui ne doit admettre que des présomptions graves, précises et concordantes, et dans les cas seulement où la loi admet les preuves testimoniales, à moins que l'acte ne soit attaqué pour cause de fraude ou de dol (art. 1353).

Cette disposition fait connaître les caractères que doivent réunir ces présomptions qui, par opposition aux présomptions légales, sont appelées humaines, les cas où elles sont admissibles et les exceptions que reçoit la règle générale à cet égard.

L'appréciation des présomptions qui ne sont point établies par la loi est toute dans le domaine de l'interprétation, et les juges sont souverains à cet égard. Leurs décisions échappent donc à la

censure de la Cour de cassation. Cependant la
loi serait méconnue, et il pourrait y avoir ouverture à cassation, si une seule présomption servait de base à un jugement (1).

**628.** Ce n'est, en règle générale, que dans
les cas où la loi admet la preuve testimoniale, que
ces présomptions sont reçues, c'est-à-dire qu'il
faut, par exemple, qu'il soit question d'une somme ou valeur qui n'excède pas 150 francs.

**629.** Mais, quelle que fut la valeur du litige,
si l'acte est attaqué pour cause de fraude ou de
dol, les présomptions humaines sont admissibles. Il est rare, en effet, que, dans des cas
semblables, il existe des preuves écrites. La même
exception s'applique à la preuve testimoniale ; et
l'on peut dire, en un mot, que cette espèce de
preuve et les présomptions humaines sont, en ce
qui concerne leur admissibilité, soumises aux mêmes règles.

## SECTION IV.

### De l'aveu de la partie.

#### SOMMAIRE.

630. *Il peut être extra-judiciaire ou judiciaire.*
631. *Ce qu'il faut pour que l'aveu extra-judiciaire puisse être prouvé.*

---

(1) Toullier T. 10 n° 21 et suiv.

**630.** L'aveu que fait la partie, de l'obligation dont l'exécution lui est demandée est la plus sûre, la plus complète des preuves. Il peut être extra-judiciaire ou judiciaire (art. 1354). Il est extra-judiciaire lorsqu'il est fait hors justice ; judiciaire lorsqu'il est fait en justice et dans le cours d'un procès.

**631.** L'allégation d'un aveu extra-judiciaire purement verbal est inutile, toutes les fois qu'il s'agit d'une demande dont la preuve testimoniale ne serait point admissible (art. 1355). S'il en était autrement, la règle prohibitive de la preuve testimoniale pourrait être trop facilement éludée. Je reviendrai sur cette sorte d'aveu à propos du principe de l'indivisibilité de l'aveu judiciaire.

**632.** L'aveu judiciaire est la déclaration que fait en justice la partie ou son fondé de pouvoir spécial. Il fait pleine foi contre celui qui l'a fait. Il ne peut être divisé contre lui. Il ne peut être révoqué, à moins qu'on ne prouve qu'il a été la suite d'une erreur de fait. Il ne pourrait être révoqué sous prétexte d'une erreur de droit (art. 1356).

Chacune des dispositions de ce texte important mérite des observations particulières.

**633.** Celle qui exige que l'aveu soit fait en justice ne doit pas être trop prise à la lettre. Car il est reconnu qu'elle s'applique à un aveu fait dans un procès-verbal de non conciliation devant le juge de paix (1).

**634.** Si l'aveu est fait devant un tribunal incompétent à raison de la matière, il n'est pas judiciaire. Mais il a ce caractère si l'incompétence est seulement à raison de la personne (2).

**635.** L'aveu peut être fait par un fondé de

---

(1) Toullier n° 271, 272— M. Duranton des contr. n° 1469.

(2) Merlin Rep. V° confession etc.

pouvoir. Mais pour qu'il lie la partie, ce pouvoir doit être spécial. Il ne résulterait pas du mandat de défendre donné à l'avoué ou à l'avocat. Pour lui ôter tout effet, dans ce cas, il suffirait du désaveu fait conformément aux articles 352 et 353 du Code de procédure (1).

**656.** Se fondant sur les principes généraux du consentement, quelques auteurs ont écrit que l'aveu n'était irrévocable que lorsqu'il avait été accepté par l'autre partie (2). Mais l'aveu est un fait, un élément du procès qu'il ne peut plus dépendre de celui de qui il émane de mettre au néant (3). D'ailleurs ne peut-on pas dire que, correspondant à la demande, il constate, comme le consentement, le concours de deux volontés?

**657.** L'aveu fait foi contre son auteur. Il ne suit pourtant pas de là qu'il puisse servir de base à un jugement dans les affaires qui intéressent l'ordre public. Ainsi, par exemple, l'aveu du défendeur en séparation de corps ne suffirait pas pour la faire prononcer; et un aveu de dette envers un incapable de recevoir, serait, en gé-

---

(1) Toullier n° 293 etc.
(2) Merlin Rep. T. 17. n° 452— Toullier n° 187. et suiv.
(3) Dalloz T. 10. p. 756 n° 4.

néral, insuffisant pour en faire ordonner le paiement.

**658.** Sa force est assimilée à celle de la chose
jugée. Mais aussi, il ne peut pas être divisé contre
celui qui l'a fait, ce qui veut dire que celui
qui, assigné en exécution d'une obligation
dénuée de preuve, en reconnaît l'existence, mais
déclare en même temps qu'il l'a acquittée en
tout ou en partie, doit obtenir une entière
créance.

**659.** Le silence d'une partie sur une interpellation qui lui est adressée par l'autre, ou son
omission d'y répondre, ne doivent pas être re-
gardés comme un aveu. Il faut pour que, dans
ces cas, l'aveu existe, que l'interpellation émane
de la justice (1).

**640.** Le principe de l'indivisibilité de l'aveu
s'applique-t-il à l'aveu extra-judiciaire? Pour la
négative, on se fonde sur la précison de l'article
1356 qui ne mentionne que l'aveu judiciaire.
Mais la raison de décider pour l'aveu extra-judiciaire légalement constaté, n'est-elle pas la même que pour l'aveu judiciaire, et la preuve, dans
un cas, n'est-elle pas de la même nature et aussi

---

(1) Merlin Rep. V° Partage §. 11.— Toullier n° 299. etc.

complète que dans l'autre? C'est là du moins ce qui a été décidé par la Cour de cassation (1).

**641.** Suite d'une erreur de fait, l'aveu peut être révoqué. Il manque alors de consentement réel et de cause. Mais l'erreur de droit n'en opère pas la révocation, soit parce que nul n'est censé ignorer la loi, soit parce que, dans ce cas, il est causé par une obligation naturelle qui, quoiqu'elle n'engendre pas d'action civile, n'en est pas moins susceptible d'effet. C'est une exception déjà annoncée (n° 33) à la règle qui attribue les mêmes effets à l'erreur de droit qu'à l'erreur de fait.

## SECTION V.

### *Du serment.*

#### SOMMAIRE.

642. *Définition du serment. Du serment judiciaire.*
633. *Du serment extra-judiciaire.*
644. *Il n'est assujetti à aucune formule.*

**642.** Le serment est un acte civil et religieux à la fois par lequel on prend la Divinité à témoin de la vérité d'un fait.

Le serment judiciaire est de deux espèces : 1° Celui qu'une partie défére à l'autre pour en faire dépendre le jugement de la cause : Il est appelé

---

(2) Sirey 1808.—1—435.

*décisoire*; 2° Celui qui est *déféré d'office par le juge* à l'une ou à l'autre des parties ( art. 1357).

**643.** Cette loi ne mentionne que le serment judiciaire. Cependant il peut être aussi extra-judiciaire. Tel est notamment celui qu'une partie défère à l'autre devant le juge de paix, au bureau de conciliation. Le juge de paix le reçoit, ou fait mention du refus de le prêter. Au premier cas, le procès-verbal du juge a force d'obligation privée. Au second cas, le serment doit être déféré de nouveau devant le tribunal saisi du fond (art. 54 et 55 du cod. de procéd.).

**644.** Anciennement, la formule du serment était exprimée. Elle ne l'est plus aujourd'hui.

## § I.

### *Du serment décisoire.*

#### SOMMAIRE.

**645.** Le serment décisoire peut être déféré sur quelque espèce de contestation que ce soit (art. 1358), et même, sur une partie, sur un objet spécial du procès, comme sur le tout.

Cette disposition est conçue en termes trop généraux. Car le serment ne peut pas être déféré lorsque la loi libère où condamne sans permettre l'examen des circonstances, comme dans les cas où la prescription ou l'autorité de la chose jugée sont opposées, dans ceux où il s'agirait d'une dette de jeu. Il ne peut pas l'être non plus, lorsque les formes sacramentelles qu'exige la loi pour certains actes, n'ont pas été observées, comme s'il s'agissait de donation ou de constitution d'hypothèque qui ne seraient pas justifiées par des actes authentiques (1).

**646.** Le serment peut être déféré contre un acte authentique. Cette opinion doit être embrassée d'une manière absolue, sans qu'il y ait lieu de distinguer, ainsi que l'ont fait quelques auteurs (2), si la voie de l'inscription de faux a été ou n'a pas été prise (3).

**647.** Le serment contient une transaction. Il s'ensuit que pour le déférer ou l'accepter, il faut avoir la capacité de disposer de la chose objet du litige.

**648.** Il ne peut être déféré que sur un fait personnel à la partie à laquelle on le défère (art. 1359). Au surplus, il importe peu que celui auquel il est déféré ait agi pour son propre compte ou pour autrui. Le serment peut donc être déféré à un mandataire, à un tuteur, comme à la partie elle-même.

**649.** Le but de la loi est rempli, lorsque le serment est déféré aux héritiers, non pas sur le

---

(1) Delvincourt T. 2. p. 629. notes M. Duranton no 1478 et suiv.

(2) Delvincourt loc. cit· M. Duranton n° 1484.

(3) Toullier n° 380 etc.

fait lui même, mais sur la connaissance qu'ils en peuvent avoir. Les articles 2275 du Code civil et 189 du Code de commerce en offrent des exemples (1).

650. Il peut être déféré en tout état de cause, et encore qu'il n'existe aucun commencement de preuve de la demande ou de l'exception sur laquelle il est provoqué (art. 1360).

Ainsi, le serment décisoire peut être déféré en cause d'appel, comme en première instance. Mais il ne peut l'être à celui qui a déjà prouvé complètement sa demande ou son exception, en ce sens, qu'il doive, alors être réputé décisoire, et que les juges soient tenus de le déférer. Dans ce cas, il n'est plus que supplétif, et les juges sont libres de l'ordonner ou non, selon les circonstances (2).

651. Celui auquel le serment est déféré, qui le refuse, ou ne consent pas à le référer à son adversaire, ou l'adversaire à qui il est référé, et qui le refuse, doit succomber dans sa demande ou dans son exception (art. 1361).

La loi respecte ici les motifs particuliers ou

---

(1) Toullier n° 372.— M. Duranton n° 1486.
(2) Sirey 11—1. —48.— Toullier n° 401, 405—Cà M. Durauton n° 1595, 1496.

les scrupules de conscience de la partie qui répugne à la prestation du serment, en l'autorisant à y soumettre la partie qui a subordonné la décision du procès à ce genre de preuve. Cette dernière n'a pas à se plaindre d'être assujettie à l'emploi du moyen dont elle a fait choix elle-même.

652. Mais le serment ne peut être référé, quand le fait qui en est l'objet n'est point celui des deux parties, et est purement personnel à celui auquel le serment a été déféré (art. 1362).

Les faits personnels sont, en effet, les seuls qu'on puisse attester par la religion du serment. S'il avait un autre objet, il ne présenterait pas une garantie suffisante à la justice.

653. Le serment offre une preuve complète, irrévocable. Car, lorsqu'après avoir été déféré, ou référé, il a été fait, l'adversaire n'est point recevable à en prouver la fausseté (art. 1363), même en s'inscrivant en faux contre les faits sur lesquels il a été prêté (1).

654. Mais la disposition citée ne régit que les intérêts privés, et ne fait pas obstacle aux poursuites que le ministère public peut intenter contre

---

(1) Sirey 28—2—176.

celui qui a fait un faux serment, conformément
à l'article 366 du Code pénal.

**655.** La question de savoir si, après la condamnation prononcée, sur les poursuites du
ministère public, la partie peut être indemnisée
des suites du faux serment, est controversée.
La négative est fondée sur ce que la prestation
du serment n'étant que l'exécution de la convention judiciaire faite entre les parties, le juge n'a
dû apprécier que le fait et non la vérité du serment, toujours présumée par la loi (1). L'opinion
contraire, qui me semble préférable, repose sur
ce que l'action ou l'exception de dol doit être
accordée à la partie lésée par un faux serment,
lorsque le dol est démontré (2). D'ailleurs,
toutes les opinions s'accordent à reconnaître,
que si le serment a été prêté par suite d'un dol
personnel qui a amené la partie à le déférer,
comme serait la soustraction du titre, celui qui
qui l'a déféré peut se faire restituer (3).

**656.** La partie qui a déféré, ou référé le serment, ne peut plus se retracter, lorsque l'adversaire a déclaré qu'il est prêt à faire ce serment

---

(1) Toullier n° 389.
(2) M. Duranton n° 1502 etc.
(3) Toullier n° 390.

21

(art. 1364). Il y a alors concours de deux volontés, et il est intervenu un contrat. Il suit de là, que jusqu'à cette déclaration, la rétractation serait permise. Rien n'empêche qu'après avoir été retracté, le serment soit déféré une seconde fois. Il n'en était pas ainsi sous l'empire des lois romaines ; mais la prohibition ne se trouve plus dans le Code (1).

657. Le serment ne forme preuve qu'au profit de celui qui l'a déféré, ou contre lui, et au profit de ses héritiers et ayant-cause, ou contre eux. Néanmoins, le serment déféré par l'un des créanciers solidaires au débiteur, ne libère celui-ci que pour la part de ce créancier. Le serment déféré au débiteur principal libère également les cautions. Celui déféré à l'un des débiteurs solidaire profite aux codébiteurs, et celui déféré à la caution profite au débiteur principal. Dans ces deux derniers cas, le serment du codébiteur solidaire ou de la caution ne profite aux autres codébiteurs, ou au débiteur principal, que lorsqu'il a été déféré sur la dette, et non sur le fait de la solidarité ou du cautionnement (art. 1365).

Les diverses dispositions de cet article ne sont que l'application de principes déjà connus.

---

(1) Toullier n° 367—Cà M. Duranton n° 1500.

Nous savons déjà, en effet, que le serment décisoire est une convention, et qu'on ne peut s'engager que pour soi, ses héritiers et ayant-cause (art. 1119, 1122); qu'un créancier solidaire peut bien recevoir la dette entière; mais qu'il n'en peut faire la remise (art. 1198) qui résulterait indirectement du serment déféré ; que la caution ne peut plus être obligée, après que le débiteur principal a cessé de l'être; et que le paiement fait par l'un des débiteurs solidaires libère tous les autres ; de même que le paiement fait par la caution libère le débiteur principal. La dernière disposition de l'article cité établit une distinction toute rationnelle, et que le bon sens eût suppléée.

## § II.

### *Du serment déféré d'office.*

#### SOMMAIRE.

664. *Déféré en première instance à une partie, il peut, en appel, être déféré à l'autre.*
665. *Il doit être déféré sur un fait personnel, et il ne peut pas l'être aux héritiers.*
666. *Du serment* in litem.
667. *Il ne peut être déféré qu'au demandeur. Exception.*
668. *Il peut l'être à l'héritier du propriétaire dépouillé.*
669. *La fausseté peut en être prouvée.*

**658.** Le juge peut déférer à l'une des parties le serment, ou pour en faire dépendre la décision de la cause, ou seulement pour déterminer le montant de la condamnation (art. 1366). Le premier est appelé, en jurisprudence, *serment supplétif,* le second, *serment in litem.*

**659.** Le serment déféré d'office par le juge, diffère essentiellement du serment décisoire. Ce dernier résulte d'une convention entre parties, que la justice ne fait que sanctionner, et qui est irréfragable; le second résulte d'une décision judiciaire susceptible d'être réformée avant son exécution, selon les circonstances, par une juridiction supérieure. Le tribunal qui l'a ordonné peut même rétracter sa décision, si, avant la prestation, la fausseté des faits que le serment devait affirmer est constatée, sans qu'il y ait contravention à la chose jugée (1)

(1) Sirey 24—1—141.

**660.** Tandis qu'en règle générale, la fausseté du serment décisoire ne peut pas être prouvée, celle du serment déféré d'office est susceptible de l'être; car le Code ne contient aucune disposition qui l'empêche (1).

**661.** Le serment d'office, à la différence du décisoire, ne peut pas être référé à l'autre partie (art. 1368). La raison en est que le juge, pour le déférer, a choisi celle des parties qui lui a paru mériter le mieux sa confiance, et qu'il ne doit pas dépendre de l'autre partie de changer cette décision. D'ailleurs, pour qu'il fût *référé*, c'est au juge lui-même que le serment devrait être renvoyé, ce qui est inadmissible.

**662.** Le serment décisoire peut être déféré, sans qu'il y ait de commencement de preuve par écrit. Mais la loi ne permet pas au juge de s'en remettre, d'une manière absolue, à la conscience des plaideurs. Le serment d'office ne peut être déféré, soit sur la demande, soit sur l'exception, que sous les deux conditions suivantes; il faut, 1° que la demande ou l'exception ne soit pas pleinement justifiée; 2° qu'elle ne soit totalement dénuée de preuves. Hors ces deux

---

(1) Toullier n° 426 etc.

cas, le juge doit, ou adjuger, ou rejeter purement et simplement la demande (art. 1367). Au premier cas, le serment serait superflu; au second cas, il n'est par arbitrairement ordonné.

663. On a bien posé quelques règles pour l'exercice de cette faculté laissée au juge, et pour déterminer les cas dans lesquels le serment doit être déféré, tantôt au demandeur, tantôt au défendeur (1). Mais le silence du Code à cet égard, laisse la question à l'appréciation des tribunaux dont les décisions, sur ce point, seraient peu susceptibles de cassation. Cependant les écrits authentiques ou privés, fesant pleine foi, d'après les articles 1319, 1320 et 1322, un tribunal ne pourrait ordonner en outre le serment, sans contrevenir à la loi (2).

664. Les juges n'étant pas liés par le jugement qui défère le serment, comme nous venons de le voir, il s'ensuit qu'en cause d'appel, il peut être déféré à la partie autre que celle qui y avait été soumise en première instance (3).

665. Comme le serment décisoire, le serment supplétif ne peut être déféré que sur un fait

_____

(1) Toullier n° 412.—M. Duranton n° 1517
(2) Toullier n° 403.
(3) Toullier n° 424—M^r Duranton n° 1522.

personnel, ou du moins, sur un fait dont la
partie a personnellement connaissance. Mais, à
la différence du serment décisoire, il ne peu
pas être déféré aux héritiers (1).

666. Il me reste à examiner le serment *in
litem*.

Le serment, sur la valeur de la chose demandée, ne peut être déféré par le juge au demandeur que lorsqu'il est d'ailleurs impossible de
constater autrement cette valeur. Le juge doit
même, en ce cas, déterminer la somme jusqu'à
concurrence de laquelle le demandeur en sera
cru sur son serment (art. 1369).

Ainsi, en déférant le serment d'office, le juge
a un moyen d'éviter les exagérations de celui qui
réclame.

667. Au reste, ce serment ne peut être déféré qu'au demandeur, ce qu'établit clairement
le texte de la loi. Mais l'article 1781 dont les motifs seront expliqués plus tard, fait exception à
cette règle,

668. Le serment *in litem* peut, suivant les circonstances, et à la différence du serment supplétif, être déféré à l'héritier du propriétaire

_____

(1) Toullier n° 420 , 421.

dépouillé. C'est ce qu'a jugé la Cour de cassation par un arrêt qui a obtenu l'assentiment des auteurs (1).

**669.** Suivant les lois romaines, la fausseté ou l'exagération du serment *in litem* pouvaient être prouvés. Il en est de même sous le Code (2).

## TITRE IV.

*Des engagemens qui se forment sans conventions.*

### SOMMAIRE.

**670.** Les obligations qui dérivent des conventions sont réglées par le Titre qui précède. Il en

---

(1) Merlin Rep. V° serment en plaids—Toullier n° 446.
(2) Toullier n° 435.

est qui ont un autre principe. Notre Titre contient les règles qui les concernent. C'est ce qu'annonce clairement la disposition suivante :

Certains engagemens se forment sans qu'il intervienne aucune convention, ni de la part de celui qui oblige, ni de la part de celui envers lequel il est s'obligé. Les uns résultent de l'autorité seule de la loi ; les autres naissent d'un fait personnel à celui qui se trouve obligé. Les premiers sont les engagemens formés involontairement, tels que ceux entre propriétaires voisins, ou ceux des tuteurs et des autres administrateurs qui ne peuvent refuser la fonction qui leur est déférée. Les engagemens qui naissent d'un fait personnel à celui qui se trouve obligé, résultent, ou des quasi-contrats, ou des délits ou quasi-délits. Ils font la matière du présent Titre (art. 1370).

**671.** Ici, le mot engagement est synonime d'obligation, comme dans le langage ordinaire de la jurisprudence.

**672.** La division de ces engagemens ou obligations est remarquable ; ceux qui naissent de l'autorité seule de la loi ne supposent ni convention, ni fait personnel à qui que ce soit. L'article cité mentionne ceux qui existent entre propriétaires voisins, tels que l'obligation du bornage, de la clôture forcée, de la mitoyenneté.

Mais il en existe d'autres qui sont communs à tous les citoyens d'un état, comme l'obligation d'acquitter l'impôt, celles de la conscription, du jury, de l'expropriation pour cause d'utilité publique, du service de la garde nationale.

**673.** Le Code fesant résulter certains engagemens de l'autorité seule de la loi, offre donc un système plus complet que la doctrine de Justinien qui fait dériver les obligations seulement des contrats, des quasi-contrats, des délits, des quasi-délits.

**674.** Ses rédacteurs ont cru devoir conserver l'ancienne dénomination de quasi-contrats, qu'on a qualifiée *d'obscure et d'impropre* (1). Au reste, les engagemens peuvent naître non-seulement d'un fait personnel à celui qui se trouve obligé, mais encore d'un fait personnel à celui en faveur de qui l'obligation existe, comme dans le cas de l'article 1375 dont je m'occuperai incessamment. Les engagemens peuvent aussi résulter de cas fortuits (2).

**675.** Dans le système du Code, le quasi-contrat résulte d'un fait licite, le délit, d'un fait

---

(1) Toullier, T. 11, n° 14.
(2) Id. n° 9.

illicite commis avec l'intention de nuire, le quasi-
délit, d'un fait illicite commis sans cette intention.

# CHAPITRE PREMIER.

## *Des quasi-contrats.*

### SOMMAIRE.

**676.** Le Code définit les quasi-contrats : les faits purement volontaires de l'homme , dont il

résulte un engagement quelconque envers un
tiers, et quelquefois un engagement réciproque
des deux parties (art. 1371).

**677.** Pour que cette définition fut complète,
il faudrait y lire, comme je l'ai déjà fait observer, *les faits licites.*

**678.** La loi ne s'occupe que de deux espèces
de quasi-contrats : la gestion des affaires d'autrui, et le paiement de la chose non due, ce qui
ne veut pas dire qu'ils soient limités à ce nombre.
Car il en naît beaucoup d'autres du principe qui
leur est commun à tous, suivant lequel nul ne
peut s'enrichir au détriment d'autrui.

**679.** Lorsque volontairement on gère l'affaire
d'autrui, soit que le propriétaire connaisse la
gestion, soit qu'il l'ignore, celui qui gère contracte l'engagement tacite de continuer la gestion
qu'il a commencée, et de l'achever jusqu'à ce
que le propriétaire soit en état d'y pourvoir lui-
même; il doit se charger également de toutes
les dépendances de cette même affaire. Il se soumet à toutes les obligations qui résulteraient d'un
mandat exprès que lui aurait donné le propriétaire (art. 1372).

Il s'agit ici du quasi-contrat que les Romains
appelaient *negotiorum gestio.* Le digeste a un Titre

entier sur cette matière ; c'est le titre 5, livre 3, intitulé *De negotiis gestis.* Pothier lui a aussi consacré un traité particulier intitulé *Negotiorum gestorum.*

680. D'après cet auteur, ce quasi-contrat n'existait que lorsque le gérant avait eu l'intention de gérer les affaires d'autrui, d'où la conséquence qu'il n'avait pas lieu, si le gérant avait cru s'occuper de sa propre affaire. Mais l'équité et les lois romaines n'admettent pas cette précision. Les obligations réciproques qui résultent de la gestion des affaires d'autrui ne naissent pas de l'intention de celui qui gère, mais de la loi qui les fait produire par le fait seul de la gestion. (1).

681. Anciennement, si le maître connaissait la gestion, il y avait un vrai contrat, un mandat tacite. Le texte qui vient d'être rapporté prouve qu'il n'en est plus de même aujourd'hui.

682. Il est bien évident que si le maître donne ordre de gérer, ce ne serait plus de notre quasi-contrat qu'il s'agirait, mais du contrat de mandat qui a ses règles spéciales.

_____

(1) Toullier, n° 23 et suiv.

685. L'expression *volontairement* de l'art. 1372 a seulement pour objet de marquer la différence entre l'engagement qui résulte de la gestion d'affaires, et ceux qui ont leur fondement dans la convention ou dans l'autorité seule de la loi. Car il ne faut pas en conclure qu'il n'y aurait pas engagement de la part de celui qui gérerait des affaires, que par erreur, il croirait être les siennes.

684. De ce qu'on peut gérer les affaires d'autrui à l'insu du propriétaire, il ne s'ensuit pas qu'on puisse le faire malgré lui. Non-seulement une gestion de cette nature ne produirait pas les effets ordinaires des quasi-contrats, mais encore elle autoriserait contre son auteur, une action en dommages et intérêts.

685. Le gérant est obligé de continuer la gestion, encore que le maître vienne à mourir, avant que l'affaire soit consommée, jusqu'à ce que l'héritier ait pu en prendre la direction (art. 1373). Ce n'est que le développement de la règle écrite dans l'article précédent relativement à la continuation de la gestion. Cependant cette continuation n'est impérieusement exigée du gérant, dans tous les cas, que lorsque l'abandon pourrait préjudicier au propriétaire (1).

_____

(1) Delvincourt, T. 3, p. 476, notes.

**686.** Si c'est le gérant qui meurt avant la consommation de l'affaire, il faut décider, par application de l'article 2010, que ses héritiers doivent donner avis de sa mort au propriétaire, et faire, en attendant, ce que les circonstances exigent, pour son intérêt.

**687.** Mais, à la différence du tuteur et de celui qui a reçu un mandat général, le gérant n'est tenu de donner ses soins qu'à l'affaire qu'il a entreprise, et il ne doit pas les étendre à d'autres.

**688.** Le gérant doit apporter à la gestion de l'affaire d'autrui tous les soins d'un bon père de famille. Néanmoins les circonstances qui l'ont conduit à se charger de l'affaire, peuvent autoriser le juge à modérer les dommages et intérêts qui résulteraient de ses fautes ou de sa négligeance (art. 1374).

**689.** Une femme mariée qui, sans autorisation, gère les affaires d'autrui, est tenue des conséquences de cette gestion. A la vérité, on peut opposer à cette opinion les termes de l'article 1990, suivant lequel le mandant n'a de recours contre la femme qui a accepté un mandat sans autorisation, qu'à concurrence de ce qui a tourné à son profit. Mais il y a une grande différence entre ce mandat qui constate le choix du propriétaire et la gestion d'affaires qui peut avoir lieu, même à son insu. Il ne faut pas que l'exception à la faculté de s'engager, établie en faveur des femmes mariées, leur donne le privilège de s'emparer du bien d'autrui, et de nuire sans aucune responsabilité (1).

**690.** Il doit en être du mineur qui gère l'affaire d'autrui, comme de la femme mariée non autorisée (2).

**691.** De l'examen des obligations du gérant, passons à celles du propriétaire dont l'affaire est gérée.

Le maître dont l'affaire a été bien administrée, doit remplir les engagemens que le gérant a contractés en son nom, l'indemniser de tous les engagemens personnels qu'il a pris, et lui rembourser toutes les dépenses utiles ou nécessaires qu'il a faites (art. 1375).

Il faut donc, pour que le maître soit tenu des engagemens, qu'il y ait eu bonne administration, ou, ce qui produit le même effet, qu'il ratifie et approuve la gestion. Autrement, il n'est soumis à aucune obligation, et il peut même, suivant

_____

(1) Toullier, nᵒ 39. — Domat. liv. 2. tit. 4. Sᵒⁿ 11.
(2) Id. nᵒ 40.

les circonstances, obtenir des dommages et intérêts.

On voit aussi que la loi donne une action au
gérant pour le remboursement des dépenses nécessaires ou utiles. Il en était de même dans les
principes du droit romain, qui appelaient l'action accordée au maître en reddition de comptes
*directa*, et celle du gérant, *contraria*.

**692.** Pour que les dépenses puissent être répé-
tées, il suffit qu'il y ait eu nécessité ou utilité de
les faire à l'époque où elles ont eu lieu, lors même
que depuis, l'utilité aurait cessé (1).

**693.** Cependant si la gestion a eu lieu malgré
la défense du propriétaire, le gérant n'a rien à
obtenir pour ses dépenses, quelle que soit leur
nature (2).

**694.** Le second exemple de quasi-contrat que
donne le Code, est l'obligation de rendre ce qui
a été reçu par celui auquel la chose donnée n'était
pas due. Celui qui reçoit par erreur ou sciemment ce qui ne lui était pas dû, s'oblige à le restituer à celui de qui il l'a indûment reçu (art. 1376);
et lorsqu'une personne qui, par erreur, se croyait
débitrice, a acquitté une dette, elle a le droit de

---

(1) Toullier, n° 51. — Delvincourt, T. 3. p. 448, notes.
(2) Id n° 55, Cᵃ Pothier du mandat, n° 184.

répétition contre le créancier (art. 1377). Ces deux dispositions sont corrélatives : la première fait connaître l'obligation de celui qui a reçu ce qu'on ne lui devait pas; la seconde énonce le droit de celui qui a payé ce dont, par erreur, il se croyait débiteur. Cette action en répétition était appelée, chez les Romains, *condictio indebiti*. Le titre 6, livre 12 du digeste *de condictione indebiti*, et un traité spécial de Pothier, contiennent les principes de la matière.

695. Nous savons déjà qu'une chose qui était due naturellement, quoique non civilement, ne peut pas être répétée.

696. Il ne suffirait pas à celui qui exerce l'action en répétition de prouver qu'il ne devait pas. Il devrait encore prouver que le paiement par lui fait est le résultat de son erreur. Autrement, il doit être censé avoir voulu donner.

697. D'ailleurs, il n'y a pas plus de distinction à faire ici entre l'erreur de droit et l'erreur de fait, que lorsqu'il s'agit de la formation du contrat (1). Les principes du Code ont fait cesser l'ancienne controverse élevée sur ce point.

698. C'est à celui qui exerce l'action en répé-

---

(1) Delvincourt, T. 3, p. 449, notes.—Toullier, n° 63.

tition, de prouver que la chose n'était pas due ; et celui qui, ayant reçu, résiste à cette action doit, pour obtenir gain de cause, établir que le paiement ou la remise a eu lieu sciemment. Le doute qui existerait à cet égard, doit s'interpréter en faveur du demandeur, parce que *nemo præsumitur jactare suum.*

699. Celui qui paie, malgré un jugement qui le renvoie de la demande, peut répéter, s'il n'avait pas connaissance de ce jugement; mais s'il l'a connu avant le paiement, il ne peut pas répéter, parce qu'il est censé avoir voulu acquitter une obligation naturelle (1).

700. Néanmoins, l'action en répétition ne peut pas être intentée, dans le cas où le créancier a supprimé son titre par suite du paiement, sauf le recours de celui qui a payé contre le véritable débiteur (id.); Ici, la loi suppose qu'une personne a payé ce qui était légitimement dû par une autre; et si elle a dû venir à son secours, elle n'a pas pu permettre qu'un créancier légitime fut exposé à perdre.

701. Les intérêts ou les fruits de la chose indûment payées ne sont dus, conformément aux

_____

(1) Toullier n° 88, 272— C^a Pothier de condict. indeb. n° 145.

principes généraux, qu'à dater de la demande en restitution, et notre texte et celui de l'article 549 ne permettent pas d'admettre une distinction qui a été faite à cet égard, sur le fondement d'une loi romaine, entre les fruits et les inté-rêts (1). Mais s'il y a eu mauvaise foi de la part de celui qui a reçu, il est tenu de restituer, tant le capital que les intérêts ou les fruits, du jour du paiement (art. 1378), ce qui a lieu lors même qu'il n'aurait perçu ni intérêts ni fruits. C'est encore ici une application du principe qui ne permet qu'au possesseur de bonne foi, de gagner les fruits ou intérêts.

**702.** Si la chose indûment reçue est un immeu-ble ou un meuble corporel, celui qui l'a reçue, s'oblige à la restituer en nature, si elle existe, ou sa valeur, si elle est périe ou détériorée par sa faute ; il est même garant de sa perte par cas fortuit, s'il l'a reçue de mauvaise foi (art. 1379).

**703.** Il est reconnu, quoique cette rédaction soit un peu équivoque, que ce n'est qu'au pos-sesseur de mauvaise foi qu'est imposée l'obligation de restituer la valeur de la chose qui est périe ou a été détériorée par sa faute. Car celui qui

---

(1) Toullier, n° 94.

aurait reçu de bonne foi, n'est sujet à aucun recours pour avoir détruit, d'une manière quelconque, ce qu'il était autorisé à considérer comme sien, et dont il a pu user et abuser à son gré (1).

**704.** Si celui qui a reçu de bonne foi, a vendu la chose, il ne doit restituer que le prix de la vente (1380). Il suit de là que le vrai propriétaire sera sans action contre le tiers acquéreur pour obtenir la restitution de la chose, sans qu'il y ait à distinguer entre les meubles et les immeubles, ce qui se conçoit parfaitement, quant aux meubles, d'après l'article 2279; mais ce qui consacre une notable exception aux règles ordinaires, relativement aux immeubles, exception qui doit être restreinte au cas régi par notre article.

Il faut aussi conclure des termes de l'article 1380, que si celui qui a aliéné la chose, n'en a pas reçu le prix, s'il en a fait donation, le vrai propriétaire n'a rien à répéter (2).

**705.** Celui auquel la chose est restituée, doit tenir compte, même au possesseur de mauvaise foi, de toutes les dépenses nécessaires et utiles

---

(1) Toullier, n° 95.

(2) Delvincourt, T. 3. p. 448, 449, notes.—Toullier, n° 99.—Cª Pothier de cond. ind. n° 179.

qui ont été faites pour la conservation de la chose (art. 1381). C'est pour cette solution conforme à l'équité que, placés entre la défaveur que mérite le possesseur de mauvaise foi, et la règle : *nemo jacturâ alterius locupletior fieri debet*, les rédacteurs du Code ont opté.

## CHAPITRE II.

*Des délits ou quasi-délits.*

### SOMMAIRE.

**706.** Tout fait quelconque de l'homme, qui cause à autrui un dommage, oblige celui par la faute duquel il est arrivé, à le réparer (art. 1382).

Chacun est responsable du dommage qu'il à causé, non seulement par son fait, mais encore par sa négligence ou son imprudence (art 1383).

Ces dispositions ne font que consacrer un principe d'équité naturelle.

**707.** Les faits qui peuvent préjudicier à autrui reçoivent des dénominations diverses, et produisent des conséquences différentes, selon leur plus ou moins de gravité. Ceux que la loi punit de peines afflictives et infamantes et dont les auteurs sont justiciables des Cours d'assises, ou des tribunaux criminels, sont appelés *crimes;* ceux auxquels s'applique une peine seulement correctionnelle, et qui sont du ressort des tribunaux de police correctionnelle, sont des *délits;* enfin, ceux dont les auteurs ne sont passibles que de peines de simple police, et qui sont jugés par les tribunaux de simple police, constituent *des contraventions.*

708. Il naît une double action des crimes, délits ou contraventions; l'action publique, qui est exercée par le ministère public; l'action privée dont l'exercice appartient à la partie lésée, ou à ceux qui la représentent. Ces actions peuvent concourir, ou être intentées séparément. La première est éteinte par la mort du coupable; la seconde peut être dirigée non-seulement contre lui, mais encore contre ses héritiers ou représentans.

709. Il est encore des faits illicites préjudiciables à autrui, que la loi ne punit ni criminellement ni correctionnellement. Ce sont les quasi-délits dont j'ai déjà donné la définition (n° 675). Il est question, dans notre chapitre, des enga-

gemens que produisent les faits illicites, soit délits, soit quasi-délits.

**710.** La généralité des termes des articles 1382 et 1383 prouve que la réparation est due non-seulement pour une action préjudiciable, mais encore pour omission ou réticence.

**711.** Toutefois celui qui préjudie à autrui, en usant légitimement de son droit, n'est sujet à aucuns dommages. Si, par exemple, creusant un puits sur mon fonds, j'intercepte la source de mon voisin, je ne lui dois aucune indemnité (1).

**712.** C'est sur le principe posé dans les articles précités, que repose la responsabilité de tous les fonctionnaires publics, pour la réparation des dommages que causent leurs fautes, leurs négligeances ou leurs injustices, dans l'exercice de leurs fonctions. Mais, en vertu de l'article 75 de la constitution de l'an 8, si souvent et à si bon droit critiqué, ceux qui sont réputés *agens du gouvernement* ne peuvent être poursuivis qu'en vertu d'une décision du conseil d'État (2).

**713.** Suivant le droit romain, le mal jugé par

---

(1) Toullier, n° 119.
(2) Id. n° 182.

impéritie du juge était un quasi-délit qui soumet-
tait le juge à des dommages. Anciennement, en
France, les juges étaient parties principales dans
les instances d'appel, et devaient soutenir leur
bien jugé ; mais depuis long-temps, le recours
contre le juge ne peut être exercé qu'au moyen
de la prise à partie réglée par l'article 505 du
Code de procédure.

**714.** La question de savoir si les auteurs d'un
quasi-délit sont soumis à la solidarité, est controversée. L'affirmative se fonde sur le projet
du Code dont un des articles prononçait cette
solidarité, sur un argument d'analogie que présente l'article 1734 du Code, et sur plusieurs
lois romaines (1). Mais le silence de la loi sur
ce point, alors qu'une disposition expresse (art.
55 du Cod. pén.) soumet à la solidarité les auteurs
du même crime ou du même délit, et la règle
générale de l'article 1202, suivant lequel, la solidarité ne se présume pas, doivent faire préférer
l'opinion contraire (2). Il ne faut pourtant pas
dissimuler que la jurisprudence de la Cour de
Cassation tend à étendre le système de la solidarité.

(1) Delvincourt, T. 3. p. 452, notes.
(2) Toullier, nᵒˢ 150, 151.

**715.** On est responsable non-seulement du dommage que l'on cause par son propre fait, mais encore de celui qui est causé par le fait des personnes dont on doit répondre, ou des choses que l'on a sous sa garde. Le père et la mère, après le décès du mari, sont responsables du dommage causé par leurs enfans mineurs habitant avec eux; les maîtres et les commettans, du dommage causé par leurs domestiques et préposés dans les fonctions auxquelles ils les ont employés; les instituteurs et les artisans, du dommage causé par leurs élèves et apprentis pendant le temps qu'ils sont sous leur surveillance. La responsabilité ci-dessus a lieu, à moins que le père et la mère, instituteurs et artisans, ne prouvent qu'ils n'ont pu empêcher le fait qui donne lieu à cette responsabilité (art. 1384).

**716.** Il est bien entendu que la responsabilité réglée par cette disposition ne peut être exercée que par la voie civile, et non par la voie criminelle.

**717.** La responsabilité des pères, du dommage causé par leurs enfans, n'était pas admise dans les principes du droit romain. C'était la conséquence rigoureuse du principe logique, suivant lequel nul ne doit répondre que de son fait. Mais la doctrine du Code est plus morale et plus équitable.

**718.** Il faut décider, conformément à l'ancienne jurisprudence (1), que le père n'est pas responsable des faits de l'enfant impubère qui a agi sans discernement. C'est ce qui résulte de l'article 66 du Code pénal applicable aux quasi-délits, aussi bien qu'aux crimes et aux délits. Cependant le père sera tenu du dommage, si le demandeur prouve que l'enfant pouvait être empêché par le père, tandis que, dans les autres cas, ou lorsque l'enfant a agi avec discernement, c'est, suivant l'article cité, le père qui doit prouver qu'il n'a pas pu empêcher le fait (2). Et, lors même que le père ferait cette preuve, son excuse ne serait pas reçue, si le fait de l'enfant était la suite d'une faute ou d'une imprudence du père qui, dans ce cas, a un reproche personnel à se faire. C'est ce qui a été jugé par un ancien arrêt approuvé par les auteurs, qui condamna à des dommages et intérêts un armurier, dont le fils mineur, en l'absence du père, avait blessé un enfant d'un coup de pistolet, que le père avait négligé d'enfermer (3).

**719.** Quelques auteurs anciens avaient soutenu que la responsabilité du père ne pouvait pas excé-

---

(1) Pothier, oblig. n° 118.

(2) Toullier, n° 270.

(3) Nouv. Denisart v° Délit § 6, n° 5.—Toullier, n° 263, etc.

der la portion héréditaire de l'enfant, puisqu'autrement, le père et les autres enfans pouvaient être ruinés par une faute qui leur était étrangère. Quelque équitable que soit cette opinion, les termes de l'article 1384 ne permettent pas de l'admettre, et les effets de la responsabilité qu'il consacre n'ont pas de limite.

**720.** Cependant, malgré la généralité des termes de cet article, je croirais que l'émancipation de l'enfant fait cesser la responsabilité du père. Cette responsabilité n'est-elle pas une conséquence de la puissance paternelle à laquelle l'enfant est soustrait par l'émancipation (1)?

**721.** Les maris ne sont pas responsables du fait de leurs femmes, à moins qu'il ne s'agisse de délits ruraux, la loi du 28 Septembre — 6 Octobre 1791, Tit. 2, ayant une disposition expresse à cet égard.

**722.** Une loi du 10 Vendémiaire, an 4, objet de vives attaques, et qui est encore en vigueur, déclare les communes civilement responsables des attentats envers les propriétés, commis par des attroupemens sur leur territoire.

---

(1) Toullier, n° 277.

723. La responsabilité du fait d'autrui peut dépendre quelquefois d'une convention présumée, comme dans les cas des articles 1782, 1952, 1953, etc.

724. On est responsable aussi, comme nous l'a appris l'article 1384, du dommage causé par les choses que l'on a sous sa garde. Ainsi, le propriétaire d'un animal, ou celui qui s'en sert, pendant qu'il est à son usage, est responsable du dommage que l'animal a causé, soit que l'animal fut sous sa garde, soit qu'il fut égaré ou échappé (art. 1385).

725. Suivant la loi que je viens de citer du 28 Septembre — 6 Octobre 1791 Tit. 2. art. 12, le propriétaire qui éprouve un dommage par le fait des bestiaux laissés à l'abandon, peut les saisir, sous l'obligation de les faire conduire, dans les vingt-quatre heures, au lieu du dépôt désigné à cet effet par la municipalité.

726. Il peut aussi tuer, sur le lieu, au moment du dégat les volailles, de quelqu'espèce que ce soit, qui causent le dommage. Il en est de même des pigeons, qu'aux époques des semences et de la maturité des grains, chacun a le droit de tuer sur son terrain (art. 2 du décret du 4 Août 1789), sans préjudice des réparations qu'on peut obte-

nir, pour le dommage qu'ils ont fait, par la voie civile, et non par voie de police (1).

Des dommages peuvent encore être obtenus, par ceux qui ont à souffrir des dévastations des lapins, contre le propriétaire qui, par son fait, les retient sur son fond, à moins qu'il ne permette aux propriétaires voisins de les détruire. Tel est, en résumé, l'état de la jurisprudence à cet égard (2).

**727.** Le principe de l'article 1384 s'applique encore au dommage causé par les choses inanimées. Le propriétaire d'un bâtiment est responsable du dommage causé par sa ruine, lorsqu'elle est arrivée par une suite du défaut d'entretien, ou par le vice de sa construction ( art. 1386 ). Mais l'article 1792 accorde au propriétaire d'un bâtiment qui périt, un recours contre les architecte et entrepreneur, dans les cas qu'il détermine.

Une loi romaine ( L. 40 ff. De Damno infecto ) portait qu'il ne fallait pas estimer au prix qu'ils avaient coûté les objets de luxe, tels que peintures, sculptures ou bijoux qui se trouvaient dans un lieu ruiné par la chute d'un bâtiment.

---

(2) Toullier, n⁰ˢ 302, 303.
(2) Id. n⁰ 304 et suiv.

Cette décision conforme à l'équité devrait être suivie aujourd'hui, le luxe ne devant pas être favorisé aux dépens du propriétaire qui perd son édifice, quoiqu'il ait à se reprocher sa faute ou sa négligence (1).

# TITRE V.

*Du contrat de mariage et des droits respectifs des époux.*

### CHAPITRE PREMIER.

*Dispositions générales.*

### SOMMAIRE.

728. *Objet de ce titre. Importance et faveur des conventions matrimoniales.*

729. *Comment étaient régis les arrangemens de fortune des époux, anciennement, dans les diverses parties de la France.*

730. *Maintenant les biens des époux peuvent être soumis à deux principaux régimes : celui de la communauté, et le régime dotal. Le premier est le droit commun de la France.*

731. *L'exclusion de communauté ou la séparation de biens constituent un troisième régime. Renvoi.*

732. *La communauté est légale ou conventionnelle. Renvoi.*

---

(1) Toullier, n° 317.

**728.** Il ne s'agit pas, dans ce titre, de ce lien naturel et civil réglé par les dispositions du titre 5 du livre premier. Ici, le législateur s'occupe des conventions ou arrangemens de fortune, entre les futurs époux ou d'autres personnes, à l'occasion du mariage. Le contrat qui sert à les constater est, sans contredit, le plus important de tous. Aussi, comme nous le verrons bientôt, la loi le soumet-elles à des formes plus solennelles; et telle est la faveur dont elle l'environne qu'ainsi que nous l'avons déjà vu, il peut contenir des conventions qui, partout ailleurs, seraient nulles, comme les institutions contractuelles, les donations de biens à venir et autres.

**729** Dans nos anciens pays de coutume, on prenait pour base des arrangemens de fortune des époux, avec des dispositions diverses, le régime de la communauté que je ferai bientôt connaître; et, dans les pays de droit écrit, on suivait le régime dotal dont l'examen suivra celui de la communauté.

**730.** Lors de la discussion du Code, une vive controverse s'éleva entre les partisans de ces deux systèmes, pour savoir auquel des deux la préférence devait être accordée. Il fut reconnu qu'à défaut de convention contraire, le régime de la communauté formerait le droit commun de la France.

Mais le régime dotal n'est pas proscrit par la loi qui nous régit. Les époux peuvent y être soumis par une déclaration expresse.

Ils peuvent déclarer, en effet, d'une manière générale, qu'ils entendent se marier sous le régime de la communauté, ou sous le régime dotal. Au premier cas, et sous le régime de la communauté, les droits des époux et de leurs héritiers sont réglés par les dispositions du chapitre deux du présent titre. Au second cas, et sous le régime dotal, leurs droits sont réglés par les dispositions du chapitre trois (art. 1391).

**731.** Nous avons donc deux principaux régimes pour les conventions matrimoniales, ou pour régler les intérêts des époux. Il en existe encore un troisième moins caractérisé, qui est celui d'exclusion de communauté et de séparation de biens. Il est réglé par la section 9, deuxième partie, chapitre deux de notre titre.

**732.** J'ai déjà dit qu'à défaut de stipulations spéciales, le régime de la communauté formait le droit commun de la France. C'est à la communauté légale que s'applique ce principe, telle qu'elle est organisée dans la première partie du chapitre deux de ce titre (art. 1393). Car la communauté peut être aussi conventionnelle. Elle est alors régie par la deuxième partie du même chapitre.

733. Cependant, la loi, en posant les bases de ces régimes, n'a pas entendu y assujettir rigoureusement les époux. Elle ne régit l'association conjugale, quant aux biens, qu'à défaut de conventions spéciales, que les époux peuvent faire comme ils le jugent à propos, pourvu qu'elles ne soient pas contraires aux bonnes mœurs, et, en outre, sous les modifications que je vais faire connaître (art. 1387).

734. Les époux ne peuvent déroger, ni aux droits résultant de la puissance maritale sur la personne de la femme et des enfans, ou qui appartiennent au mari, comme chef, ni aux droits conférés au survivant des époux, par le titre de la puissance paternelle et par le titre de la minorité, de la tutelle et de l'émancipation, ni aux dispositions prohibitives du présent Code (art. 1388).

Ils ne peuvent faire aucune convention ou

renonciation dont l'objet serait de changer l'ordre légal des successions, soit par rapport à eux-mêmes dans la succession de leurs enfans ou descendans, soit par rapport à leurs enfans entre eux, sans préjudice des donations entre vifs ou testamentaires qui pourront avoir lieu selon les formes et dans les cas déterminés par le présent Code (art. 1389).

Ces dispositions sont fondées sur la morale publique et l'intérêt de la société. Il en résulte, par exemple, qu'il ne peut pas être convenu que la femme aura le droit d'aliéner ses biens sans autorisation, qu'il sera permis à la femme de ne pas habiter avec son mari, que la femme administrera les biens de la communauté, que la mère, après la mort du père, n'exercera pas la puissance paternelle, que le survivant des père ou mère n'aura pas la tutelle de ses enfans, qu'il ne pourra pas les émanciper, que la communauté commencera à une époque autre que le jour du mariage (art. 1399), que la femme n'aura pas la faculté d'accepter la communauté, ou d'y renoncer (art. 1453), etc., etc.

L'article 1389 ne fait que consacrer le principe de l'article 791 qui interdit tout traité sur une succession future, même par contrat de mariage.

**755.** Les époux ne peuvent plus stipuler d'une

manière générale, que leur association sera réglée par l'une des coutumes, lois ou statuts locaux qui régissaient ci-devant les diverses parties du territoire français, et qui sont abrogés par le présent Code (art. 1390).

Si cette prohibition n'existait pas, on serait exposé à l'inconvénient de deux législations contraires, à voir concourir la loi vivante et la loi abrogée. Mais il importe de bien remarquer les termes de la loi qui ne prohibe la stipulation que lorsqu'elle est faite d'une manière générale; d'où il suit qu'on peut se soumettre à une ancienne coutume, d'une manière spéciale, c'est-à-dire, en transcrivant, dans le contrat de mariage, telle disposition de coutume abrogée, pourvu que d'ailleurs elle n'ait rien de contraire à la loi actuelle. Ainsi, ce n'est pas sur la matière, mais sur la forme que porte la prohibition.

736. Mais pourrait-on, sans transcrire dans le contrat, la disposition abrogée à laquelle on se soumet, en s'y référant seulement, déclarer qu'elle sera la loi des parties? je ne le pense pas. On objecte que ce n'est pas là stipuler d'une manière générale, qu'on se soumet à une coutume (1). Mais si ce raisonnement était fondé, il s'en-

---

(1) Toullier, T. 12, n° 7, à la note.

suivrait qu'on aurait la faculté de stipuler que l'actif de la communauté serait régi par la coutume de Bretagne, le passif, par celle d'Orléans, la renonciation, par celle d'Auvergne etc., et qu'on pourrait mettre ainsi à contribution, dans un même contrat, toutes les coutumes abrogées, dont les termes ou l'esprit devraient être discutés devant les tribunaux. C'est précisément les difficultés de ce genre que le législateur a voulu prévenir par l'article 1390 (1).

**757.** Une déclaration expresse est nécessaire, comme nous l'avons déjà vu, pour la soumission au régime dotal, qui est un régime exceptionnel. Pour lui conserver ce caractère, la loi donne des exemples qui prouvent que ce régime ne saurait s'induire de dispositions qui offrent avec lui une certaine équipollence. Ainsi, la simple déclaration que la femme se constitue ou qu'il lui est constitué des biens en dot, ne suffit pas pour soumettre ces biens au régime dotal, s'il n'y a pas dans le contrat de mariage une déclaration expresse à cet égard. La soumission au régime dotal ne résulte pas non plus de la simple déclaration faite par les époux, qu'ils se marient sans communauté, ou qu'ils seront séparés de biens

_____

(1) Thémis, T. 8, p. 114.

(art. 1392). Car, loin de supposer le régime dotal, la clause qui exclut la communauté ainsi que
la séparation contractuelle, sont exclusives de
ce régime, ce que nous verrons dans l'explication
de cette matière; et la dot peut exister aussi bien
dans le régime de la communauté, que dans le
régime dotal (art. 1540).

758. On avait admis autrefois, dans quelques
provinces, l'usage des contrats de mariage sous
seing privé; mais ce mode était de nature à donner lieu à des abus et des fraudes, que le législateur
nouveau, qui a voulu aussi consacrer l'importance
des conventions matrimoniales, a prévenu par la
disposition suivant laquelle, toutes conventions
matrimoniales seront rédigées, avant le mariage,
par acte devant notaire (art. 1394).

Deux principes bien importans résultent donc
de cette loi laconique; le premier, que les conventions matrimoniales doivent précéder le mariage; le second, qu'un acte notarié est nécessaire
pour les constater.

759. Le premier est contraire aux dispositions
du droit romain qui permettait les conventions
matrimoniales postérieurement au mariage : *Pacisci post nuptias, etiamsi nihil antè convenerit,
licet* (L. 1. ff. de pact. dotal.). Le Code a craint

que des accords frauduleusement concertés entre époux ne pussent préjudicier à des tiers.

**740.** Le second est fondé sur des raisons desquelles il faut conclure que le notaire doit conserver la minute du contrat de mariage, malgré le silence de l'article 1394, et quoiqu'en matière de donation, la loi se soit formellement expliquée à cet égard (art. 931). Cette solution s'induit des dispositions des articles 20 et 68 de la loi du 25 Ventôse, an XI, sur le notariat, et l'article 1397 mentionne même la minute qui conséquemment doit rester au pouvoir du notaire (1).

**741.** Cependant, je croirais qu'un contrat de mariage sous seing privé, qui serait déposé chez un notaire lequel retiendrait l'acte de dépôt contenant la déclaration des parties, qu'elles confirment les conventions de l'acte déposé, remplirait le vœu de la loi (2).

**742.** Une conséquence du principe que les conventions matrimoniales doivent précéder le mariage, est qu'elles ne peuvent recevoir aucun changement après la célébration (art. 1395).

---

(1) Toullier, n° 71.—M. Duranton, T. 14, n° 40.
(2) Sirey, 1826.—2.—217.— M. Duranton, n° 43.

L'intérêt des époux eux-mêmes, des enfans et des tiers s'accordent à commander cette prohibition. On a bien voulu prétendre que ces conventions postérieures n'étaient pas nulles, mais seulement révocables, en se fondant principalement sur ce que la nullité n'en est pas prononcée par la loi (1). Mais cette nullité est virtuellement et implicitement prononcée par les articles 1451 et 1097; et elle a été reconnue par la Cour de cassation (2).

**743.** Des changemens au contrat de mariage peuvent avoir lieu avant la célébration. Ils doivent être constatés par acte passé dans la même forme que le contrat. Nul changement ou contre-lettre n'est, au surplus, valable sans la présence et le consentement simultané de toutes les personnes qui ont été parties dans le contrat de mariage (art 1396).

**744.** Il ne faut pas croire que tous ceux qui auront signé un contrat de mariage, ou qui y auront assisté, y sont nécessairement *parties*. Cette dénomination ne s'applique qu'à ceux qui se sont engagés, ont stipulé ou promis quelque chose en leur propre nom. Elle ne s'appliquerait pas à

---

(1) Toullier, n<sup>os</sup> 36 et suiv.
(2) Dalloz, T. 10, p. 171.

ceux qui n'auraient figuré au contrat que par un sentiment d'affection ou de convenance. Le respect que les enfans doivent aux auteurs de leurs jours me semblerait une raison suffisante pour décider que, toutes les fois que les pères ou mères ont assisté au contrat de mariage, et lors même qu'ils n'y seraient engagés en aucune manière, ils doivent être présens aux changemens faits au contrat. D'ailleurs, ces changemens peuvent être de nature à influer sur leur consentement au mariage qui doit toujours être donné, ou suppléé par des actes respectueux (1).

**745.** Quelques auteurs pensent qu'il n'est pas absolument indispensable que toutes les parties soient présentes à ces changemens, et qu'il suffit qu'elles y aient été dûment appelées (2). Mais le texte même répugne à cette déclaration d'autant moins admissible que, lors de la discussion qui eut lieu au conseil d'État, on proposa d'ajouter à l'article 1396 ces mots : *ou les parties dûment appelées*, et que cet amendement ne fut pas adopté (3).

**746.** La question de savoir si la donation faite

---

(1) M. Duranton, n° 57.— Cà Toullier, n° 51.
(2) Maleville sur l'art. 1395.—Toullier, n° 50,
(3) Dalloz, T. 10, p. 176, 177.

par l'un des époux à l'autre, peu avant le contrat de mariage, doit être considérée comme une contre-lettre à ce contrat, décidée affirmativement par les uns (1), et négativement par les autres (2), ne doit pas être résolue d'une manière absolue. Sa solution doit dépendre des circonstances, et c'est aux tribunaux de juger, en les appréciant, si les parties ont voulu ou non éluder les dispositions de la loi.

**747.** M. Delvincourt a écrit que la remise que ferait le mari à son beau-père de l'action qu'il a contre lui en paiement de la dot, est valable. Cette doctrine est combattue et réfutée avec succès par Toullier, (T. 12, nᵒ 63) qui s'appuie d'autorités imposantes, et qui la considère comme contraire au principe de l'article 1396.

**748.** Tous changemens et contre-lettres, même revêtus des formes prescrites par ce dernier article, seront sans effet *à l'égard des tiers*, s'ils n'ont été rédigés à la suite de la minute du contrat de mariage, et le notaire ne pourra, à peine des dommages et intérêts des parties, et sous plus grande peine, s'il y a lieu, délivrer ni

---

(1) Pothier, préface du traité de la communauté.—Delvincourt, 2.—3., p. 6.

(2) Toullier nᵒ 61.

grosses ni expéditions du contrat de mariage, sans transcrire à la suite le changement ou la contre-lettre (art. 1397). Par cette disposition, la loi a voulu prévenir le préjudice que pourraient éprouver les tiers de ces changemens qu'ils auraient ignorés. Observons que ce n'est que d'eux et non des parties que la loi s'occupe ici.

**749.** Si le notaire, par contravention à cet article, a délivré une expédition du contrat de mariage, sans transcrire à la suite la contre-lettre, le tiers trompé par cette omission, n'aura pas, pour cela, le droit de faire prononcer la nullité de la contre-lettre, et il aura seulement recours contre le notaire (1).

**750.** Déjà, en expliquant les articles 903, 905 et 1309, j'ai fait connaître et justifié le principe de l'article 1398 relatif aux conventions matrimoniales du mineur habile à contracter mariage. Au reste, et en vertu des règles générales des articles 1125 et 1305, la nullité résultant de ce que le mineur n'aurait point été assisté, dans ces conventions, des personnes dont le consentement est requis pour son mariage, ne serait qu'une nullité relative.

---

(1) Delvincourt, T. 3.—Cà Toullier, n° 68.

**751.** Les contrats de mariage des commerçans sont soumis à des formalités particulières, écrites dans les articles 67 et suivans du Code de commerce.

**752.** Quant à ceux des étrangers qui seraient passés en France, ils sont soumis, pour la forme, à la loi française, et pour la capacité personnelle, aux lois des pays des contractans.

## CHAPITRE II.

*Du régime en communauté.*

SOMMAIRE.

**753.** La communauté ne dérive pas du droit romain, et c'est aux anciens Germains que son origine remonte. Ce système, en offrant à la femme une perspective sur les biens que produit l'industrie et l'économie commune des époux, est pour elle le stimulant d'une bonne conduite et d'efforts communs pour la prospérité du ménage. Telle est la raison qui lui a fait accorder la préférence sur le régime dotal dans lequel les biens des époux sont plus distincts les uns des autres.

**754.** La communauté est légale ou conventionnelle. La première existe, soit lorsque les époux
déclarent, sans autre explication, qu'ils se marient sous le régime de la communauté, soit lorsqu'ils se marient sans faire de contrat de mariage.
Elle est régie par les articles 1401 et suivans
jusqu'à l'article 1496 inclusivement. La communauté conventionnelle est celle qui résulte de
conventions faites conformément au principe de
l'article 1387 et dans les limites posées par cet
article et par ceux qui le suivent. Elle modifie
la communauté légale, et les principales modifications qu'elle lui fait subir sont réglées par les
articles 1497 à 1528.

**755.** La communauté, soit légale, soit conventionnelle, commence du jour du mariage
contracté devant l'officier de l'état civil : on ne
peut stipuler qu'elle commencera à une autre
époque (art. 1399). Anciennement, elle ne com-
mençait communément que du lendemain du
jour du mariage. Les termes de notre loi doivent
être entendus en ce sens que c'est du moment
même où l'union des époux est prononcée par
l'officier de l'état civil, que date l'existence de la
communauté (1).

_____

(1) M. Duranton, n° 95.

**756.** Non-seulement elle peut être stipulée purement et simplement, mais encore sous condition. Et si la condition ne s'accomplit pas, les époux sont mariés sous le régime exclusif de communauté établi par les articles 1530 à 1535 inclusivement (1).

## PREMIÈRE PARTIE.

### SOMMAIRE.

**757.** La communauté légale est réglée par les six sections suivantes (art. 1400).

## SECTION PREMIÈRE.

*De ce qui compose la communauté activement et passivement.*

### § I.

*De l'actif de la communauté.*

#### SOMMAIRE.

---

(1) Delvincourt, T. 3, n° 237. — Toullier, n° 84. — M. Duranton, n° 97,

**758.** L'actif et le passif sont deux expressions corrélatives, dont la première désigne la masse de biens qui profite à la communauté, dont la seconde désigne la masse des dettes et charges qui la grèvent.

**759.** La communauté n'est pas une société universelle de tous les biens. Car il en est qui restent la propriété particulière de chacun des époux et qu'on appelle *propres*, pour les distinguer de ceux qui sont communs. Il importe donc de bien distinguer les biens des époux qui appartiennent à la communauté de ceux qui ne lui appartiennent pas.

**760.** La communauté se compose activement, 1º De tout le mobilier que les époux possé-

daient au jour de la célébration du mariage, ensemble de tout le mobilier qui leur échoit pendant le mariage à titre de succession ou même
de donation, si le donateur n'a exprimé le contraire (art. 1401). L'expression *mobilier* comprend
les meubles corporels et incorporels, mais non
les choses qui, malgré leur nature mobilière,
sont immeubles par destination, quoique postérieurement, elles perdent cette destination qu[i]
en change légalement la nature. Car il est de
principe, que les choses mobilières substituées
à un objet qui n'entre pas dans la communauté,
n'y entrent pas davantage (1).

761. Le prix d'un immeuble vendu avant le
mariage, étant une chose mobilière, entre en
communauté. Mais il en serait autrement, si l'immeuble était vendu entre le contrat et la célébration, parce que c'est au moment du contrat
que les époux ont arrêté leurs conventions,
d'après l'état actuel de la fortune de chacun
d'eux (2).

762. Il faut ajouter à la disposition précitée de
la loi, le mobilier échu aux époux à titre de legs

---

(1) Toullier n° 118.
(2) Nouveau Denizart, v° communauté, § 7, n° 12 etc.

et celui qui peut être acheté pendant le mariage,.
Car la précision qu'on y lit : *à titre de succession
ou de donation*, a principalement pour objet d'a-
mener l'exception qui résulte de la volonté contraire du donateur ou testateur.

**763.** D'ailleurs, il est certaines choses qui, quoique mobilières, n'entrent pas en communauté.
Tel est le trésor (art. 716) qui n'est ni fruit ni
produit du fonds. C'est un point généralement
reconnu. Mais si l'un des époux en était in-
venteur, la portion qui lui en reviendrait à
ce titre tomberait dans la communauté (1), ce qui
serait vrai, lors même que l'époux l'aurait trouvé
dans son propre fonds (2). Nous verrons encore
d'autres exemples d'objets qui, quoique mobi-
iers, ne font pas partie de la communauté.

**764.** 2° De tous les fruits, revenus, intérêts
et arrérages, de quelque nature qu'ils soient,
échus ou perçus pendant le mariage, et provenant des biens qui appartenaient aux époux lors
de sa célébration, ou de ceux qui leur sont échus
pendant le mariage, à quelque titre que ce soit
(id.). Il est à remarquer que ces divers produits

---

(1) Toullier n° 129.
(2) Pothier, de la communauté. n° 93.—Thémis, T. 8,
p. 181.—Cà Toullier, n° 131.

destinés à soutenir les charges du mariage, appartiennent à la communauté, non point en leur qualité générale de biens meubles, mais en leur qualité particulière de fruits. S'il en était autrement, cette seconde disposition de l'article 1401 serait inutile, et se trouverait comprise dans la première.

**765.** 3° De tous les immeubles qui sont acquis pendant le mariage (id.). Car l'argent qui sert à les payer ferait partie de la communauté, ou ils sont censés le produit de la collaboration des époux. Mais, pour qu'ils entrent dans la communauté, il faut, comme nous ne tarderons pas à le voir mieux, que ces immeubles soient acquis à titre onéreux.

Tout immeuble est réputé acquêt de communauté, s'il n'est prouvé que l'un des époux en avait la propriété ou possession légale antérieurement au mariage, ou qu'il lui est échu depuis, à titre de succession ou de donation (art. (1402).

C'est donc une présomption légale qui existe ici en faveur de la communauté, mais qui, comme on voit, peut être détruite par la preuve contraire mise à la charge de ceux qui prétendent que l'immeuble est propre à l'un des époux.

La possession légale qui, dans le cas de l'article 1402, produit le même effet que la pro-

priété, est une possession à titre de propriétaire
et de nature à servir de base à la prescription
(art. 2229).

766. Les immeubles que les époux possédaient
au jour de la célébration du mariage, ou qui leur
échoient pendant son cours, à titre de succession, n'entrent point en communauté. Néanmoins, si l'un des époux avait acquis un immeuble depuis le contrat de mariage, contenant
stipulation de communauté, et avant la célébration du mariage, l'immeuble acquis dans cet
intervalle entrera dans la communauté, à moins
que l'acquisition n'ait été faite en exécution de
quelque clause du mariage, auquel cas elle serait réglée suivant la convention (art. 1404).

La possession dont le caractère a été déjà
indiqué suffit pour faire exclure de la communauté l'immeuble qui en est l'objet. C'est là un
changement aux anciens principes, suivant lesquels la communauté profitait de l'immeuble que
l'un des époux possédait lors du mariage, s'il
était prouvé par l'autre époux que le possesseur
n'en était pas alors propriétaire (1).

767. Il est même de principe que le fait de la

---

(1) Toullier nº 173.

possession n'est pas toujours indispensable, et qu'il suffit que l'époux, pour conserver l'immeuble comme propre, ait un titre antérieur (1). Il faut aussi reconnaître que l'immeuble acquis avant le mariage, sous une condition suspensive, qui ne se réalise que durant la communauté, n'en fait pas partie, la condition rétroagissant au traité.

768. L'immeuble recouvré par l'un des époux à suite d'une action en rescision, ou de l'exercice de la faculté de rachat, n'entre pas non plus en communauté. Car, il n'y a pas alors de nouveau titre d'acquisition.

769. L'accroissement que reçoit un immeuble par alluvion, participe de son caractère d'acquêt ou de propre de communauté. Il n'en serait pas de même de la partie de terrain qui aurait été acquise pour l'arrangement, l'appropriation d'un immeuble. Cette partie serait toujours acquêt de communauté.

770. Les immeubles échus à l'un des époux à titre de succession n'entrent pas en communauté. C'est l'importance des immeubles qui ex-

_____

(1) Dumoulin cout. de Paris, 9 gl. 1. § 43, n° 187.

plique la différence qu'il y a à cet égard entre les meubles et les immeubles.

**771.** Si l'immeuble acquis entre le contrat et la célébration du mariage entre en communauté, c'est parce que l'autre époux avait été autorisé à considérer la somme employée à cette acquisition comme une dépendance de la communauté.

**772.** Les donations d'immeubles qui ne sont faites, pendant le mariage, qu'à l'un des deux époux, ne tombent point en communauté, et appartiennent au donataire seul, à moins que la donation ne contienne expressément que la chose donnée appartiendra à la communauté (art. 1405). Cette disposition s'applique aux donations testamentaires ou legs, comme à celles qui sont entre-vifs.

**773.** Il semblerait qu'on peut conclure de la rédaction de cet article, que si l'immeuble est donné aux deux époux, il entre dans la communauté. Mais c'est absolument comme si l'auteur de la libéralité eût dit qu'il donnait à chacun des époux la moitié de l'immeuble ; et cette moitié est propre à chacun d'eux. Pour qu'il en fut autrement, il faudrait que l'acte de libéralité

exprimât que l'immeuble est donné à la communauté (1).

**774.** D'après les anciens principes, lorsqu'un
immeuble était donné par contrat de mariage,
aux futurs époux, par l'ascendant ou le parent
de l'un d'eux, la donation était censée faite à
l'époux descendant ou parent, et il ne tombait
pas dans la communauté. Maintenant c'est l'intention présumée du disposant qu'il faudrait rechercher. Toutefois, il faudrait décider sans difficulté que si la donation était faite par un parent
du futur époux à la future épouse, celle-ci serait seule propriétaire.

**775.** Un donateur peut stipuler que les fruits
d'un immeuble donné à l'épouse n'entreront pas
en communauté. On objecte contre cette opinion,
qu'elle est contraire aux principes généraux de
la communauté, à la dépendance conjugale, et,
par conséquent, à l'ordre public. Mais l'art. 1536
qui autorise entre époux une convention générale de cette nature, suffirait pour réfuter l'objection (2).

**776.** En règle générale, l'immeuble donné en

---

(1) Dalloz T. 10. p. 194 n° 53.—Cà Toullier n° 145.
(2) Proudhon de l'usufr. T. 1. p. 350.—Toullier n° 142.

paiement d'une somme due à la communauté est acquêt, parce qu'il ne fait que remplacer un objet de la communauté. Mais l'immeuble abandonné ou cédé par le père, mère ou autre ascendant, à l'un des deux époux, soit pour le remplir de ce qu'il lui doit, soit à la charge de payer les dettes du donateur à des étrangers, n'entre point en communauté ; sauf récompense ou indemnité (art. 1406).

La raison de cette disposition qui semble exceptionnelle, est que l'époux aurait trouvé l'immeuble dans la succession de l'ascendant, et que, dès-lors, il ne serait pas entré en communication, aux termes de l'art. 1404. Cependant, il était juste que la communauté fut indemnisée des sacrifices ou pertes qu'elle fait pour procurer l'immeuble à l'un des époux ; et la loi y a sagement pourvu par les derniers termes de la disposition citée, dans laquelle les mots *récompense* et *indemnité* sont synonimes, comme dans toutes les autres dispositions de notre titre.

777. Au reste, le montant de la récompense ou indemnité serait, dans ce cas, comme dans tous les cas analogues, égal à la dépense ou au préjudice soufferts par la communauté, et non pas à la valeur de l'immeuble qui pourrait être supérieure ou inférieure à cette dépense.

**778.** L'immeuble acquis pendant le mariage à titre d'échange contre l'immeuble appartenant à l'un des deux époux , n'entre point en communauté , et est subrogé au lieu et place de celui qui a été aliéné , sauf la récompense , s'il y a soulte (art. 1407).

De cette obligation de récompenser la communauté à concurrence de la soulte , si l'immeuble reçu en échange est plus considérable que l'autre , résulte la conséquence que cet immeuble reçu est propre pour le tout. Il importe même peu que cette soulte soit égale ou même supérieure à la valeur de l'immeuble cédé. Quoiqu'il ait été soutenu par Pothier , et, après lui, par quelques écrivains modernes , que l'immeuble reçu serait mixte, c'est-à-dire propre pour une partie, et acquêt pour l'autre , cette opinion qui donnerait souvent lieu à des contestations pour bien fixer la valeur respective des immeubles, ne peut être admise en présence d'un texte aussi formel que celui de l'art. 1407 , qui ne distingue pas et dont les termes sont absolus (1).

**779.** On peut même conclure du principe posé dans l'art. 1433 , que si l'immeuble appartenant à l'un des époux est échangé contre un objet

_____

(1) Toullier n° 149, 150.

mobilier, cet objet n'entre pas dans la communauté (2).

780. L'acquisition faite pendant le mariage, à titre de licitation ou autrement, de portion d'un immeuble dont l'un des deux époux était propriétaire par indivis ne forme point un conquet ( expression synonime d'acquêt) ; sauf à indemniser la communauté de la somme qu'elle a fournie pour cette acquisition. Dans le cas où le mari deviendrait seul, et en son nom personnel, acquéreur ou adjudicataire de portion ou de la totalité d'un immeuble appartenant par indivis à la femme, celle-ci, lors de la dissolution de la communauté, a le choix ou d'abandonner l'effet à la communauté, laquelle devient alors débitrice envers la femme de la portion appartenant à celle-ci dans le prix, ou de retirer l'immeuble, en remboursant à la communauté le prix de l'acquisition (art. 1408).

L'immeuble ainsi acquis appartiendra donc pour le tout à l'époux qui y avait déjà un droit indivis. Il en doit être ainsi par application du principe de l'art. 843, selon lequel le partage n'est pas attributif, mais seulement déclaratif de propriété ; et l'acquisition faite par licitation ou

_____

(2) Id. n° 151, 152.

à l'amiable d'un objet dont l'acquéreur était déjà copropriétaire par indivis, est un vrai partage.

La seconde disposition de l'art. 1408 a pour objet de protéger la femme contre l'abus que le mari pourrait faire de son autorité ou de sa plus grande connaissance des affaires.

**781.** De l'examen de ces règles qui concernent les immeubles, passons à d'autres objets qui, dans certains cas, appartiennent à la communauté, et n'en font pas partie dans d'autres cas.

Les coupes de bois et les produits des carrières et mines tombent dans la communauté, pour tout ce qui en est considéré comme usufruit, d'après les règles expliquées au titre de l'usufruit, de l'usage et de l'habitation. Si les coupes de bois qui, en suivant ces règles, pourraient être faites durant la communauté, ne l'ont point été, il en sera dû récompense à l'époux non propriétaire du fonds, ou à ses héritiers. Si les carrières et mines ont été ouvertes pendant le mariage, les produits n'en tombent dans la communauté que sauf récompense ou indemnité à celui des époux à qui elle pourra être due (art. 1403).

**782.** La première disposition de cet article renvoie donc aux art. 590, 591, 593, 594, 598. On peut en conclure que les arbres de haute

futaie, quoique meubles par leur séparation du
sol, n'appartiennent pas à la communauté, puisque l'art. 592 ne donne à l'usufruitier aucun
droit sur ces arbres.

**783.** La disposition qui accorde récompense à
l'époux non propriétaire du fonds ou à ses héritiers est contraire à celle de l'art. 590 qui, dans
un cas analogue, refuse une indemnité à l'usufruitier ou à ses héritiers. La raison de cette différence est que, dans le cas de l'art. 1403, le
produit de la coupe qui n'a pas eu lieu était destiné à soutenir la communauté qui avait un crédit
à cet égard. La loi d'ailleurs a voulu par là prévenir des avantages indirects entre époux.

Ici, la récompense due sera de la moitié du
produit réel de la coupe.

La dernière disposition de l'art. 1403 ne fait
que reproduire le principe de l'art. 598.

## § II.

*Du passif de la communauté et des actions qui en
résultent contre la communauté.*

### SOMMAIRE.

784. *Du passif de la communauté.* 1° *Dettes mobilières
antérieures au mariage, ou des successions ouvertes postérieurement.*

**784.** Le passif de la communauté est généralement le corrélatif de l'actif, conformément à la règle : *eadem debet esse ratio commodi et incommodi.* La communauté se compose passivement : 1° de toutes les dettes mobilières dont les époux étaient grévés au jour de la célébration de leur mariage, ou dont se trouvent chargées les successions qui leur échoient durant le mariage, sauf la récom-

24

pense pour celles relatives aux immeubles propres à l'un ou à l'autre des époux (art. 1409).

Le mobilier entrant dans la communauté, les dettes mobilières doivent y tomber aussi. Il en est de même, et par la même raison, des dettes mobilières des successions.

**785.** Il faut excepter de cette disposition la dette mobilière d'un corps certain appartenant à celui des époux qui en est débiteur et qui n'a pas pu entrer en communauté, comme, par exemple, la dette d'arbres vendus avant le mariage et qui étaient sur pied lorsqu'il a été célébré.

**786.** Les sommes dues pour le prix des propres de l'un des conjoints sont encore exceptées. Car la communauté ne doit pas payer le prix d'un héritage dont elle ne profite pas. Cette règle d'équité est érigée en principe par l'art. 1437 sur lequel je reviendrai.

**787.** 2° Des dettes tant en capitaux qu'arrérages ou intérêts, contractées par le mari pendant la communauté, ou par la femme du consentement du mari, sauf la récompense dans les cas où elle a lieu. (id.) Car les capitaux, arrérages et intérêts dus aux époux entrent en communauté.

**788.** Il n'y a, pour l'application de cette dis-

position, aucune distinction à faire entre les dettes mobilières et immobilières.

**789.** 3° Des arrérages et intérêts seulement
des rentes ou dettes passives qui sont personnelles aux deux époux (id.) parce que les arrérages
et intérêts des rentes ou dettes actives personnelles aux époux appartiennent à la communauté.
Ainsi l'intérêt du prix d'un immeuble acquis avant
le mariage sera à la charge de la communauté
parce qu'elle en perçoit les fruits.

**790.** 4° Des réparations usufructuaires des
immeubles qui n'entrent point en communauté
(id.). Il s'agit ici seulement des réparations que
supporte l'usufruitier (art. 605), et qui sont une
charge des fruits. Mais les grosses réparations né
sont pas à la charge de la communauté (id.), et
si elles avaient lieu à ses frais, il lui en serait dû
récompense.

**791.** 5° Des alimens des époux, de l'entretien
et éducation des enfans, et de toute autre charge
du mariage (art. 1409). Les dépenses dé cette
nature sont la première dette de la communauté.

**792.** La communauté n'est tenue des dettes
mobilières contractées avant le mariage par la
femme, qu'autant qu'elles résultent d'un acte

authentique antérieur au mariage, ou ayant reçu
avant la même époque une date certaine, soit
par l'enregistrement, soit par le décès d'un ou
de plusieurs signataires dudit acte. Le créancier
de la femme, en vertu d'un acte n'ayant pas date
certaine avant le mariage, ne peut en poursuivre
contre elle le paiement que sur la nue propriété
de ses immeubles personnels. Le mari qui prétendrait avoir payé pour sa femme une dette de
cette nature, n'en peut demander la récompense
ni à sa femme ni à ses heritiers (art. 1410).

Le mari maître de la communauté, et, en cette
qualité, tenu de ses charges, ne doit pas avoir à
souffrir des obligations que sa femme pourrait
antidater, ou qui pourraient être ignorées de
lui; et la règle que pose ici la loi qui a voulu
prévenir toute contestation à cet égard est absolue. La seule exception qu'elle reçoit, dans le
cas où le mari a payé une dette de cette nature,
se justifie par cette raisen, que le mari, renonçant à son droit, a reconnu la légitimité de la
dette qu'il a acquittée, et qu'elle était à la charge
de la communauté.

La disposition précitée n'est pas limitative, en
ce qui concerne la date certaine. Elle doit se
combiner avec l'art. 1328, qui l'attribue également aux actes dont la substance est constatée
dans des procès-verbaux de scellé ou d'inventaire
ou autres actes.

**793.** Il est reconnu, par argument de l'art. 877, que les créanciers porteurs d'un titre authentique antérieur au mariage n'en peuvent poursuivre l'exécution contre le mari que huit jours après la signification qui lui en est faite (1).

**794.** Les dettes contractées par la femme, entre le contrat et la célébration du mariage sont à la charge de la communauté, quoi qu'on puisse objecter que le mari qui n'en a pas eu connaissance n'a pas pu s'en garantir par une clause de séparation de dettes. Mais le texte de l'art. 1410 est formel. Il met à la charge de la communauté les dettes contractées par la femme, non avant le contrat, mais *avant le mariage*. D'ailleurs, il faudrait le décider ainsi, par une raison de réciprocité. Car la communauté profiterait des dettes actives de la femme contractées dans l'intervalle du contrat à la célébration.

**795.** Les dettes des successions purement mobilières qui sont échues aux époux pendant le mariage, sont pour le tout à la charge de la communauté (art. 1411).

Les dettes d'une succession purement immobilière qui échoit à l'un des deux époux pendant

---

(1) Pothier de la communauté n° 242.—Toullier n° 204.

le mariage ne sont point à la charge de la communauté; sauf le droit qu'ont les créanciers de poursuivre leur paiement sur les immeubles de ladite succession. Néanmoins, si la succession est échue au mari, les créanciers de la succession peuvent poursuivre leur paiement, soit sur tous les biens propres au mari, soit même sur ceux de la communauté; sauf récompense due à la femme ou à ses héritiers (art. 1412).

Le premier de ces articles est la conséquence de l'art. 1401, qui fait profiter la communauté des successions purement mobilières. Le second a son motif dans l'art. 1404, qui exclut de la communauté les immeubles échus aux époux, à titre de succession; et la disposition qui permet aux créanciers de la succession échue au mari de poursuivre leur paiement même sur les biens de la communauté, est fondée sur ce que le mari qui en est le maître peut disposer à son gré des biens qui la composent.

**796.** Si la succession purement immobilière est échue à la femme, et que celle-ci l'ait acceptée du consentement du mari, les créanciers de la succession peuvent poursuivre leur paiement sur tous les biens personnels de la femme; mais si la succession n'a été acceptée par la femme que comme autorisée en justice au refus du mari, les créanciers, en cas d'insuffisance des immeubles de la succession, ne peuvent se pourvoir que sur la nue propriété des autres biens de la femme (art. 1413).

Le consentement du mari emporte de sa part renonciation en faveur des créanciers de la succession, au droit de jouissance que la loi lui donne des biens personnels de la femme, et l'autorisation de la justice qui ne peut pas dépouiller le mari de son droit, ne saurait produire le même effet.

**797.** Si la succession est acceptée avec le consentement du mari, la femme s'oblige implicitement à payer les dettes de la succession, ce qui est une conséquence nécessaire de son acceptation. Il s'ensuit que les créanciers de la succession peuvent, en vertu du principe de l'art. 1419, poursuivre le paiement de ce qui leur est dû sur les biens de la communauté (1).

**798.** Lorsque la succession échue à l'un des époux est en partie mobilière et en partie immobilière, les dettes dont elle est grevée ne sont à la charge de la communauté que jusqu'à concurrence de la portion contributoire du mobilier dans les det-

_____

(1) Toullier nᵒ 282 - 283.—Cà Delvincourt T. 4. p. 258.

tes, eu égard à la valeur de ce mobilier compa-
rée à celle des immeubles. Cette portion contributoire se règle d'après l'inventaire auquel le mari
doit faire procéder, soit de son chef si la succession le concerne personnellement, soit comme
dirigeant et autorisant les actions de sa femme,
s'il s'agit d'une succession à elle échue (art.1414).

**799.** En ne mettant à la charge de la communauté qu'une partie des dettes de la succession,
l'article cité semble contraire à l'art. 1409, suivant lequel toutes les dettes mobilières des successions sont supportées par la communauté.
Mais le principe de l'art. 1414, qui modifie l'art.
1409, est que les dettes mobilières d'un propre
de l'un des époux sont à la charge personnelle
de ce dernier. Celles qui concernent les immeubles de la succession sont, en quelque sorte, le
prix de ces immeubles (1).

**800.** A défaut d'inventaire, et dans tous les
cas où ce défaut préjudicie à la femme, elle ou
ses héritiers peuvent, lors de la dissolution de la
communauté, poursuivre la récompense de droit,
et même faire preuve, tant par titres et papiers
domestiques, que par témoins, et au besoin par
la commune renommée, de la consistance et va-

---

(1) Pothier n° 261.—Toullier n° 285.

leur du mobilier non inventorié. Le mari n'est jamais recevable à faire cette preuve (art. 1415).

801. Cette différence entre les droits de la femme et du mari à cet égard est fondée sur ce que le mari ne doit imputer qu'à lui-même le défaut d'inventaire, tandis que la femme ne peut pas avoir ce reproche à se faire.

802. La disposition précitée est applicable aux héritiers du mari comme au mari lui-même. Toutefois, si ces héritiers prouvaient que le défaut d'inventaire n'est qu'un moyen indirect employé par le mari pour faire à sa femme un avantage prohibé, ils seraient admis, comme la femme, à la preuve de la consistance et valeur du mobilier non inventorié.

803. Au surplus, les dispositions de l'article 1414 ne font point obstacle à ce que les créanciers d'une succession en partie mobilière et en partie immobilière poursuivent leur paiement sur les biens de la communauté, soit que la succession soit échue au mari, soit qu'elle soit échue a la femme, lorsque celle-ci l'a acceptée du consentement de son mari; le tout sauf les récompenses respectives. Il en est de même si la succession n'a été acceptée par la femme que comme autorisée en justice, et que, néanmoins,

le mobilier en ait été confondu dans celui de la communauté, sans un inventaire préalable (art. 1416).

La raison de cet article est que la partie mobilière de la succession tombant dans la communauté qui, conséquemment, est tenue des dettes qui en dépendent, il ne fallait pas soumettre les créanciers à diviser leurs créances, et à subir les lenteurs qui pourraient résulter de cette espèce de ventilation,

Ainsi la règle de division que consacre l'article 1414 n'existe que respectivement aux époux et ne s'applique nullement aux créanciers.

804. S'il a été fait un inventaire dans le cas où la succession dévolue à la femme n'a été acceptée par elle qu'avec l'autorisation de la justice, la communauté n'en doit pas supporter les charges. Elles doivent être acquittées sur les biens tant mobiliers qu'immobiliers de la succession, et, en cas d'insuffisance, sur la nue propriété des autres biens personnels de la femme (art. 1417). Si la communauté en est grévée par suite du défaut d'inventaire, c'est parce que, le mari étant en faute, en suppporte la conséquence. Mais dans tous les cas où la communauté contribue dans l'intérêt de l'un des époux, il lui en est dû récompense.

805. Les règles établies par les articles 1411

et suivans régissent les dettes dépendantes d'une donation comme celles résultant d'une succession (art. 1418). C'est toujours à titre gratuit que l'un des époux acquiert, et la raison de décider est ainsi la même dans les deux cas. La communauté contribue ou ne contribue pas aux dettes, suivant que les biens donnés lui profitent ou non, et suivant que le mari a consenti ou non à la donation.

306. Les créanciers peuvent poursuivre le paiement des dettes que la femme a contractées avec le consentement du mari, tant sur tous les biens de la communauté que sur ceux du mari ou de la femme; sauf la récompense due à la communauté, ou l'indemnité due au mari (art. 1419).

307. Nous avons vu que, dans le cas de l'art. 1413, les créanciers ne peuvent poursuivre leur paiement que sur les biens personnels de la femme. S'il en est autrement, dans celui de l'article 1419, c'est parce que la communauté et le mari sont en présomption d'avoir profité de l'emprunt contracté par la femme, tandis que la succession dont il s'agit dans l'art. 1413 n'appartient pas à la communauté.

308. Toute dette qui n'est contractée par la femme qu'en vertu de la procuration générale ou spéciale de son mari, est à la charge de la communauté; et le créancier n'en peut poursuivre

le paiement ni contre la femme ni sur ses biens personnels (art. 1420). Le mari est en effet censé avoir emprunté personnellement, d'après les premières règles du mandat.

808 *(bis)*. Le principe suivant lequel les actes de la femme n'engagent point la communauté, reçoit plusieurs exceptions. Ainsi, l'achat que ferait la femme même non autorisée, de comestibles, de vêtemens, en un mot d'objets nécessaires au ménage, constituerait une dette de la communauté (1). Il en serait autrement, si le mari avait averti les marchands de ne point vendre à crédit à sa femme, ou encore si les époux avaient des ménages séparés (2).

809. Il résulte ainsi des articles 220 et 1426 que la femme marchande publique peut, sans autorisation de son mari, engager la communauté, pour ce qui concerne son négoce.

## SECTION II.

*De l'administration de la communauté, et des effets des actes de l'un ou de l'autre des époux relativement à la société conjugale.*

### SOMMAIRE.

810. *Le mari a seul l'administration et la disposition de la communauté.*

---

(1) Merlin Rép. V° Autor. Marit.—Toullier n° 261 et suiv. etc. etc.

(2) Toullier n° 270, 272.

**810.** La loi attribue, dans le régime de la communauté, les plus grandes prérogatives au mari, sur les biens qui la composent. Il les administre seul. Il peut les vendre, les aliéner, les hypothéquer sans le concours de la femme (art. 1421).

Ce pouvoir absolu est non-seulement dans l'intérêt du mari, mais encore dans celui de la communauté elle-même qui, pour prospérer, a besoin d'un chef.

**811.** Le mari peut même abuser des biens de la communauté, et les détruire à son gré. La femme dont la dot serait mise en péril a seulement, comme nous le verrons bientôt, la faculté de demander la séparation de biens.

Ainsi, tant que dure la communauté, la femme

n'est pas copropriétaire. Elle n'a que l'espérance de le devenir à sa dissolution.

**812.** Ces droits du mari dérivant d'un principe d'ordre public, il ne peut pas valablement renoncer, par contrat de mariage, à leur exercice (art. 1388).

Mais rien n'empêche que, par une procuration essentiellement révocable (1), il confie à sa femme l'administration de tout ou de partie de la communauté.

**813.** On a agité la question de savoir si le mari peut renoncer valablement, par contrat de mariage, à vendre les acquêts de la communauté, sans le consentement de sa femme. L'affirmative se fonde sur ce que les articles 1387 et 1388 établissent une différence entre les droits que le mari peut exercer sur la personne de la femme et des enfans, et ceux qu'il a sur les biens, et l'on dit qu'il ne peut pas renoncer aux premiers qui sont d'ordre public, tandis que l'article 1387 permettant aux époux de faire, quant aux biens, telles conventions spéciales qu'ils jugent à propos, cette renonciation serait valable (2).

---

(1) Art. 223.—Toullier n° 307 etc.

(2) Toullier, n° 309—M. Duranton, T. 14, n° 266.

26

Je n'avais pas cru d'abord devoir adopter cette opinion. Elle me semblait tendre à restreindre la puissance que la loi donne au mari, comme chef, sur les biens de la communauté, et contraire, dès-lors, au texte de l'article 1388 qui, en distinguant les droits du mari sur la personne de la femme et des enfans, de ceux qui appartiennent au mari comme chef, défend de déroger aux uns et aux autres. Mais de nouvelles réflexions m'ont convaincu qu'elle était fondée, et que le principe de l'article 1387 ne permet pas même le doute à cet égard.

814. Cette faculté illimitée que la loi donne au mari de disposer des biens de la communauté a pour fondement les besoins du ménage. Dès-lors, elle n'a pour objet que les dispositions à titre onéreux, qui peuvent procurer un avantage équivalent. Car le mari ne peut disposer entre-vifs à titre gratuit des immeubles de la communauté, ni de l'universalité ou d'une quotité du mobilier, si ce n'est pour l'établissement des enfans communs. Il peut néanmoins disposer des effets mobiliers à titre gratuit et particulier, au profit de toutes personnes, pourvu qu'il ne s'en réserve pas l'usufruit (art. 1422).

Le but de cette disposition a été d'interdire au mari les donations importantes, en lui permettant, au profit de toutes personnes capables de recevoir, des libéralités moins onéreuses pour sa famille. La loi met même une entrave à ces libéralités, en ne les déclarant valables qu'autant que le mari ne s'en réserve pas l'usufruit.

815. Il ne faut pas croire pourtant qu'au moyen de dons de sommes ou d'objets déterminés, le mari pourra éluder la disposition de la loi qui lui défend le don d'une quotité du mobilier. Car la disposition pourrait être attaquée, suivant les circonstances, comme faite indirectement en fraude de la loi, et elle pourrait être déclarée nulle.

816. La prohibition de l'article 1422 est d'ailleurs surtout dans l'intérêt de la femme; d'où l'on peut induire que le mari a le droit de disposer à titre gratuit, avec le concours de la femme, des immeubles de la communauté, de l'universalité ou d'une quotité du mobilier.

817. La donation faite par le mari, au mépris de cette prohibition, ne serait sujette qu'à une nullité relative que la femme seule ou ses représentans pourraient exercer, le cas échéant, le mari ne pouvant pas, pour l'attaquer, se faire un titre de sa propre contravention (1).

_____

(1) Delvincourt, T. 3, pag, 261—Toullier, n° 314 etc.

818. La donation testamentaire faite par le mari ne peut excéder sa part dans la communauté. S'il a donné en cette forme un effet de la communauté, le donataire ne peut le réclamer en nature qu'autant que l'effet, par l'événement du partage, tombe au lot des héritiers du mari : si l'effet ne tombe pas au lot de ces héritiers, le légataire a la récompense de la valeur totale de l'effet donné, sur la part des héritiers du mari dans la communauté et sur les biens personnels de ce dernier (art. 1423).

819. Ici, la disposition du mari est limitée, parce-qu'elle ne peut sortir à effet qu'après sa mort, conséquemment après la dissolution de la communauté, époque à laquelle la communauté peut se partager. La loi ne devait donc donner au mari d'autre faculté que celle de disposer de ce qui peut lui appartenir.

820. La disposition qui accorde une récompense au légataire est une dérogation au principe de l'article 1021 qui déclare nul le legs de de la chose d'autrui. Mais la loi a du prendre un moyen pour préserver le légataire des effets de la collusion qui pourrait exister entre les copartageans, pour placer l'objet légué dans le lot de celui qui n'en a pas disposé,

**821.** On doit reconnaître que ce que la loi dit de la donation testamentaire faite par le mari , doit s'appliquer également à celle qui serait faite par la femme.

**822.** Il faut voir maintenant sur quels biens s'exécutent les condamnations prononcées contre le mari ou contre la femme.

Les amendes encourues par le mari pour crime n'emportant pas mort civile, peuvent se poursuivre sur les biens de la communauté, sauf la récompense due à la femme. Celles encourues par la femme ne peuvent s'exécuter que sur la nue propriété de ses biens personnels , tant que dure la communauté (art. 1424).

Les condamnations prononcées contre l'un des deux époux pour crime emportant mort civile, ne frappent que sa part de la communauté et ses biens personnels (art. 1425).

Les condamnations qui emportent la mort civile contre l'un des époux ne devaient pas être à la charge de la communauté, parce que la communauté étant dissoute par la mort civile ( art. 25 ), les droits de chacun des époux sont alors fixés.

**823.** La loi ne mentionne ici que les amendes. Mais il est sans difficulté qu'elle s'applique aussi aux réparations civiles et aux frais qui sont la conséquence d'un crime ou d'un délit (1). Toutefois, la similitude n'est pas complète. La femme peut obtenir une récompense pour les amendes encourues par le mari, qui, quoique poursuivies sur les biens de la communauté, doivent en définitive rester à la charge seule du mari. Mais elle n'a pas droit à cette récompense pour les réparations civiles, dont la condamnation est prononcée contre le mari. La raison de cette différence est que la communauté profiterait des dommages et intérêts qu'obtiendrait le mari à titre de réparations civiles, tandis qu'elle ne peut avoir rien à gagner aux amendes prononcées contre celui qui se serait rendu coupable envers le mari d'un crime ou d'un délit (2).

**824.** Les actes faits par la femme sans le consentement du mari, et même avec l'autorisation de la justice, n'engagent point les biens de la communauté, si ce n'est lorsqu'elle contracte comme marchande publique et pour le fait de son commerce (art. 1426).

Je ne reviendrai pas sur cette exception déjà signalée. Quant à la disposition principale, elle est la conséquence de principes déjà bien connus;

---

(1) Toullier, n° 223.
(2) Toullier, n° 224—Cà, Delvincourt, T. 3, P. 260

il en résulte notamment que, pour des raisons faciles à saisir, l'autorité de la justice ne peut pas, en régle générale, suppléer celle du mari. Par le mot *actes*, qu'emploie ici la loi, il faut entendre non-seulement les contrats, mais encore les quasi-contrats, délits et quasi-délits qui pourraient obliger la femme. Ce n'est que lorsque le mari est responsable pour sa femme, que les actes de celle-ci peuvent compromettre la communauté (1).

825. Je dis que l'autorité de la justice ne supplée pas celle du mari, en règle générale; car il est des cas particuliers où il en est autrement. La femme peut s'obliger et engager les biens de la commumunauté, dans des cas d'urgence, avec l'autorisation de la justice. Sans cette autorisation, elle est absolument incapable même pour tirer son mari de prison, ainsi que pour l'établissement de ses enfans. Encore même ne peut-elle être autorisée dans ce dernier cas, que lorsque son mari est absent (art. 1427).

826. J'ai parlé jusqu'à présent des prérogatives du mari sur les biens de la communauté dont il est le chef. Elles s'exercent aussi, mais avec moins d'étendue, sur les biens personnels de la

_____

(1) id. n° 231, 232.

femme. Ici il n'est plus maître ; il n'est qu'administrateur.

Le mari, dit la loi, a l'administration de tous les biens personnels de la femme. Il peut exercer seul toutes les actions mobilières et possessoires qui appartiennent à la femme. Il ne peut aliéner les immeubles personnels de sa femme sans son consentement. Il est responsable de tout dépérissement des biens personnels de sa femme, causé par défaut d'actes conservatoires ( art. 1428).

**827.** Cette administration du mari s'étend même sur les meubles réalisés, c'est-à-dire exclus de la communauté. Mais il n'en faut pas conclure que le mari ait le droit d'aliéner ces meubles.

**828.** Le Code ne dit pas que le mari peut seul exercer les actions mobilières et possessoires de la femme, mais qu'il peut les exercer seul, ce qui est bien différent. Car les actions de cette nature intentées à la fois par le mari et la femme ne seront pas sujettes à nullité, en ce qui concerne cette dernière. La femme aura aussi le droit d'intervenir dans l'instance engagée par son mari, même contre le gré de celui-ci : *potest uxor intervenire, etiam invito marito, authorata à judice, in propriis suis, ne colludatur* (Dumoulin, sur la coutume de Bourgogne).

**829.** En n'accordant au mari que l'exercice de cette action possessoire, la loi a-t-elle voulu lui défendre d'exercer seul les actions pétitoires pour le même objet ?

On argumente, pour la négative, de ce que l'opinion qui refuse au mari l'exercice de l'action pétitoire est inconciliable avec le droit de jouissance accordé au mari sur les immeubles de la femme, ainsi qu'avec la disposition finale de l'article 1428, qui rend le mari responsable du dépérissement des propres de sa femme, par défaut d'actes conservatoires, et qui, par conséquent, l'oblige à agir au pétitoire pour interrompre les prescriptions; on invoque aussi les termes de l'article 1549 (1).

Mais n'est-il pas certain que si la loi eût voulu donner au mari, dans le régime de la communauté, les droits qu'elle lui attribue dans le régime dotal, nous retrouverions dans l'article 1428 les précisions de l'article 1549? On peut donc appliquer ici avec raison, quoiqu'elle ne soit pas toujours exacte, la règle : *inclusio unius est exclusio alterius.* Le texte des articles 818 et 2208 fournit encore un moyen à l'appui de l'opinion qui refuse au mari l'exercice de l'action pétitoire (2).

_____

(1) Toullier n° 384.
(2) M. Duranton, n° 346.

**830.** La qualité qu'a le mari d'administrateur des biens personnels de sa femme, lui donne le droit de les affermer. Mais les baux qu'il a seul faits des biens de sa femme pour un temps qui excède neuf ans, ne sont, en cas de dissolution de la communauté, obligatoires vis-à-vis de la femme ou de ses héritiers que pour le temps qui reste à courir, soit de la première période de neuf ans si les parties s'y trouvent encore, soit de la seconde, et ainsi de suite, de manière que le fermier n'ait que le droit d'achever la jouissance de la période de neuf ans où il se trouve (art. 1429).

Les baux de neuf ans ou au-dessous que le mari seul a passés ou renouvelés des biens de sa femme, plus de trois ans avant l'expiration du bail courant, s'il s'agit de biens ruraux, et plus de deux ans avant la même époque, s'il s'agit de maisons, sont sans effet, à moins que leur exécution n'ait commencé avant la dissolution de la communauté (art. 1430).

Les motifs de ces articles ont été expliqués en même temps que l'article 595 (T. 2, nos 204, 205); et je m'en réfère à ce que j'ai dit alors pour établir que le preneur pourrait être forcé d'exécuter le bail qui lui aurait été consenti pour une plus longue durée.

**831.** Si le mari, en donnant à ferme les biens

personnels de sa femme, les a affermés comme
siens, il ne s'ensuit pas que la durée légale du
bail doive être prolongée. Mais le fermier expulsé
aura droit à des dommages et intérêts qui, le
cas échéant, pourront retomber sur la communauté.

**852.** Le principe qui a dicté les articles 1974
et 1975 doivent faire décider que si le bail a été
consenti frauduleusement par le mari, au moment où la femme était dangereusement atteinte
de la maladie à laquelle elle succombe, ce bail
doit être annulé (1)·

**853.** Si le mari a reçu par anticipation le prix
de ferme des biens de sa femme, il faut distinguer si l'emploi en a été fait ou non pour l'avantage de la communauté. Au premier cas, la
femme n'a rien à réclamer ; au second, il lui est
dû récompense.

**854.** Quelle que soit l'étendue du droit de
jouissance qu'a le mari des biens de sa femme,
ses créanciers ne pourraient pas saisir cette jouissance. Car ce n'est pas de sa chose propre, mais
*jure mariti*, c'est-à-dire pour fournir aux charges

---

(1) Toullier, n° 409.

du ménage qu'il a cette jouissance (1). Mais ces créanciers auraient le droit de saisir les fruits.

835. L'intervention de la femme dans les affaires de la communauté ou du mari est présumée par la loi le résultat de l'influence de ce dernier. Aussi la femme qui s'oblige solidairement avec son mari, pour les affaires de la communauté ou du mari, n'est réputée, à l'égard de celui-ci, s'être obligée que comme caution; elle doit être indemnisée de l'obligation qu'elle a contractée (art. 1431).

Cette restriction de l'obligation solidaire de la femme n'est que relative au mari; car, à l'égard des créanciers, elle est aussi bien obligée que son mari lui-même. L'indemnité que lui doit celui-ci est la conséquence de la présomption de droit que ce n'est que dans l'intérêt du mari que la femme s'est obligée.

836. Le mari qui garantit solidairement ou autrement la vente que sa femme a faite d'un immeuble personnel, a pareillement un recours contre elle, soit sur sa part dans la communauté, soit sur ses biens personnels s'il est inquiété (art. 1432). Dans ce cas, le mari n'a pas fait sa pro-

_____

(1) id. n° 401, etc.

pre affaire ; il est intervenu dans celles de sa
femme ; il lui a facilité un traité dont il n'est pas
en présomption d'avoir profité. Une raison d'é-
quité devait, surtout après la disposition de l'article précédent, lui faire accorder un recours contre sa femme.

837. Au reste, cette garantie du mari de la
vente faite par sa femme, doit être expresse, et
elle ne se suppose pas. Elle ne résulterait donc
pas de la présence du mari à l'acte d'aliénation et
de l'autorisation de vendre qu'il aurait donnée à
sa femme.

838. Il est, en matière de communauté, un
principe fondamental qui admet la réciprocité,
suivant lequel tout acte qui enrichit la communauté aux dépens des propres de l'un des conjoints, donne à celui-ci droit à une récompense
ou indemnité. Nous allons en retrouver ici plusieurs conséquences.

839. S'il est vendu un immeuble appartenant
à l'un des époux, de même que si l'on s'est rédimé en argent de services fonciers dus à des
héritages propres à l'un d'eux, et que le prix en
ait été versé dans la communauté, le tout sans
remploi, il y a lieu au prélèvement de ce prix
sur la communauté, au profit de l'époux qui était

propriétaire, soit de l'immeuble vendu, soit des services rachetés (art. 1433).

**840.** On entend par *remploi*, le remplacement en acquisition d'autres immeubles, des immeubles des époux qui ont été aliénés pendant le mariage.

**841.** L'article 1433 s'applique non-seulement au cas de vente, mais encore à tout autre acte d'aliénation, à la dation en paiement, par exemple (1).

**842.** Si l'aliénation est d'un usufruit ou d'une rente viagère, le prélèvement ne s'opère que sauf déduction de ce dont la communauté aurait profité au delà de l'intérêt légal du prix de l'aliénation (2).

**843.** Quant au mode de remploi, la loi établit une distinction toute rationnelle entre le mari et la femme.

Le remploi est censé fait à l'égard du mari, toutes les fois que, lors d'une acquisition, il a déclaré qu'elle était faite des deniers provenus de l'aliénation de l'immeuble qui lui était personnel, et pour lui tenir lieu de remploi (art. 1434).

---

(1) Pothier, n° 593, et suiv.
(2) id. n° 592

**844.** Si ce n'était pas lors de l'acquisition, mais plus tard, que le mari ferait cette déclaration, elle serait inefficace pour enlever à l'immeuble précédemment acheté, son caractère d'acquêt de communauté.

**845.** Il n'est pas absolument indispensable, pour qu'un immeuble acquis pendant le mariage soit propre à l'un des époux, que l'acquisition ait été faite avec le prix d'un autre immeuble vendu. Il suffit qu'il y soit employé des deniers exclus de la communauté, et que cette circonstance soit déclarée (1).

**846.** S'il y a une différence entre le prix de l'immeuble vendu et celui du remploi, et qu'elle soit peu considérable, l'immeuble acquis sera propre, et il sera dû, à concurrence, récompense à la communauté. Mais si la différence est considérable, l'immeuble acquis ne sera propre que pour la quotité représentée par le prix de la vente (2). M. Toullier (n° 357) pense qu'on peut appliquer à ce cas, par analogie, la disposition de l'article 866.

**847.** La déclaration du mari que l'acquisition est

---

(1) Toullier, n° 356.
(2) Pothier, n° 198.

faite des deniers provenus de l'immeuble vendu par la femme et pour lui servir de remploi, ne suffit point, si ce remploi n'a été formellement accepté par la femme ; si elle ne l'a pas accepté, elle a simplement droit, lors de la dissolution de la communauté, à la récompense du prix de son immeuble vendu (art. 1435).

848. L'acceptation de la femme doit donc être formelle ; et il ne suffirait pas qu'elle fût présente au contrat (1).

849. Il n'est pas nécessaire qu'elle soit faite dans l'acte même d'acquisition, et il suffit qu'elle ait lieu avant la dissolution de la communauté, Mais si, dans l'intervalle, le mari avait aliéné l'immeuble, l'acceptation ne pourrait pas préjudicier aux droits acquis par des tiers (2).

850. Il suit donc de là que tant que la femme n'a pas accepté la déclaration de remploi faite par le mari, celui-ci peut la rétracter.

851. Une fois l'acceptation faite, la femme ne peut plus la révoquer, à moins qu'étant mineure

---

(1) Cà Toullier, n° 361.
(2) Pothier, n° 200—Maleville sur l'art. 1435—Toullier n° 361—Cà Delvincourt, T. 3. p. 290.

lorsqu'elle a eu lieu, elle ne se fasse restituer pour cause de minorité, (1)

852. La récompense du prix de l'immeuble appartenant au mari ne s'exerce que sur la masse de la communauté; celle du prix de l'immeuble appartenant à la femme s'exerce sur les biens personnels du mari, en cas d'insuffisance des biens de la communauté. Dans tous les cas, la récompense n'a lieu que sur le pied de la vente, quelque allégation qui soit faite touchant la valeur de l'immeuble aliéné (art. 1436).

Dans le système de la communauté, le mari ne peut jamais, en effet, acquérir un recours sur les biens de la femme, en dissipant ceux de la communauté, tandis que la conséquence de cette dissipation peut être quelquefois de l'obliger en faveur de sa femme sur ses propres biens.

L'estimation de la récompense due, dans ce cas, est fondée, en ce qui concerne le mari, sur son propre fait qu'il doit s'imputer.

853. Il faut supposer, pour l'application de ces règles, que les actes d'aliénation ne sont entachés d'aucune fraude. Car si la femme établissait que le mari, dans l'acte d'aliénation, a exagéré, par une fausse déclaration, le prix réel pour aug-

---

(1) Pothier n° 199.

27

menter la récompense à laquelle il a droit, la communauté ne devrait que la valeur réelle de l'immeuble.

854. On peut conclure des principes posés par l'article 1387 et suivans, et 1497, que les époux peuvent convenir, par contrat de mariage, qu'au cas de vente de leurs biens personnels, ils n'auraient pas de prélèvement à opérer sur la communauté (1).

855. S'il est vrai, comme nous l'avons déjà vu (art. 1433), que toutes les fois que la communauté a profité des biens personnels des époux, il y a lieu à prélèvement en faveur du propriétaire, il l'est aussi que toutes les fois qu'il est pris sur la communauté une somme, soit pour acquitter les dettes ou charges personnelles à l'un des époux, telles que le prix ou partie du prix d'un immeuble à lui propre, ou le rachat de services fonciers, soit pour le recouvrement, la conservation ou l'amélioration de ses biens personnels, et généralement toutes les fois que l'un des deux époux a tiré un profit personnel des biens de la communauté, il en doit la récompense (art. 1437).

---

(1) Toullier, n° 373.

**856.** Cette règle d'une équitable réciprocité, ne fait que résumer plusieurs des dispositions précédemment expliquées. Ainsi, il sera dû récompense à la communauté par l'époux propriétaire des impenses nécessaires ou utiles faites sur son bien. Mais il n'en serait pas de même de celles d'entretien à raison des dégradations déjà existantes lors du mariage, qui sont une charge de la communauté (1), non plus que de celles qui seraient purement voluptuaires (2).

**857.** Voyons maintenant quels sont les effets de la commuuauté, en ce qui concerne la dot faite à l'enfant commun. Dans les explications qui vont suivre, le sens du mot *dot* n'est pas restreint au bien que la femme apporte au mari pour supporter les charges du mariage, comme il l'est par l'art. 1540. Cette expression s'applique ici à tout ce qui est donné soit à la femme, soit au mari, en faveur du mariage.

**858.** Si le père et la mère ont doté conjointement l'enfant commun, sans exprimer la portion pour laquelle ils entendaient y contribuer, ils

---

(1) Toullier, T. 13, n° 160—M. Bellot, T. 3. P. 402 etc. Cà Proudhon de l'usufr. T. 5.—P. 475.

(2) Pothier, n° 637.

sont censés avoir doté chacun pour moitié, soit que la dot ait été fournie ou promise en effets de la communauté, soit qu'elle l'ait été en biens personnels à l'un des deux époux. Au second cas, l'époux dont l'immeuble ou l'effet personnel a été constitué en dot, a sur les biens de l'autre, une action en indemnité pour la moitié de ladite dot, eu égard à la valeur de l'effet donné, au temps de la donation (art. 1438).

Le Code n'impose pas aux père et mère l'obligation de doter leurs enfans. Il refuse, au contraire, toute action à ceux-ci, pour cet objet (art. 204). Ce n'est donc qu'une obligation naturelle qu'il dépend des père et mère d'acquitter ou de ne pas acquitter.

839. Quels que soient les biens donnés en dot, il suffit d'avoir contribué à la dotation pour être obligé. Mais cette obligation existera-t-elle de la part de la femme qui renoncera à la communauté, alors que la dot a été constituée en effets de la communauté?

L'obligation de doter étant personnelle aux époux et non pas dette de communauté, la renonciation de la mère ne l'en affranchit pas, à moins qu'il n'ait été stipulé que, par l'effet de cette renonciation, la dot sera censée avoir été constituée par le père seul, et la femme devra récompense à la communauté si le paiement a été effectué. S'il ne l'a pas été, elle en sera tenue, pour sa part, sur ses biens personnels.

En cette matière, il est fait exception à la règle de l'article 1431, par la raison que la dot des enfans est une dette de la femme aussi bien que du mari.

860. La dot constituée par le mari seul, à l'enfant commun en effets de la communauté, est à la charge de la communauté; et, dans le cas où la communauté est acceptée par la femme, celle-ci doit supporter la moitié de la dot, à moins que le mari n'ait expressément déclaré qu'il s'en chargeait pour le tout ou pour une portion plus forte que la moitié (art. 1439).

Nous savons, en effet, que le mari peut donner les effets de la communauté, pour l'établissement des enfans communs (art. 1422).

861. L'enfant ainsi doté par le père doit rapporter la dot par moitié à la succession de ses père et mère. Il la rapportera en entier à la succession du père, si la mère renonce à la communauté. L'opinion suivant laquelle le rapport devrait être fait, même dans ce cas, aux deux successions est fondée sur ce que la dot a été distraite de la communauté sous la condition tacite

du rapport aux deux successions, et sur ce que la renonciation de la mère ne peut pas avoir d'effet rétroactif pour faire entrer toute la dot dans la succession du père (1). Mais la renonciation de la mère fait que, pour elle, la communauté est censée n'avoir jamais existé. Sa contribution est subordonnée, en définitive, à son acceptation de la communauté, lorsque la dot est constituée par le père seul. Il en est autrement, comme nous l'avons vu, si la dot est faite conjointement, même en effets de la communauté, par le père et par la mère (2).

862. La garantie de la dot est due, par toute personne qui l'a constituée, et ses intérêts courent du jour du mariage, encore qu'il y ait terme pour le paiement, s'il n'y a stipulation contraire (art. 1440).

La faveur de la dot qui fait partie des conventions matrimoniales et des causes du mariage, justifie cette exception à la règle générale qui affranchit le donateur de la garantie. On peut dire encore que le mari ne reçoit pas la dot à titre purement gratuit, mais à la charge de fournir à l'entretien du ménage.

---

(1) Toullier, T. 12 n° 322 et suiv.
(2) Dalloz, T. 10, P. 209. n° 14.

L'exception de cet article à la règle qui ne fait courir les intérêts que du jour de la demande (art. 1153), est fondée sur la destination de la dot dont l'emploi commence au moment même du mariage.

## SECTION III.

*De la dissolution de la communauté, et de quelques-unes de ses suites.*

### SOMMAIRE.

689. *Il n'est pas garant de l'utilité de l'emploi.*

890. *Après la séparation, la communauté peut être rétablie. A quelles conditions.*

891. *Tous les droits acquis à des tiers, après la séparation, sont maintenus nonobstant le rétablissement.*

892. *L'article 1451 ne s'applique pas à la séparation contractuelle.*

893. *La séparation de biens n'autorise pas l'exercice des droits de survie.*

894. *La loi s'applique, à cet égard, au mari comme à la femme.*

895. *Après la séparation, la rénonciation aux gains de survie ou un traité dont ils sont l'objet, sont valables.*

896. *Option d'accepter la communauté ou d'y renoncer donnée à la femme ou à ses représentans.*

**863.** La communauté se dissout : 1º par la mort naturelle ; 2º par la mort civile ; 3º par le divorce ; 4º par la séparation de corps ; 5º par la séparation de biens (art. 1441).

De ces cinq causes de dissolution, il faut retrancher le divorce aboli par la loi du 8 mai 1816 ; et il faut y ajouter l'absence, conformément aux articles 124 et 129.

**864.** Le moyen de constater l'état de la communauté est un inventaire dont la nécessité sera plus tard établie. D'après la coutume de Paris , suivie aussi dans d'autres pays, le défaut d'inventaire amenait pour conséquence la continuation de la communauté avec le conjoint survivant, si elle convenait à ses enfans mineurs. Il résultait de là de grands embarras; car plusieurs communautés pouvaient exister à la fois pour la même personne. Il n'en est plus de même aujourd'hui. Le défaut d'inventaire, après la mort naturelle ou civile de l'un des époux, ne donne pas lieu à la continuation de la communauté, sauf les poursuites des parties intéressées relativement à la consistance des biens et effets communs, dont la preuve pourra être faite tant par titres que par la commune renommée. S'il y a des enfans mineurs, le défaut d'inventaire fait perdre en outre, à l'époux survivant, la jouissance de leurs revenus; et le subrogé-tuteur qui ne l'a point obligé à faire inventaire est solidairement tenu avec lui de toutes les condamnations qui peuvent être prononcées au profit des mineurs (art. 1442).

865. La consistance des biens communs peut, à défaut d'inventaire, et à plus forte raison, être faite par témoins entendus dans une enquête ordinaire; et l'article 1442 contient manifestement une omission sous ce rapport.

866. La première disposition de cet article, qui signale une conséquence du défaut d'inven-

taire, s'applique au cas où il existe des enfants majeurs, ou d'autres héritiers de l'époux prédécédé, aussi bien qu'à celui où les enfants sont mineurs. La distinction qu'on a voulu établir à cet égard (1) répugne trop au texte de cet article pour pouvoir être admise.

867. Les revenus des enfans mineurs dont la perte est prononcée contre l'époux survivant comme peine du défaut d'inventaire, sont ceux dont les père et mère ont la jouissance, aux termes de l'article 384. Il ne faut pas même distinguer la jouissance des biens actuels des mineurs de celle de leurs biens à venir. La seconde disposition de l'article cité ne fait pas cette distinction que ses termes repoussent au contraire (2).

868. Ici, la loi, par exception aux règles ordinaires, soumet le subrogé-tuteur à une responsabilité personnelle déjà signalée (T. 1, n° 568). Mais il aurait son recours contre le conjoint survivant pour les condamnations principales, non pour les frais qu'il aurait encourus et qui doivent rester à sa charge, puisqu'il est personnellement en faute.

---

(1) Toullier, T. 13. n° 5.
(2) Proudhon de l'usufr. T. 1. P. 221—Cà Toullier n° 8.
(3) Toullier, n° 12.

**869.** Je n'ai rien à dire de la mort naturelle, de la mort civile ou de la séparation de corps, considérées comme causes de dissolution de la communauté. L'énonciation des deux premières qui dissolvent le mariage lui-même dont la communauté est l'accessoire, est suffisante. Quant à la séparation de corps, il suffit de rappeler qu'elle entraîne la séparation de biens. C'est donc de cette dernière seulement que je dois m'occuper. Je rechercherai qui peut la demander, pour quelles causes elle peut être prononcée, en quelle forme l'action doit être exercée, quel est le mode de son exécution, et quels en sont les effets. J'examinerai ensuite si, après sa prononciation, elle peut être rendue sans effet par le rétablissement de la communauté.

**870.** La séparation de biens ne peut être poursuivie qu'en justice par la femme dont la dot est mise en péril, et lorsque le désordre des affaires du mari donne lieu de craindre que les biens de celui-ci ne soient point suffisans pour remplir les droits et reprises de la femme. Toute séparation volontaire est nulle (art. 1443).

C'est donc à la femme, jamais au mari, qu'appartient le droit de demander la séparation de biens. Le mari pourrait-il, en effet, se faire, pour l'obtenir, un titre de sa mauvaise administration, de ses dissipations ? D'un autre côté, ne doit-il pas protection à sa femme, et serait-il fondé à se plaindre de l'embarras que lui donnent les affaires de celle-ci ?

Les créanciers personnels de la femme n'ont pas non plus le droit de demander, sans son consentement, la séparation de biens (art. 1446). Il ne devait pas leur être permis de jeter un germe de division dans le ménage. Il s'agit ici d'un droit personnel refusé aux créanciers par l'article 1166.

871. Pour que la femme puisse poursuivre la séparation de biens, il faut, d'après la loi, que sa dot soit mise en péril, et que le désordre des affaires du mari donne lieu de craindre que ses biens soient insuffisans pour la garantie de la femme.

La dot, sous tous les régimes, est le bien que la femme apporte au mari pour supporter les charges du ménage (art. 1540). La loi sainement entendue ne restreint pas la faculté de demander la séparation au cas où il y a danger pour la dot proprement dite. Car la femme qui, mariée sous le régime de la communauté, n'aurait que des immmeubles personnels, celle qui n'aurait aucune sorte de biens et qui n'aurait ou qu'une industrie ou que des espérances, pourrait aussi intenter l'action. Il suffit, pour cela, que le mari soit dérangé, que ses revenus soient exposés aux poursuites de ses créanciers. D'ailleurs, il importerait peu que le mari eût des biens considérables, plus que suffisans pour répondre des reprises de la femme, auxquelles ils seraient même affectés par privilège (1).

872. Sous le droit romain, la femme ne pouvait demander la séparation qu'en rapportant des preuves évidentes que les biens du mari ne lui offraient plus une garantie suffisante (L. 22 ff. sol. matrim.) Maintenant, ces preuves ne sont plus exigées. Il suffit que le dérangement des affaires du mari donne à la femme lieu de craindre; et c'est aux tribunaux d'apprécier les circonstances.

873. La séparation de biens ne pent être poursuivie qu'en justice, et la loi frappe de nullité celle qui serait volontairement consentie entre époux. Ce principe est néanmoins inapplicable à la séparation contractuelle stipulée conformément aux articles 1536 et suivans du Code.

874. Les formes de la procédure à suivre sont réglées par les articles 865 et suivans du Code de

---

(1) Pothier, n° 512—Toullier, n°24, 28—Favard, V° sep. de biens §. 1er.—Bellot T. 2. P. 39, 100, etc.

procédure qui ont même apporté quelque changement au Code civil.

**875.** Puisque la séparation ne peut pas être volontaire, il est certain que l'aveu que ferait le mari du désordre de ses affaires, qui d'ailleurs ne serait pas apparent, ne suffirait pas pour la faire prononcer (art. 870 du Code de Procéd.) C'est par une conséquence du même principe, que la loi donne aux créanciers du mari le droit d'intervenir dans l'instance en séparation pour la contester (art. 1447), et prévenir ainsi une collusion des époux qui pourrait leur préjudicier.

**876.** La séparation de biens, quoique prononcée en justice, est nulle si elle n'a point été exécutée par le paiement réel des droits et reprises de la femme, effectué par acte authentique, jusqu'à concurrence des biens du mari, ou au moins par des poursuites commencées dans la quinzaine qui a suivi le jugement, et non interrompues depuis (art. 1444).

Le motif de cette disposition est qu'un jugement de séparation de biens ne doit pas être frustratoirement prononcé, et offrir seulement au mari un moyen de soustraire à ses créanciers les ressources dont il jouit et qui doivent être léur gage, tant qu'il en conserve la possession.

**877.** Toutefois, il est à remarquer qu'elle ne

s'applique pas à la séparation de biens, conséquence d'un jugement de séparation de corps. Tant que ce jugement subsiste il doit produire ses effets, et son existence n'est subordonnée par aucune loi, à son exécution dans un delai quelconque (1)

**878.** La question de savoir si la nullité du jugement résultant de sa non exécution dans le délai fixé, peut être opposée par le mari, offre de sérieuses difficultés. La négative se fonde sur ce que c'est dans l'intérêt des créanciers que la déchéance pour inexécution est prononcée, et sur ce qu'il serait injuste que le mari pût se faire contre sa femme un moyen des ménagements qu'elle a eus pour lui. Pour l'affirmative, on oppose le texte de l'article 1444, qui prononce la nullité d'une manière absolue et sans distinction. Il existe, dans les deux sens, des arrêts de Cours royales. Cependant, je crois devoir adopter la dernière opinion à laquelle l'article 869 du Code de procédure fournit encore un argument, en autorisant le mari à demander la nullité du jugement qui aurait été prononcé moins d'un mois après l'accomplissement des formalités prescrites (2).

---

(1) Sirey 1011—2—163—M. Duranton, T. 14 n° 412.
(2) Toullier n° 76.

**879.** Toute séparation de biens doit, avant son exécution, être rendue publique par l'affiche, sur un tableau à ce destiné, dans la principale salle du tribunal de première instance, et de plus, si le mari est marchand, banquier ou commerçant, dans celle du tribunal de commerce du lieu de son domicile ; et ce à peine de nullité de l'exécution. Le jugement qui prononce la séparation de biens remonte, quant à ses effets, au jour de la demande (art. 1445). Il faut ajouter à ces formalités, celles que prescrit l'article 872 du Code de procédure. Les articles 866, 867 et 868 du même Code indiquent comment la demande elle-même doit être rendue publique.

**880.** Nous avons déjà déjà vu que les créanciers de la femme ne peuvent, sans son consentement, demander la séparation de biens. Néanmoins, en cas de faillite ou de déconfiture du mari, ils peuvent exercer les droits de leur débitrice jusqu'à concurrence du montant de leurs créances (art. 1446). Dans ce dernier cas, la communauté ne continue pas moins de produire tous ses effets entre le mari et la femme.

**881.** J'ai parlé également du droit qu'ont les créanciers du mari d'intervenir sur la demande en séparation de biens pour la contester. Mais ils

28

ne pourraient pas l'exercer s'il s'agissait d'une demande en séparation de corps, quoique elle entraîne la séparation de biens, par la raison que les époux sont seuls juges des motifs qui peuvent faire prononcer la première de ces séparations.

882. Mais non seulement les créanciers du mari ont ce droit d'intervention qui vient d'être signalé. Ils peuvent aussi se pourvoir contre la séparation de biens prononcée et même exécutée en fraude de leurs droits (art. 1447). La circonstance de fraude est nécessaire, et le simple préjudice éprouvé par les créanciers ne justifierait pas leur action. Car, dans notre langue, le mot fraude est généralement pris en mauvaise part et suppose le dol (1).

883. Le Code civil n'avait pas limité la durée de cette action accordée aux créanciers. L'article 873 du Code de procédure y a suppléé. Il en résulte que si les formalités du jugement de séparation ont été observées, ce n'est que pendant un an à dater de l'exposition de l'extrait du jugement dans l'auditoire des tribunaux de première instance et de commerce que les créanciers

---

(1) Cà Toullier, n°s 88, 89.

pourront exercer leur action. Si les formalités n'ont pas été observées, l'action des créanciers durera dix ans, comme toutes les actions en nullité, conformément à l'article 1304. Ce délai ne sera jamais plus long, lors même que le créancier opposerait la nullité du jugement par voie d'exception ; car il est maître d'agir avant son expiration. La position de défendeur dans laquelle il se placerait ne serait qu'un moyen d'éluder la loi. Dès-lors, il ne pourrait pas invoquer la règle : *temporalia ad agendum, perpetua sunt ad excipiendum* (1).

884. Les effets du jugement de séparation de biens remontent au jour de la demande (art. 1445). La loi ne devait pas laisser le mari maître de dissiper sa fortune et de consommer la ruine de la femme pendant les poursuites. Cette rétroactivité est d'ailleurs un principe général applicable à tous les jugemens. Elle produit ses effets non-seulement à l'égard des époux, mais aussi relativement aux tiers, quoique l'opinion contraire ait été soutenue sur le fondement de la publicité et de l'exécution, exigées surtout dans l'intérêt des tiers (2).

---

(1) Toullier, n° 94.

(2) Pothier, n° 521—Toullier, n°s 100, 101—Cà Pigeau Procéd. civ. T. 2. P. 541, 542.

456 Liv. III. *Des diff. man. dont on acq. la prop.*

**885.** La femme qui a obtenu la séparation de biens, doit contribuer, proportionnellement à ses facultés et à celles du mari, tant aux frais du ménage qu'à ceux d'éducation des enfants communs. Elle doit supporter entièrement ces frais, s'il ne reste rien au mari (art. 1448). Le lien du mariage subsiste toujours malgré la séparation de biens qui ne fait que diviser les intérêts pécuniaires des époux; et la direction du ménage et de la famille n'a pas cessé d'appartenir au mari qui conserve toutes les autres prérogatives de la puissance maritale et paternelle. Au surplus, et malgré la précision de l'article 1448, la règle qu'il pose s'applique également à la femme contre laquelle a été prononcée la séparation de corps qui entraîne celle de biens, ainsi qu'à celle qui a obtenu la séparation de corps.

**886.** La femme séparée soit de corps et de biens, soit de biens seulement, en reprend la libre administration. Elle peut disposer de son mobilier et l'aliéner. Elle ne peut aliéner ses immeubles sans le consentement du mari, ou sans être autorisée en justice à son refus (art. 1449). Elle peut donc passer des baux, pourvu qu'ils n'excèdent pas neuf années, percevoir ses revenus, faire des emprunts en rapport avec les nécessités d'une bonne administration, en un mot,

faire tous actes relatifs à la jouissance et à l'administration de ses biens.

Les baux qu'elle aurait passés sans autorisation
pour un terme excédant neuf années, y seraient
réduits, mais seulement sur sa demande, celle de
son mari ou de leurs héritiers (art. 225).

887. La séparation de biens ne donne pas
à la femme le droit d'ester en justice, sans l'autorisation de son mari (art. 215).

888. Le mari n'est point garant du défaut
d'emploi ou de remploi du prix de l'immeuble
que la femme séparée a aliéné sous l'autorisation
de la justice, à moins qu'il n'ait concouru au
contrat, ou qu'il ne soit prouvé que les deniers
ont été reçus par lui, ou ont tourné à son profit. Il est garant du défaut d'emploi ou de remploi
si la vente a été faite en sa présence et de son consentement; il ne l'est point de l'utilité de cet
emploi (art. 1450).

L'emploi est le placement du prix. Le remploi,
nous le savons déjà, est le remplacement par
d'autres immeubles de l'immeuble aliéné.

Le concours du mari au contrat fait par la
femme autorisée, sur le refus du mari, par la
justice, équivaut à l'autorisation qu'il aurait
donnée lui-même. S'il en était autrement, un
feint refus d'autorisation mettrait à couvert la

responsabilité du mari dont l'intervention au contrat permet toujours de supposer qu'il y a eu quelque avantage pour lui.

Quoique, pour rendre le mari garant du défaut d'emploi ou de remploi, le texte de la loi semble exiger la réunion de deux circonstances, sa présence et son consentement, il semblerait raisonnable d'admettre que l'une d'elles pourrait suffire. Il ne faut pourtant pas se dissimuler que la précision de la loi peut faire naître des difficultés contre cette interprétation.

889. Le mari ne devait être, en aucun cas, garant de l'utilité de l'emploi, c'est-à-dire d'un bon placement de deniers fait par la femme.

C'est à la femme séparée de s'assurer elle-même de la solvabilité de ses débiteurs.

890. La communauté dissoute par la séparation, soit de corps et de biens, soit de biens seulement peut être rétablie du consentement des deux parties. Elle ne peut l'être que par un acte passé devant notaire et avec minute, dont une expédition doit être affichée dans la forme de l'article 1445. En ce cas, la communauté rétablie reprend son effet du jour du mariage; les choses sont remises au même état que s'il n'y avait point eu de séparation, sans préjudice néanmoins de l'exécution des actes qui, dans cet intervalle,

ont pu être faits par la femme, en conformité de l'article 1449. Toute convention par laquelle les époux rétabliraient leur communauté sous des conditions différentes de celles qui la réglaient antérieurement sont nulles (art 1451).

Les époux séparés de corps peuvent bien, par leur réunion, faire cesser les effets de cette séparation, mais non pas la séparation de biens, dans les cas même où elle n'est que la conséquence de la première. C'est parce qu'il est d'un plus haut intérêt de favoriser la réunion des époux, que de remettre leurs biens en commun.

Les formalités du rétablissement de la communauté sont les conséquences de deux principes connus : le premier, que toutes conventions matrimoniales doivent être reçues par notaire; le second, que l'intérêt des tiers exige que les changemens survenus dans la position de fortune des époux soient rendus publics.

Les conventions qui changeraient celles qui existaient antérieurement, ne doivent pas être permises, parce que ces dernières ne peuvent recevoir aucun changement après la célébration du mariage (art. 1395).

891. Ce n'est qu'à l'égard des époux que, par l'effet de son rétablissement, la communauté est censée n'avoir pas été dissoute, et la disposition

de l'article 1451 , qui maintient les actes faits par
la femme , en conformité de l'article 1449, n'est
pas limitative ; car , tous les droits que la séparation a pu faire acquérir à des tiers, continuent
de subsister. Ainsi, par exemple, le rétablissement
de la communauté , n'empêcherait pas celui qui
aurait donné aux époux une chose restituable
en cas de séparation, de la répéter : *Conditio se-
mel impleta non resumitur* (1).

892. Au reste , l'article 1451 ne s'applique pas
à la séparation contractuelle dont je m'occuperai
plus tard. Autre chose est rétablir la communauté , autre chose l'établir.

893. La dissolution de communauté opérée
par la séparation, soit de corps et de biens , soit
de biens seulement , ne donne pas ouverture aux
droits de survie de la femme ; mais celle-ci conserve la faculté de les exercer lors de la mort
naturelle ou civile de son mari (art. 1452).

894. La disposition de cet article est applicable au mari si c'est en sa faveur que des gains
de survie ont été stipulés. On ne voit pas sur
quel fondement solide pourrait reposer l'opinion

---

(1) Toullier , n° 120

contraire qui a pourtant été émise, mais sans justification suffisante (1).

895. Mais la femme ou le mari pourraient renoncer, par un traité quelconque postérieur à la séparation de biens, à leurs gains de survie, d'après l'ancienne règle qui permet à chacun de renoncer à son avantage, toutes les fois que des motifs considérés comme d'ordre public ne s'y opposent pas (2).

## SECTION IV.

*De l'acceptation de la communauté, et de la renonciation qui peut y être faite avec les conditions qui y sont relatives.*

### SOMMAIRE.

896. *Option d'accepter la communauté ou d'y renoncer donnée à la femme ou à ses représentans.*
897. *Elle n'est pas donnée au mari.*
898. *Motif de la nullité prononcée par l'article* 1453.
899. *Sens du mot* ayant-cause, *dans cet article.*
900. *L'acceptation est expresse ou tacite.*
901. *De l'acceptation tacite.*
902. *Elle ne résulte pas d'actes que la femme pourrait faire en une autre qualité que celle de commune.*
903. *De l'acceptation expresse.*
904. *De celle qui est faite par la femme mineure.*

(1) Toullier, n° 122.
(2) Id. id.

**896.** Après la dissolution de la communauté, la femme ou ses héritiers et ayant-cause ont la faculté de l'accepter ou d'y renoncer. Toute convention contraire est nulle (art. 1453).

La femme, en effet, tant qu'a duré la communauté, a été étrangère à sa situation, et peut même en avoir ignoré les affaires et l'état. Il y aurait donc de l'injustice à lui imposer, contre son gré, les conséquences de cette administration, qui pourraient être ruineuses pour elle.

**897.** La même faculté n'est pas donnée au mari. Seul chef, seul administrateur de la communauté, à l'exclusion de la femme, il reste toujours responsable des suites de son administration, et il ne peut pas, en renonçant à la communauté, à sa dissolution, se soustraire aux conséquences de son propre fait.

898. En déclarant nulle toute convention qui contrarierait la faculté qu'elle accorde à la femme, la loi a voulu prévenir l'abus de dérogations qui auraient pu devenir clauses de style dans les contrats de mariage, et rendre vaine sa prévoyance dans l'intérêt de la femme. Cette faculté, comme la plupart des dispositions qui se rapportent au mariage, peut donc être considérée comme d'ordre public.

899. L'expression *ayant-cause* qu'on lit dans l'article 1453, peut offrir un sens équivoque en ce que, prise dans un sens absolu, elle établirait que ceux à qui la femme aurait cédé ou vendu son droit, auraient la faculté de renoncer à la communauté, puisque les cessionnaires et les acquéreurs sont bien des ayant-cause. Mais le sens de cette expression est restreint à ceux qui représentent la femme à titre gratuit universel et antérieur à la dissolution de la communauté, ou à ses légataires. Car, ainsi que nous allons le voir, en disposant des objets de la communauté après sa dissolution, la femme l'accepte et s'interdit la faculté d'y renoncer (1).

_____

(1) Toullier, n° 200.

900. L'acceptation de la communauté peut être expresse ou tacite, et la loi rappèle à peu près à ce sujet les principes en matière d'acceptation de succession.

901. La femme qui s'est immiscée dans les biens de la commnnauté ne peut y renoncer. Les actes purement administratifs ou conservatoires n'emportent point immixtion (art. 1454).

Il s'agit ici de l'acceptation tacite, de celle qui résulte d'actes dans lesquels la femme ne prend aucune qualité. Ainsi, la disposition à titre gratuit ou onéreux d'un objet de la communauté, la renonciation qu'elle ferait en en recevant le prix, ou même gratuitement en faveur de certains héritiers du mari seulement, le paiement d'une dette de la communauté, même celui qu'elle se ferait à elle-même et autres actes semblables, emporteraient acceptation de sa part. Vainement, en fesant de tels actes, la femme protesterait contre toute intention de sa part d'accepter. C'est par la nature du fait qu'il faut juger de l'intention, et on lui appliquerait la règle : *non valet protestatio actui contraria.*

902. Cependant, si l'acte de la femme pouvait être fait par elle en une autre qualité que celle de commune, comme si elle agissait en qualité d'exécutrice testamentaire de son mari, ou de

tutrice de ses enfans mineurs, elle ne devrait pas être, par cela seul, réputée commune.

903. L'acceptation est expresse, lorsque la femme majeure prend, dans un acte, la qualité de commune. Elle ne peut plus y renoncer, ni se faire restituer contre cette qualité, quand même elle l'aurait prise avant d'avoir fait inventaire, s'il n'y a eu dol de la part des héritiers du mari (art. 1455).

904. Si la femme est mineure, elle peut se faire restituer contre son acceptation, conformément à l'article 1305.

905. Le dol qui fait exception à toutes les règles, existera par exemple, lorsque les héritiers du mari auront, par des manœuvres coupables, persuadé à la femme que la communauté est plus riche qu'elle ne l'est réellement.

906. Occupons nous maintenant de la renonciation de la femme à la communauté.

La femme survivante qui veut conserver la faculté de renoncer à la communauté, doit, dans les trois mois du jour du décès du mari, faire faire un inventaire fidèle et exact de tous les biens de la communauté, contradictoirement avec les héritiers du mari, ou eux dûment appelés. Cet inventaire doit par elle être affirmé sincère et véritable, lors de de sa clôture, devant l'officier public qui l'a reçu (art. 1456).

Déjà, en expliquant l'article 1442, j'ai parlé de la nécessité de l'inventaire pour le survivant des époux, et de la peine qu'entraîne son omission. Notre article ajoute encore contre la femme survivante, l'acceptation forcée de la communauté, comme conséquence du défaut d'inventaire.

**907.** Il ne faut pas conclure des termes de l'article 1456, que la femme ne puisse pas renoncer à la communauté sans avoir fait inventaire. Elle est libre de le faire dans les trois mois qui suivent le décès du mari, sans avoir accompli cette formalité. Ce n'est qu'après l'expiration de ces trois mois, que l'inventaire fait dans ce délai, est un préalable indispensable à la renonciation (1).

**908.** Malgré les termes de la loi, on doit reconnaître que l'inventaire ne doit pas nécessairement être fait par la femme. S'il en existe un fait à la requête des héritiers du mari, ou s'il a été dressé des procès-verbaux de saisie, ou de vente des biens de la communauté, la femme

(1) Merlin, Rep. V.º inventaire—Toullier, nº 130—Bellot T. 2. pag. 322.

n'aura plus rien à faire. La loi n'a pas pu avoir l'intention de la contraindre à des frais pour une chose superflue. S'il n'y a rien dans la communauté, l'inventaire est remplacé par un verbal de Carence.

909. Le délai fixé par l'inventaire pourrait être prorogé par contrat de mariage, toutefois avec cette précision que cette convention obligatoire, entre la veuve et les héritiers du mari, serait comme non avenue à l'égard des tiers (1). Mais en aucun cas, et à l'égard de qui que ce soit, ce délai ne pourrait être restreint.

910. Dans les trois mois et quarante jours après le décès du mari, la femme doit faire sa renonciation au greffe du tribunal de première instance dans l'arrondissement duquel son mari avait son domicile; cet acte doit être inscrit sur le registre établi pour recevoir les renonciations à succession (art. 1457).

Ce délai même n'est pas péremptoire. Car la veuve peut, suivant les circonstances, demander au tribunal de première instance une prorogation du délai prescrit par l'article 1457, pour sa renonciation. Cette prorogation est, s'il y a lieu, prononcée contradictoirement avec les héritiers du mari, ou eux dûment appelés (art.

---

(1) Pothier, n° 555.—Cà Bellot, T. 2. pag. 277.

1458 ). Elle s'applique au délai pour faire inventaire, comme au délai pour délibérer (1).

**911.** La veuve qui n'a point fait sa renonciation dans le délai ci-dessus prescrit, n'est pas déchue de la faculté de renoncer, si elle ne s'est point immiscée et qu'elle ait fait inventaire ; elle peut seulemeet être poursuivie comme commune jusqu'à ce qu'elle ait renoncé, et elle doit les frais faits contre elle jusqu'à sa renonciation. Elle peut également être poursuivie après l'expiration des quarante jours, depuis la clôture de l'inventaire, s'il a été clos avant les trois mois ( art. 1459 ).

Il faut appliquer à la veuve les dispositions de l'article 789, suivant lequel la faculté de renoncer ne se prescrit que par trente ans.

**912.** La veuve qui a diverti ou recelé quelques effets de la communauté, est déclarée commune, nonobstant sa renonciation ; il en est de même à l'égard de ses héritiers ( art. 1460 ). Cette conduite produit encore d'autres conséquences signalées par les articles 1477 et 1483.

Il suffit, pour que cette peine soit encourue par la femme, que ce soit avant la renonciation que le divertissement ou le recel ait lieu, et il

_____

(1) Bellot, T. 2. pag. 272.

29

n'importe pas que ce soit avant ou après l'inventaire. Mais si c'était après la renonciation, la femme pourrait être poursuivie comme coupable de vol (1) qui ne donnerait pourtant lieu qu'à des réparations civiles ( art. 380 C. Pén. ).

913. Mais il est à remarquer que la disposition qui, dans de semblables circonstances, déclare la femme commune, n'est pas absolue et ne saurait être invoquée par la femme elle-même. Les intéressés pourraient donc se contenter de demander la restitution des effets contre la femme, sans exiger qu'elle soit déclarée commune. (2)

914. La peine que l'article 1460 prononce contre la veuve auteur du recélé, est applicable à la veuve mineure aussi bien qu'à la majeure : *in delictis neminem ætas excusat* (3).

915. Si la veuve meurt avant l'expiration des trois mois sans avoir fait ou terminé l'inventaire, les héritiers auront, pour faire ou terminer l'inventaire, un nouveau délai de trois mois, à compter du décès de la veuve, et de quarante jours pour délibérer après la clôture de l'inventaire.

---

(1) Toullier, n° 218, 219.
(2) id. n° 216.
(3) Cà Bellot, T. 2. p. 284.

Si la veuve meurt ayant terminé l'inventaire, ses héritiers auront, pour délibérer, un nouveau délai de quarante jours, à compter de son décès. Ils peuvent, au surplus, renoncer à la communauté, dans les formes établies ci-dessus, et les articles 1458 et 1459 leur sont applicables (art. 1461).

916. Les dispositions des articles 1456 et suivants, sont applicables aux femmes des individus morts civilement, à partir du moment ou la mort civile a commencé (art 1462).

Pour déterminer ce moment, il faut distinguer si la condamnation est contradictoire ou par contumace. Je me suis déjà expliqué à cet égard ( T. 1. nᵒ 68 et suiv. ).

917. Il y a une grande différence entre la femme survivante et la femme séparée de corps. Cette dernière qui n'a point, dans les trois mois et quarante jours après la séparation définitivement prononcée, accepté la communauté, est censée y avoir renoncé, à moins qu'étant encore dans le délai, elle n'ait obtenu la prorogation en justice, contradictoirement avec le mari, ou lui dûment appelé (art. 1463).

918. Ainsi, tandis que la présomption de la loi est que la femme survivante est supposée

acceptante, et que c'est à elle d'établir le contraire, la femme séparée de corps est présumée renonçante, à moins qu'elle ne justifie de son acceptation. Cette différence est fondée sur ce que la femme survivante se trouve, au décès du mari, en possession et pour ainsi dire saisie des biens de la communauté qu'elle est censée vouloir conserver tant qu'elle ne manifeste pas une intention contraire ; tandis que lorsque la communauté est dissoute par la séparation, c'est le mari qui demeure saisi, et la femme qui ne veut pas exercer ses droits par l'acceptation, doit être présumée renonçante.

919. La disposition de l'article 1463 s'applique également au cas où la femme séparée n'a pas fait inventaire dans le délai légal, cet article et l'article 174 du Code de procédure ne lui imposant pas l'obligation de faire inventaire sous peine d'être déclarée commune.

920. On peut conclure des termes de ce dernier article, indépendamment de la parité des motifs qu'il y a pour la femme séparée de biens et pour celle qui est séparée de corps, que l'article 1463 s'applique aussi à la femme séparée de biens (1).

_____

(1) M. Duranton, T. 14. n° 450.

**921.** La loi ne répète pas , pour la femme séparée et en sens inverse , la disposition de l'article 1459 , duquel il résulte que la femme qui ne s'est point immiscée n'encourt pas déchéance et peut renoncer pendant trente ans. Le même délai n'est pas accordé à la femme séparée qui est présumée renonçante après les trois mois et quarante jours, ou le délai prorogé, si elle n'a pas accepté.

**922.** Reproduisant ici le principe des articles 1167 et 788 , la loi dispose que les créanciers de la femme peuvent attaquer la renonciation qui aurait été faite par elle ou par ses héritiers en fraude de leurs créances , et accepter la communauté de leur chef (art. 1464).

Ces derniers mots établissent que ce n'est qu'à concurrence de leurs créances que les créanciers peuvent faire cette acceptation, qui, d'ailleurs, en aucun cas, ne peut préjudicier à des droits acquis à autrui. Si donc il se découvre des dettes, les créanciers qui ont ainsi accepté en sont tenus, mais seulement à concurrence de leur émolument, ce qui résulte clairement des principes posés dans l'article 1483.

**923.** Quoique l'article 1464 emploie le mot *fraude*, je pense que pour que les créanciers puissent exercer le droit qu'il leur confère, le simple préjudice suffirait. Cette solution repose principalement sur ce que l'article 788 fait pour un cas d'une frappante analogie, n'exige que le préjudice. L'article 622 donne encore uu argument de plus à cette opinion. Elle se concilie avec celle que j'ai émise sur l'interprétation de l'article 1447 (n° 882). Car il faut moins pour attaquer une renonciation, un acte fait par une seule personne, que pour détruire les effets d'un jugement (1).

**924.** En règle générale, les créanciers de la femme ne peuvent pas quereller l'acceptation qu'elle fait de la communauté. La raison en est que cette acceptation ne leur préjudicie pas, puisque, aux termes de l'article 1483, la femme n'est tenue des dettes de la communauté, qu'à concurrence de son émolument (2). Cependant, si l'acceptation était manifestement frauduleuse et pouvait préjudicier aux créanciers, comme si la femme qui aurait stipulé qu'en cas de renonciation, elle reprendrait son apport franc et quitte, acceptait une communauté obérée, les créanciers seraientrecevables et fondés à contester cette acceptation.

---

(1) Toullier n° 202,—Mr Duranton n° 462. etc.
(2) Toullier, n° 203.

**925.** La veuve , soit qu'elle accepte , soit qu'elle renonce , a droit , pendant les trois mois et quarante jours qui lui sont accordés pour faire inventaire et délibérer de prendre sa nourriture et celle de ses domestiques sur les provisions existantes , et , à défaut , par emprunt au compte de la masse commune , à la charge d'en user modérément. Elle ne doit aucun loyer à raison de l'habitation qu'elle a pu faire, pendant ces délais, dans une maison dépendante de la communauté ou appartenant aux héritiers du mari ; et si la maison qu'habitaient les époux à l'époque de la dissolution de la communauté , était tenue par eux à titre de loyer , la femme ne contribuera point, pendant les mêmes délais, au paiement dudit loyer , lequel sera pris sur la masse ( art; 1465).

**926.** Ces trois mois et quarante jours sont un temps fixe qu'une raison de convenance et d'humanité a fait accorder à la femme , pendant lesquels elle jouit de ces avantages , lors même qu'avant son terme elle aurait accepté ou renoncé.

Il y a plus de difficulté sur le point de savoir si elle conserve ce privilège lorsqu'elle obtient une prorogation de délai. Les termes mêmes de la loi , cette circonstance qu'elle mentionne un délai fixe et la solution qui précède , la règle suivant laquelle les privilèges devraient être plutôt restreints qu'étendus , le motif du législateur , tout concourt à me faire adopter la négative (1).

**927.** Dans le cas de dissolution de la communauté par la mort de la femme , ses héritiers peuvent renoncer à la communauté dans les délais et dans les formes que la loi prescrit à la femme survivante (art. 1466).

Ces héritiers peuvent aussi accepter la communauté dans le cas de cet article comme dans celui où la femme qui a survécu à la dissolution de la communauté décède sans avoir accepté ou renoncé. C'est là ce qui résulte de la règle générale de l'article 1453.

**928.** Mais, pour conserver le droit de renoncer à la communauté , les héritiers de la femme sont-ils tenus de faire inventaire, aux termes de l'article 1456 ?

Cette question est controversée , et la négative est enseignée par plusieurs auteurs (2). Cependant la raison de décider étant la même , et

---

(1) Maleville, sur l'art. 1465. etc.

(2) Merlin, Rep. V.° inventaire etc.

l'article 1466 autorisant la renonciation des héritiers *dans les formes* prescrites à la femme survivante, la question me paraît devoir être résolue affirmativement (1). Car la nécessité de l'inventaire constitue certainement une des principales formalités de la renonciation.

## SECTION V.

*Du partage de la communauté après l'acceptation.*

### SOMMAIRE.

929. *L'acceptation de la communauté en rend le partage*
*nécessaire.*

**929.** Après l'acceptation de la communauté
par la femme ou ses héritiers, l'actif se partage,
et le passif est supporté de la manière ci-après
déterminée (art. 1467). Le partage est une conséquence nécessaire de cette acceptation.

## § I.

*Du partage de l'actif.*

### SOMMAIRE.

930. *Formation de la masse. Rapports dus par les*
*époux.*
931. *Les récompenses ou indemnités doivent être rappor-*
*tées, même lorsque la dépense constituerait un*

---

(1) Bellot T. 2, p. 312.

**950.** Les époux ou leurs héritiers rapportent à la masse des biens existans, tout ce dont ils sont débiteurs envers la communauté à titre de récompense ou d'indemnité d'après les règles ci-dessus prescrites, à la Section 2 de la première partie du présent chapitre (art. 1468).

Chaque époux ou son héritier rapporte également les sommes qui ont été tirées de la communauté, ou la valeur des biens que l'époux y a pris pour doter un enfant d'un autre lit, ou pour doter personnellement l'enfant commun (art. 1469).

Avant de parvenir à la liquidation de la communauté, la première opération à faire est donc la formation de la masse. Elle se compose de tout ce qui forme l'actif, d'après les règles ci-dessus exprimées, et tout ce qui est dû par l'un des conjoints à la communauté doit y être rapporté au moins fictivement.

**951.** Le rapport a pour objet non-seulement ce qui compose l'actif légal, mais encore les récompenses ou indemnités dues par chacun des époux à la communauté, suivant le principe déjà plusieurs fois exprimé que toutes les fois

que l'un des époux a tiré un profit de la communauté, il en doit récompense. Et il doit en être
ainsi, même lorsque celui des époux qui voudrait se dispenser du rapport prétendrait que
l'avantage résultant pour lui de cette dispense
serait permis par la loi, parce que toutes les libéralités, pour être valables, doivent émaner de
la volonté libre et bien constatée de celui qui les
fait (1).

952. J'ai déjà dit que la récompense due par
l'un des époux à la communauté, ou réciproquement, ne peut jamais excéder ce qui a été
réellement dépensé, quel que soit le profit que
l'époux ou la communauté en aient retiré. Cette
règle équitable prévient bien des difficultés.

953. Mais aussi toutes les dépenses faites par
la communauté dans l'intérêt de l'un des époux,
ne soumettront pas toujours celui-ci à la nécessité du rapport. Cette proposition sera rendue
sensible par un exemple.

Supposons que le mari ait racheté des deniers
de la communauté, une rente perpétuelle que
devait la femme. Celle-ci, soit qu'elle accepte,
soit qu'elle répudie la communauté , ne peut

---

(1) Toullier, n° 150.

pas être contrainte de faire compte de la somme employée à ce rachat ; et elle a l'option ou de rapporter cette somme ou de continuer le service de la rente. Mais il n'en est pas de même du mari qui aurait racheté sa rente personnelle. Cette rente se trouve éteinte , et le mari doit en rapporter le prix (1).

934. Si la rente rachetée était viagère, on distingue si le créancier est mort durant la communauté , ou s'il a survécu à sa dissolution. Au premier cas , il n'est pas dû de récompense, parce que la communauté qui aurait dû servir les arrérages de la rente, a gagné à son extinction. Au second cas, le conjoint débiteur de la rente profite aux dépens de la communauté ; il doit donc récompense. Il y a même, dans ce cas, à appliquer la distinction faite dans le n° précédent entre la femme et le mari (2).

935. Une fois la masse composée, chaque époux ou son héritier prélève : 1° ses biens personnels qui ne sont point entrés en communauté, s'ils existent en nature , ou ceux qui ont été acquis en remploi ; 2° le prix de ses immeubles qui ont

---

(1) Toullier , n° 158.
(2) Pothier , n° 626—Toullier , n° 154.

été aliénés pendant la communauté, et dont il n'a point été fait remploi; 3º les indemnités qui lui sont dues par la communauté (art. 1470).

Tous ces objets sont en effet personnels à chacun des époux et ne tombent pas dans la communauté qu'il s'agit de partager, d'après des principes dont la répétition est inutile.

**936.** Un office ministériel, comme une charge de notaire, d'avoué, est un objet mobilier qui fait partie de la communauté, soit que le mari en fût pourvu lors du mariage, soit qu'il l'ait acquis depuis. Cependant l'ancienne jurisprudence donnait au mari le droit de le retenir en faisant compte à la communauté de ce qu'il valait lors du mariage ou de ce qu'il avait coûté (1). Il est raisonnable, malgré le silence de la loi, de donner, sous le Code, la même solution à cet égard, avec toutefois cette différence, que le mari qui retient l'office en doit la valeur telle qu'elle existe à la dissolution de la communauté (2).

**937.** Le mari administrant seul la communauté à laquelle la femme est étrangère, tant qu'elle dure, il est juste que celle-ci soit préfé-

---

(1) Pothier, nº 663.
(2) Toullier, nº 175.

rée au mari, dans les prélèvemens à faire, et c'est ce que la loi a consacré.

Les prélèvemens de la femme s'exercent avant ceux du mari. Ils s'exercent pour les biens qui n'existent pas en nature, d'abord sur l'argent comptant, ensuite sur le mobilier et subsidiairément sur les immeubles de la communauté : dans ce dernier cas, le choix des immeubles est déféré à la femme et à ses héritiers (art. 1471). La femme et ses héritiers, en cas d'insuffisance de la communauté, exercent leurs reprises sur les biens personnels du mari (art. 1472).

Nous avons déjà vu dans l'article 1436 un exemple de cette faveur accordée à la femme.

938. La loi fixe l'ordre dans lequel doivent se faire les prélèvemens de la femme, et cet ordre ne peut être changé que d'un commun accord entre les parties. Elle donne à la femme et à ses héritiers le choix des immeubles; mais elle ne s'explique pas de la même manière à l'égard des meubles. On invoque les anciens principes qui accordaient ce choix à la femme sur tous les effets de la communauté, sans distinction des meubles et des immeubles, pour en conclure qu'il doit en être de même sous le Code qui n'a pas eu de motif pour établir une différence, surtout à l'avantage des meubles, entre ces natures

de biens (1). Ces raisons justifieraient sans doute une règle différente de celle qui existe. Mais, lorsque la disposition du Code qui mentionne à la fois les meubles et les immeubles, ne donne le choix que sur ces derniers, ce serait ajouter à sa disposition et étendre un privilège que de donner aussi à la femme le choix des meubles.

939. Le mari ne peut exercer ses reprises que sur les biens de la communauté (id.) Il n'a pas eu le droit de compromettre les biens de sa femme, en faisant ses propres affaires.

940. Les remplois et récompenses dus par la communauté aux époux, et les récompenses et indemnités par eux dues à la communauté, emportent les intérêts de plein droit, du jour de la dissolution de la communauté (art. 1473).

Plusieurs raisons expliquent cette exception à la règle qui ne fait courir les intérêts qu'à dater de la demande. Les opérations qui viennent d'être mentionnées et les formalités du partage peuvent retarder considérablement l'époque où chacun des époux pourra prendre possession de ce qui lui appartient. D'ailleurs le montant des reprises de chacun n'est pas encore assez défini-

_____

(1) Toullier, n° 186.

tivement liquidé, pour qu'elles puissent être l'objet d'une demande formelle ; et cette demande par qui et contre qui pourrait-elle être formée alors que la communauté n'a plus de chef?

941. Il n'en est pas de même s'il s'agit de créances personnelles que l'un des époux a à exercer contre l'autre ; elles ne portent intérêt que du jour de la demande en justice ( art. 1479 ). Ces créances restent dans les termes du droit commun, et soit qu'elles donnent lieu à une demande formée pendant la communauté, soit que leur exercice n'ait lieu qu'après sa dissolution, il n'y avait pas de raison pour déroger, en ce qui les concerne, au principe de l'article 1153.

942. Après que tous les prélèvemens des deux époux ont été exécutés sur la masse, le surplus se partage par moitié entre les époux ou ceux qui les représentent (art. 1474).

Cette disposition indique la manière la plus ordinaire de procéder ; mais la marche qu'elle indique ne doit pas être nécessairement suivie. Car si toutes les parties sont majeures, rien n'empêche qu'elles ne partagent les biens de la communauté, avant d'avoir opéré leurs prélèvemens sur la masse, et sauf à se faire raison comme elles l'entendent.

943. Si les hériers de la femme sont divisés, en sorte que l'un ait accepté la communauté à laquelle l'autre a renoncé, celui qui a accepté ne peut prendre que sa portion virile et héréditaire dans les biens qui échoient en lot à la femme. Le surplus reste au mari qui demeure chargé, envers l'héritier renonçant, des droits que la femme aurait pu exercer en cas de renonciation, mais jusqu'à concurrence seulement de la portion héréditaire du renonçant (art. 1475).

Les cohéritiers de celui qui renonce à la communauté ne gagnent donc pas sa part, comme dans l'ancienne jurisprudence, par droit d'accroissement. C'est parce que, en matière de succession, l'accroissement est fondé sur cette nécessité que le défunt doit être représenté en totalité. Il est sensible que ce motif est inapplicable au cas où, parmi les héritiers de la femme, les uns renoncent à la communauté qui est acceptée par les autres. Ce n'est pas en effet de la succession de la femme qu'il s'agit, mais seulement d'un objet qui en dépend. Le mari profite de la part du renonçant *jure non decrescendi*.

Mais si certains des héritiers de la femme répudiaient sa succession qui comprendrait son droit à la communauté, les autres héritiers en profiteraient, par application de l'article 786. Ce cas est bien différent de celui de l'article 1475.

**944.** Au surplus, le partage de la communauté, pour tout ce qui concerne ses formes, la licitation des immeubles quand il y a lieu, les effets du partage, la garantie qui en résulte, et les soultes, est soumis à toutes les règles qui sont établies au titre des successions pour les partages entre cohéritiers (art. 1476). Il doit me suffire de renvoyer ici à ce que j'ai écrit sur cette importante matière, au titre des successions (T. 3. P. 150 à 175 et 230 à 247). Il est à remarquer que, bien que l'article 1476 ne mentionne pas la rescision en matière de partage de succession, comme applicable au partage de communauté, cette application doit se faire sans le moindre doute, par une conséquence du principe que l'égalité est l'âme de tous les partages (1).

**945.** Il y a cependant une précision à faire sur l'application au partage de communauté, de l'article 883, duquel il résulte que le partage est déclaratif et non pas attributif de propriété. C'est que la règle absolument applicable au mari dont le droit remonte au moment où ce qui forme son lot est entré en communauté, ne produit son effet qu'à dater de la dissolution de la commu-

---

(1) Toullier, n° 209.

nauté, à l'égard de la femme, qu'elle soit survivante ou séparée.

**946.** Celui des époux qui aurait diverti ou récélé quelques effets de la communauté, est privé de sa portion dans lesdits effets (art. 1477).

Déjà l'article 1460 a prononcé une peine contre la veuve ou ses héritiers qui ont diverti ou recélé quelques effets de la communauté. Mais il est manifestement inapplicable au mari, lequel est atteint, ainsi que la femme, par l'article 1477 qui répète la dernière disposition de l'article 792.

**947.** Si le divertissement est commis par l'un des héritiers de la femme ou du mari, la part dont il est privé reste dans la communauté, et se subdivise également entre ses cohéritiers et l'autre époux (1).

**948.** Après le partage consommé, si l'un des deux époux est créancier personnel de l'autre, comme lorsque le prix de son bien a été employé à payer une dette personnelle de l'autre époux, ou pour toute autre cause, il exerce sa créance sur la part qui est échue à celui-ci dans la communauté ou sur ses biens personnels (art. 1478).

---

(1) M. Duranton, n° 480.

L'époux créancier dans le cas de cet article est, à l'égard de l'autre époux, dans la position où serait un étranger dont ce dernier serait débiteur. Car il ne s'agit plus ici, comme dans le cas de l'article 1472, d'indemnités qui seraient dues par la communauté.

949. Les donations que l'un des époux a pu faire à l'autre, ne s'exécutent que sur la part du donateur dans la communauté, et sur ses biens personnels (art. 1480). Cette disposition est applicable aux legs aussi bien qu'aux donations entre-vifs.

Nul ne peut donner que ce qui lui appartient; et si une telle donation pouvait être à la charge de la communauté, celui qui reçoit serait en même temps donataire et donateur. Néanmoins, cette loi n'est applicable qu'aux cas où le donateur n'a pas manifesté sa volonté que la donation ne peut s'exécuter qu'au moyen d'un prélèvement sur la communauté. Cette volonté devrait être respectée, d'où il suit que si la femme avait ainsi donné, sa renonciation à la communauté rendrait la donation sans effet (1).

950. Le deuil de la femme est aux frais des héritiers du mari prédécédé. La valeur de ce

---

(1) M. Duranton, n° 482.

deuil est réglée selon la fortune du mari. Il est dû même à la femme qui renonce à la communauté (art. 1481). Il doit être payé en argent.

Ce n'est donc pas la communauté, même acceptée par la femme, mais les biens personnels du mari qui, dans tous les cas, fournissent au deuil de la femme. On disait anciennement : *mulier non debet propriis sumptibus lugere maritum.*

La valeur de ce deuil est réglée non seulement selon la fortune, mais encore selon la condition du mari, sans qu'on doive avoir égard à la fortune de la femme (1). Il comprend les habits de deuil des domestiques de la femme qui font partie de son propre deuil.

**951.** Le mari ne prend pas le deuil de la femme sur les biens de le communauté. Il est toujours tenu d'y fournir seulement à ses frais personnels. La loi romaine en donnait cette raison que peuvent seules expliquer les anciennes mœurs de ce peuple : *viri non compelluntur lugere uxores.*

## § II.

*Du passif de la communauté et de la contribution des dettes.*

### SOMMAIRE.

952. *Division des dettes entre les époux, après l'acceptation de la communauté.*

---

(1) Toullier, n° 271.

953. *Manière dont la femme en est tenue.*

954. *De l'inventaire qu'elle doit faire. Son omission peut être invoquée par les héritiers du mari. Controversé.*

955. *Différences entre la femme et l'héritier bénéficiaire.*

956. *Le mari peut être poursuivi pour la totalité des dettes de la communauté. Comment cette règle doit être entendue.*

957. *Sa modification, relativement aux dettes personnelles de la femme devenues dettes de la communauté.*

958. *Elle produit son effet quoique la femme ne puisse pas payer la moitié de ces dettes. Controversé.*

959. *Les créanciers personnels de la femme conservent leurs droits contre elle.*

960. *Les dettes contractées personnellement par la femme, mais pour la communauté, ne l'obligent que pour moitié.*

961. *La femme n'a pas de répétition à exercer contre le créancier, si elle paye plus que sa part d'une dette de la communauté.*

962. *Effet du paiement intégral d'une dette hypothécaire par l'un des époux.*

963. *L'hypothèque établie contre le mari antérieurement au mariage peut affecter la portion d'acquêts de la femme.*

964. *La femme, aussi bien que le mari, est donc tenue de la dette hypothécaire.*

965. *D'ailleurs les co-partageans peuvent faire, pour eux, telles conventions qu'il leur plaît pour le paiement des dettes.*

266. *Les règles de cette section s'appliquent aux héri-*
*tiers des époux, comme aux époux eux-mêmes.*

952. Après l'acceptation de la communauté,
les dettes qui la grèvent sont pour moitié à la
charge de chacun des époux ou de leurs héritiers;
les frais de scellé, inventaire, vente de mobilier,
liquidation, licitation et partage, font partie de
ces dettes (art. 1482). Il importe peu, pour l'application de cette disposition, que la liquidation
des dettes précède ou suive le partage.

953. La règle ainsi posée, le Code s'occupe de
la manière dont chacun des époux est obligé à
l'égard des créanciers; et sauf leurs droits respectifs, dans les diverses hypothèses qui peuvent
se présenter.

La femme n'est tenue des dettes de la communauté, soit à l'égard du mari, soit à l'égarddsə
créanciers, que jusqu'à concurrence de son
émolument, pourvu qu'il y ait eu bon et fidèle
inventaire, et en rendant compte tant du contenu
de cet inventaire, que de ce qui lui est échu
par le partage (art. 1483).

La femme n'est donc pas sujette aux dettes *ul-*
*trà-vires*, et sous ce rapport, sa position est sem-
blable à celle de l'héritier bénéficiaire. La raison
de cette prérogative est que le mari en engageant
les biens de la communauté, n'a pas pu aliéner

indirectement les propres de la femme qui aurait accepté la communauté , dans l'ignorance où elle était des dettes qui se découvrent plus tard.

**954.** L'inventaire qui est la condition de ce privilége de la femme, peut être antérieur ou postérieur à la dissolution de la communauté. Son omission rendrait la femme passible des dettes au-delà de son émolument, non seulement à l'égard des créanciers, mais encore à l'égard des héritiers du mari. Néanmoins, ce dernier point est controversé, et l'opinion qui restreint en faveur des créanciers l'avantage du défaut d'inventaire, se fonde principalement sur l'article 1490 suivant lequel celui des co-partageans qui paie des dettes de la communauté au-delà de la portion dont il est tenu a un recours contre l'autre (1). Mais l'article 1483 ne distingue pas. Il place dans le même position le mari et conséquemment ses héritiers, et les créanciers, et il n'y a pas de raison pour que ceux-ci soient préférés au mari ou à ses héritiers, dans le cas notamment où pendant l'absence du mari, la femme aurait fait prononcer la séparation de biens (2).

---

(1) Pothier, n° 745.—Toullier, n° 250.
(2) Dalloz, T. 10, pag. 261, n° 9.

955. La femme ne doit pourtant pas être assimilée à l'héritier bénéficiaire sous tous les rapports. Elle n'a pas, comme lui, de déclaration à faire pour établir la qualité de laquelle résulte sa prérogative. Mais aussi, elle n'a pas l'avantage qu'a cet héritier, de ne pas confondre ses biens personnels avec ceux sur lesquels les créanciers peuvent recourir. Car les biens de la communauté qui lui échoient forment avec ses propres un seul patrimoine, et elle peut être poursuivie indistinctement sur les uns et sur les autres. Les créanciers de la communauté ne pourraient donc pas demander la séparation des patrimoines contre les créanciers personnels de la femme.

De cette confusion des biens de la communauté avec les biens personnels de la femme, résulte cette autre conséquence que la femme ne peut pas, comme l'héritier bénéficiaire, se soustraire aux poursuites des créanciers, en leur abandonnant les biens qui lui sont échus. Il paraît même malgré une controverse établie, qu'il n'y a pas de distinction à faire pour l'application de cette régle, entre les meubles et les immeubles (1).

956. Le mari est tenu, pour la totalité des dettes de la communauté par lui contractées, sauf

---

(1) Toullier, n° 247.

son recours contre la femme ou ses héritiers pour la moitié desdites dettes (art. 1484).

En combinant cet article avec ceux qui précèdent, on voit que la loi considère d'une manière différente, les époux respectivement l'un à l'autre, et respectivement aux créanciers. Entre eux, ils sont tenus des dettes, chacun pour moitié. Par rapport aux créanciers, le mari qui a pu seul contracter valablement les dettes de la communauté, est obligé pour la totalité, sauf son recours pour la moitié. Il en est ainsi même pour les dettes que le mari a contractées conjointement avec sa femme, mais sans solidarité.

957. Cependant, cette obligation du mari est modifiée en ce qui concerne les dettes personnelles de la femme qui étaient tombées à la charge de la communauté. Il n'est tenu que pour moitié de celles-ci (art. 1485), par ces motifs que ce n'est pas lui qui les a faites, et qu'il ne détient que la moitié de la communauté. Il est à remarquer que ce n'est qu'après la dissolution de la communauté qu'il en est ainsi. Car, tant qu'elle dure, le mari seul détenteur, des biens qui la composent, peut être poursuivi pour la totalité de ces dettes, et son obligation a la même étendue, si la femme a renoncé à la communauté.

958. Si, après le partage de la communauté,

496 Liv. III. *Des diff. man. dont on acq. la prop.*
la femme ne peut pas payer la moitié de ces dettes qui lui furent personnelles, les créanciers peuvent-ils exercer un recours contre le mari?

Non sans doute, car l'article 1485 qui est clair et formel, restreint à la moitié l'obligation du mari (1). On a voulu néanmoins soutenir le contraire, sur ce fondement, qu'en divisant les dettes entre le mari et la femme, la loi n'a pas pu rompre le lien de droit qui existait entre les créanciers et le mari pendant la communauté (2) Le texte cité répond à l'objection.

959. D'un autre côté, le mariage de la femme ne peut pas porter atteinte aux droits des créanciers qu'elle avait, lorsqu'elle l'a contracté. Ils peuvent la poursuivre pour la totalité des dettes qui procèdent de son chef, et étaient entrées dans la communauté, sauf son recours contre le mari ou son héritier pour la moitié desdites dettes (art. 1486).

960. La femme, même personnellement obligée pour une dette de communauté, ne peut être poursuivie que pour la moitié de cette dette, à moins que l'obligation ne soit solidaire (art. 1487).

(1) Dalloz, T. 10, p. 260, n° 4.
(2) Toullier, n°ˢ 239, 240.

Il a déja été question à l'art. 1431 des effets de cette solidarité.

Cette circonstance que l'obligation a été contractée personnellement par la femme, et, en apparence, dans son intérêt, ne lui ôte pas son caractère de dette de communauté, s'il est réellement établi que la communauté en a profité. Au reste, cette règle de l'article 1487 n'a rien qui contrarie le principe de l'art. 1484, lequel déclare le mari tenu de la totalité des dettes de la communauté. Il résulte de la combinaison de ces deux articles, que les créanciers, dans le cas de l'article 1487, ont l'option de poursuivre le mari pour la totalité, sauf son recours contre la femme, ou d'agir directement contre celle-ci, à concurrence de la moitié (1).

961. La femme qui a payé une dette de la communauté, au-delà de sa moitié, n'a point de répétition contre le créancier pour l'excédant, à moins que la quittance n'exprime que ce qu'elle a payé était pour sa moitié (art. 1488). On suppose alors qu'elle a payé ce qui excède sa moitié, conformément à l'article 1236, puisqu'il est certain qu'elle était intéressée à la dette. Le paiement étant dès-lors valablement fait, elle n'a pas

---

(1) Toullier, n° 235.

de répétition à exercer contre le créancier qui n'a fait que recevoir ce qui lui était dû. Mais si les termes de la quittance démontraient qu'elle n'entendait payer que sa moitié, l'excédant aurait été payé par erreur, et peut conséquemment être répété.

962. Celui des deux époux qui, par l'effet de l'hypothèque exercée sur l'immeuble à lui échu en partage, se trouve poursuivi pour la totalité d'une dette de communauté, a de droit son recours pour la moitié de cette dette contre l'autre époux ou ses héritiers (art. 1489).

Cet époux est dans la position de tous ceux qui, obligés sans lien personnel ou au-delà de ce lien, à cause seulement de la chose qu'ils détiennent, ont le droit de recourir contre le vrai débiteur qu'ils libérent. Nous avons déjà trouvé ce principe dans les articles 871, 874 et 1024. Nous le retrouverons avec tous ses développemens, au titre des privilèges et hypothèques.

963. On pensait anciennement que les hypothèques résultant de dettes que le mari avait contractées avant le mariage, et qui grevaient ses biens à venir, ne pouvaient pas s'exercer sur la portion d'acquêts échus à la femme, dans le partage de la communauté (1). Mais la règle générale

_____

(1) Toullier, n° 753.

posée dans l'article 1489 n'admet pas cette distinction (2).

964. La femme est donc, comme le mari, tenue de la dette hypothécaire. Car le mari, maître
de la communauté, a pu en grever les biens à son
gré ; et, fût-elle même fondée à invoquer la règle de rétroactivité des effets du partage, elle serait toujours obligée, puisque la charge aurait
existé à l'ouverture de son droit qui, ainsi que
je l'ai déjà dit, n'a lieu qu'à la dissolution de la
communauté.

965. Les dispositions précédentes ne font pas
obstacle à ce que, par le partage, l'un ou l'autre
des copartageans soit chargé de payer une quotité
de dettes autre que la moitié, même de les acquitter entièrement. Toutes les fois que l'un des
copartageans a payé des dettes de la communauté
au-delà de la portion dont il était tenu, il y a lieu
au recours de celui qui a trop payé contre l'autre (art. 1490).

Qu'importent, en effet, aux créanciers les
accords que font entre eux leurs débiteurs, qui
n'ont quelque valeur que pour les contractans,
qui, à l'égard des créanciers, sont censés ne pas

___

(2) M. Duranton, n° 498.

exister. Ce n'est ici que l'application de cette
règle, suivant laquelle toutes conventions non
prohibées par la loi sont permises, sans préjudice
des droits des tiers. La seconde disposition de
l'article 1490 complète celle de l'article 1488.

**966.** Tout ce qui est dit ci-dessus à l'égard du
mari ou de la femme a lieu à l'égard des héritiers
de l'un ou de l'autre; et ces héritiers exercent les
mêmes droits et sont soumis aux mêmes actions
que le conjoint qu'ils représentent (art. 1491).

## SECTION VI.

### *De la renonciation à la communauté et de ses effets.*

#### SOMMAIRE.

967. *Ce que perd la femme par sa renonciation à la communauté. Elle peut retirer ses linges et hardes.*

968. *Mais non pas les diamans et bijoux qui ne lui étaient pas propres.*

969. *Ce qu'elle a le droit de reprendre.*

970. *Droits plus restreints de ses héritiers.*

971. *Situation de la femme renonçante, en ce qui concerne les dettes de la communauté.*

972. *Dettes dont l'insolvabilité du mari la rend responsable.*

973. *Motifs de la loi, relativement au recours accordé à la femme contre le mari.*

**967.** La femme a, comme nous l'avons vu, l'option d'accepter la communauté ou d'y renoncer. La renonciation doit être faite au greffe du tribunal du domicile du mari et inscrite sur le registre destiné à recevoir les renonciations à succession (art. 1457). Il me reste à examiner les effets de cette renonciation.

La femme qui renonce perd toute espèce de droit sur les biens de la communauté, et même sur le mobilier qui y est entré de son chef. Elle retire seulement les linges et hardes à son usage (art. 1492). Elle a, en outre, si elle est veuve, les avantages personnels que lui donne l'article 1465.

Les anciens principes étaient si sévères à l'égard de la femme renonçante, qu'ils lui refusaient jusqu'à la faculté de reprendre ses vêtemens (1). Mais ils avaient déjà été un peu modifiés avant le Code qui s'est montré plus libéral.

---

(1) Pothier, n° 569.

**968.** Toutefois la femme renonçante ne pourrait pas reprendre les diamans et bijoux qui ne constitueraient pas des propres, parce qu'on ne saurait considérer ces objets comme des linges et des hardes (1).

**969.** Elle a le droit de reprendre : 1º les immeubles à elle appartenant, lorsqu'ils existent en nature, ou l'immeuble qui a été acquis en remploi ; 2º le prix de ses immeubles aliénés dont le remploi n'a pas été fait et accepté comme il est dit ci-dessus ; 3º toutes les indemnités qui peuvent lui être dues par la communauté (art. 1493).

En un mot, la femme reprend tous ses biens qui n'entrent pas en communauté et qui constituent ses propres, d'après les règles précédemment développées. Elle peut exercer ses droits et reprises, tant sur les biens de la communauté que sur les biens personnels du mari (art. 1495), et elle a, pour les assurer, une hypothèque légale dispensée d'inscription sur les immeubles de son mari (art. 2121, 2135).

**970.** Les héritiers de la femme peuvent exercer toutes les actions et reprises de son chef, sauf

_____

(1) Toullier, nº 283.

en ce qui concerne le prélèvement des linges et
des hardes , ainsi que le logement et la nourriture pendant le délai donné pour faire inventaire
et pour délibérer ; lesquels droits sont purement
personnels à la femme survivante (art. 1495).

971. La femme renonçante est déchargée de
toute contribution aux dettes de la communauté,
tant à l'égard du mari qu'à l'égard des créanciers.
Elle reste néanmoins tenue envers ceux-ci lorsqu'elle s'est obligée conjointement avec son mari , ou lorsque la dette , devenue la dette de la
communauté, provenait originairement de son
chef, le tout sauf son recours contre son mari
ou ses héritiers (art. 1494).

972. Lors même qu'elle aurait elle-même emprunté pour fournir à la nourriture ou à l'habil-
lement de la famille, elle ne serait point tenue
de ces dettes. Cependant il est reconnu qu'il en
serait autrement si le mari était insolvable (1).

973. Ce recours qu'accorde l'article 1494 à la
femme renonçante, s'explique par cette raison
que , devenue étrangère à la communauté, ne
prenant rien de son actif, elle n'en devrait avoir

_____

(1) Dalloz, T. 10, p. 260, n° 33.

aucune des charges à supporter. La même raison ne s'applique pas, comme nous l'avons déjà vu, à la femme renonçante, à raison de la dot qu'elle a constituée, conjointement avec son mari, à l'enfant commun (art. 1438). C'est en son nom personnel et non pour la communauté qu'elle a acquitté cette dette naturelle.

974. Il est encore d'autres dettes dont la renonciation de la femme ne la dégage pas, d'après des règles déjà expliquées. Ce sont celles qui sont relatives à ses propres, celles qu'elle aurait contractées pour l'établissement d'un enfant qu'elle a eu d'un précédent mariage (art. 1469), et celle qui aurait pour cause un crime qu'elle aurait commis pendant le ménage (art. 1424).

975. Toutes les règles de la communauté légale qui viennent d'être exposées, seront observées, même lorsque l'un des époux ou tous deux auront des enfans de précédens mariages. Si toutefois la confusion du mobilier et des dettes opérait, au profit de l'un des époux, un avantage supérieur à celui qui est autorisé par l'article 1098, au titre des donations entre-vifs et des testamens, les enfans du premier lit de l'autre époux auront l'action en retranchement (art. 1496).

**976.** L'avantage indirect et prohibé constituant une fraude à la loi, se prouve par titres, par témoins, par présomptions et même par la commune renommée. Pour qu'il existe, il faut qu'il y ait inégalité dans les apports en capitaux et non en revenus ; car les revenus appartiennent de droit à la communauté (1).

Un avantage éventuel, comme serait une succession mobilière échue à l'époux qui aurait des enfans d'un premier lit, ne serait pas, en règle générale, un avantage indirect et prohibé (2).

## DEUXIÈME PARTIE.

*De la communauté conventionnelle, et des conventions qui peuvent modifier ou même exclure la communauté légale.*

### SOMMAIRE.

977. *Modifications principales que peut subir la communauté légale, par l'effet des conventions entre époux.*

**977.** Le Code nous a déjà appris que les époux peuvent faire, en ce qui concerne leurs biens, telles conventions matrimoniales qu'ils jugent à propos, pourvu qu'ils respectent certaines

(1) Toullier, n° 289, 290.
(2) Id. 290.

dispositions de lois d'ordre public (art. 1387).
Nous savons aussi qu'il importait surtout au législateur de bien déterminer les règles de la communauté légale qui gouvernent les cas les plus
fréquens, ceux où les époux déclarent, sans autre
explication, se marier sous le régime de la communauté, et ceux où ils se marient sans faire de
contrat de mariage,

Dans cette seconde partie du chapitre 2 de notre titre, la loi indique les principales modifications que peut subir la communauté légale, sans
exclure d'ailleurs toutes autres dispositions qui
n'auraient rien de contraire aux lois. Ces modifications sont celles qui ont lieu en stipulant de
l'une ou de l'autre des manières qui suivent;
savoir : 1º que la communauté n'embrassera que
les acquêts; 2º que le mobilier présent ou futur
n'entrera point en communauté, ou n'y entrera
que pour une partie; 3º qu'on y comprendra
tout ou partie des immeubles présens ou futurs,
par la voie de l'ameublissement; 4º que les époux
paieront séparément leurs dettes antérieures au
mariage; 5º qu'en cas de renonciation, la femme
pourra reprendre ses apports francs et quittes;
6º Que le survivant aura un préciput; 7º Que
les époux auront des parts inégales; 8º qu'il y
aura entre eux communauté à titre universel
( art. 1497).

Ces exemples des modifications que peut recevoir la communauté légale et qui sont au nombre de huit, pourraient être encore bien multipliés. Comme ils se réfèrent tous à des principes déjà connus, je pourrai, en les examinant successivement, me dispenser de leur donner de trop longs développemens.

## SECTION PREMIÈRE.

*De la communauté réduite aux acquêts.*

### SOMMAIRE.

978. *Effets de la stipulation entre époux , de la communauté d'acquêts.*

979. *Ce qui compose activement cette communauté. Comment s'entend l'exclusion du mobilier futur, par l'article* 1498.

980. *De son passif.*

981. *Prélèvemens que font les époux qui ont stipulé cette clause.*

**978.** Lorsque les époux stipulent qu'il n'y aura entre eux qu'une communauté d'acquêts , ils sont censés exclure de la communauté, et les dettes de chacun d'eux actuelles et futures, et leur mobilier respectif présent et futur. En ce cas, et après que chacun des époux a prélevé ses apports dûment justifiés, le partage se borne aux acquêts faits par les époux ensemble ou séparément durant le mariage, et provenant tant de l'industrie commune que des économies faites sur les fruits et revenus des biens des deux époux (art. 1498).

979. Cette communauté qui était ancienne-ment une modification du régime dotal et qui peut encore avoir lieu sous ce régime (art. 1581), se compose activement des acquisitions faites pendant le mariage par les époux, tant en meu-bles qu'en immeubles. L'exclusion du mobilier futur que prononce l'article cité ne s'applique à celui qui est acquis pendant le mariage, qu'autant qu'il l'est à titre gratuit; car, autrement, il n'existerait pas de communauté d'acquêts. Les revenus des propres y sont aussi compris.

980. Ainsi stipulée, la communauté a dans son passif les dettes contractées pendant le mariage, dans un intérêt commun; les dettes actuelles et futures qu'en exclut l'article 1498 étant celles qui sont relatives aux biens personnels des époux, aux objets qui n'entrent pas en commu-nauté (1).

981. A sa dissolution, chacun des époux pré-lève ses biens propres. En ce qui concerne le

(1) M. Duranton, T. 15, n° 14.

mobilier antérieur au mariage, le prélèvement n'a lieu qu'autant que son existence a été constatée par un inventaire ou état en bonne forme. Sinon, il est réputé acquêt (art. 1499). C'est encore ici le principe de l'article 1402.

Au reste, la clause réglée par les deux articles précédens se confond avec celles qui sont l'objet des sections 2 et 4.

## SECTION II.

*De la clause qui exclut de la communauté le mobilier en tout ou en partie.*

### SOMMAIRE.

*époux pendant le mariage. Conséquence de son
défaut pour le mari.*
990. *Et pour ses héritiers.*

**982.** Les époux peuvent exclure de leur communauté tout leur mobilier présent et futur. Lorsqu'ils stipulent qu'ils mettront réciproquement dans la communauté jusqu'à concurrence d'une somme ou d'une valeur déterminée, ils sont, par cela seul, censés se réserver le surplus (art. 1500). Cette clause est appelée *clause de réalisation ou stipulation de propre.* Les meubles ainsi exclus de la communauté sont réalisés, expression synonime d'immobilisés. La réalisation peut être expresse ou tacite. L'article 1500 fait connaître l'une et l'autre.

**983.** L'un des époux peut exclure de la communauté tous ses meubles présens et futurs, quoique l'autre époux y laisse entrer les siens (1).

**984.** La clause de réalisation étant une exception à l'une des principales règles de la communauté légale, est de droit étroit, et son interprétation doit plutôt en restreindre qu'en étendre les effets (2).

---

(1) Toullier, n° 298.
(2) Toullier, n° 319.—Pothier, n° 322.

985. Tout l'avantage que les époux peuvent en retirer consiste à prélever à la dissolution de la communauté, la valeur du mobilier réalisé. Car les meubles de la femme qui ont ce caractère, peuvent être aliénés par le mari, ou saisis par les créanciers du mari comme biens de communauté. Cette opinion généralement admise (1) repose principalement sur les articles 1493 et 1503, suivant lesquels les époux ont le droit à la dissolution du mariage, de prélever la valeur du mobilier, ou de réclamer des indemnités, non de retirer leurs meubles en nature. Cette doctrine, dans l'opinion contraire (2), n'est applicable qu'aux meubles dont on ne peut faire usage sans en détruire la substance (art. 587).

986. La clause de réalisation rend l'époux débiteur envers la communauté, de la somme qu'il a promis d'y mettre, et l'oblige à justifier de cet apport (art. 1501).

L'apport est suffisamment justifié, quant au mari, par la déclaration portée au contrat de mariage que son mobilier est de telle valeur. Il est suffisamment justifié, à l'égard de la femme, par

---

(1) Pothier, n° 325.—Delvincourt, T. 3, p. 78.—Rolland de Villargues, Rép. du notar., T. 2., p. 216 etc.

(2) Toullier, n° 326.

la quittance que le mari lui donne, ou à ceux qui l'ont dotée (art. 1502).

La déclaration du mari dont la femme ou ceux qui l'assistent peuvent vérifier la sincérité, doit faire foi, parce que le mari ne peut pas se donner une quittance à soi-même.

987. L'apport du mobilier réalisé par le mari ou par la femme, peut être constaté par des actes non suspects, autres que la déclaration et la quittance mentionnées dans l'article 1502 (1).

988. Chaque époux a le droit de prendre et de prélever, lors de la dissolution de la communauté. la valeur de ce dont le mobilier qu'il a apporté lors du mariage, ou qui lui est échu depuis, excédait sa mise en communauté (art. 1503).

D'après la solution donnée à la question que je viens d'examiner (n° 985), il faut décider que la valeur dont parle cet article, est celle du mobilier à l'époque du mariage, dont la communauté est devenue propriétaire et débitrice.

989. L'article 1502 nous a appris comment se constate l'apport du mobilier qui est fait à l'époque du mariage. Quant à celui qui échoit à chacun des époux pendant le mariage, il doit être constaté

---

(1) Pothier, n° 300.—Toullier, n° 305.

par un inventaire. A défaut d'inventaire du mobilier échu au mari ou d'un titre propre à justifier de sa consistance et valeur, déduction faite des dettes, le mari ne peut en exercer la reprise. Si le défaut d'inventaire porte sur un mobilier échu à à la femme, celle-ci ou ses héritiers sont admis à faire preuve, soit par titres, soit par témoins, soit même par commune renommée, de la valeur de ce mobilier (art. 1504). L'article 1415 avait déjà consacré cette différence que justifie la position respective des époux, entre le mari et la femme.

**990.** Les héritiers du mari, quoique non mentionnés dans l'article 1504, ne peuvent prouver que de la même manière que leur auteur la consistance du mobilier échu à ce dernier, et, faute de ce faire, ils sont comme lui, déchus du droit d'exercer leurs reprises.

## SECTION III.

*De la clause d'ameublissement.*

### SOMMAIRE.

991. *Quand il y a ameublissement.*
992. *Différence entre l'ameublissement et la réalisation.*
993. *L'ameublissement des immeubles futurs ne porte que sur ceux qui sont acquis à titre gratuit.*
994. *Il peut être général ou particulier.*
995. *Déterminé ou indéterminé.*

**991.** Lorsque les époux ou l'un d'eux font entrer en communauté tout ou partie de leurs immeubles, présens ou futurs, cette clause s'appelle ameublissement (art. 1505). Cette dénomination vient de ce que les meubles fesant seuls partie de droit de la communauté, les immeubles que la convention y fait entrer sont considérés comme meubles.

**992.** Cette clause diffère de la réalisation, en ce qu'elle étend la communauté, tandis que la réalisation la restreint.

**993.** L'ameublissement appliqué aux immeubles futurs des époux, a pour objet ceux qu'ils peuvent acquérir à titre gratuit; car on sait que ceux qui sont acquis à titre onéreux appartiennent à la communauté légale.

994. L'ameublisssement peut être général ou particulier. Le premier a lieu lorsqu'on apporte à la communauté une universalité d'immeubles, ce qui arrive notamment lorsque les époux conviennent qu'ils seront communs en tous biens. Une telle communauté comprend les biens présens de toute nature, qui appartiennent aux époux. L'ameublissement particulier est celui qui a seulement un ou plusieurs objets spéciaux.

995. La loi distingue l'ameublissement déterminé, de l'ameublissement indéterminé. Il est déterminé quand l'époux a déclaré ameublir et mettre en communauté un tel immeuble en tout ou jusqu'à concurrence d'une certaine somme. Il est indéterminé quand l'époux a simplement déclarer apporter en communauté ses immeubles jusqu'à concurrrence d'une certaine somme (art. 1506).

996. Cette division n'est pas exprimée d'une manière tout à fait exacte, puisque, ainsi que nous allons le voir, la loi attribue tous les effets de l'ameublissement indéterminé à celui qui, d'après ses termes, serait déterminé par la dé-

claration de l'époux qu'il met en communauté un immeuble jusqu'à concurrence d'une certaine somme (1).

997. L'effet de l'ameublissement déterminé est de rendre l'immeuble ou les immeubles qui en sont frappés biens de la communauté comme les meubles mêmes. Lorsque l'immeuble ou les immeubles de la femme sont ameublis en totalité, le mari en peut disposer comme des autres effets de la communauté et les aliéner en totalité. Si l'immeuble n'est ameubli que pour une certaine somme, le mari ne peut l'aliéner qu'avec le consentement de la femme ; mais il peut l'hypothéquer sans son consentement, jusqu'à concurrence seulement de la portion ameublie ( art. 1507 ).

998. Ce droit du mari sur les immeubles ameublis doit se combiner avec la disposition de l'article 1422. Le mari ne peut donc pas, hors dés termes de cet article, en disposer à titre gratuit (2).

999. L'ameublissement indéterminé ne rend point la communauté propriétaire des immeubles

---

(1) Toullier, n° 330.
(2) Dalloz, T. 10, p. 273, n° 6.

qui en sont frappés, son effet se réduit à obliger l'époux qui l'a consenti, à comprendre dans la masse, lors de la dissolution de la communauté, quelques-uns de ses immeubles jusqu'à concurrence de la somme par lui promise. Le mari ne peut, comme en l'article précédent, aliéner en tout ou en partie, sans le consentement de sa femme, les immeubles sur lesquels est établi l'ameublissement indéterminé; mais il peut les hypothéquer jusqu'à concurrence de cet ameublissement (art. 1508).

1000. Si donc les immeubles frappés de l'ameublissement indéterminé périssent, la perte en est supportée par l'époux propriétaire et non par la communauté. La créance de la communauté est même éteinte, s'ils périssent tous, parce qu'il s'agit d'une obligation *generis limitati,* obligation qui s'évanouit à l'extinction de ce genre (1).

1001. Les époux ont le droit de faire cesser, pendant le mariage, l'indétermination de l'ameublissement. Car ce n'est pas là apporter un changement aux conventions matrimoniales, ce qui

---

(1) Bellot, T. 3, p. 141, etc.

ne serait pas permis ; c'est plutôt les exécuter (1).

**1002.** La disposition de l'article cité, qui permet au mari d'hypothéquer l'immeuble ameubli, fait exception à l'article 2124, suivant lequel les hypothèques ne peuvent être consenties que par ceux qui ont la capacité d'aliéner. Par l'effet de cette hypothèque, l'ameublissement peut devenir déterminé d'indéterminé qu'il était, puisque le créancier pourra le faire saisir sans le consentement de la femme. C'est comme s'il était aliéné par le mari ; et cette aliénation est le caractère de l'ameublissement déterminé.

**1003.** L'époux qui a ameubli un héritage a, lors du partage, la faculté de le retenir en le précomptant sur sa part pour le prix qu'il vaut alors ; et ses héritiers ont le même droit (art. 1509). La loi, par cette disposition, a voulu favoriser l'affection que l'époux peut avoir pour un immeuble.

C'est parce que cet immeuble a été aux risques de la communauté que la valeur en est fixée à l'époque du partage.

---

(1) Toullier, n° 337.

# SECTION IV.

*De la clause de séparation des dettes.*

## SOMMAIRE.

**1004.** La clause par laquelle les époux stipulent qu'ils paieront séparément leurs dettes personnelles, les oblige à se faire, lors de la dissolution de la communauté, respectivement raison des dettes qui sont justifiées avoir été acquittées par la communauté à la décharge de celui des époux qui en était débiteur. Cette obligation est la même, soit qu'il y ait eu inventaire ou non; mais si le mobilier apporté par les époux n'a pas été constaté par un inventaire ou état authentique antérieur au mariage, les créanciers de l'un et de l'autre des époux peuvent, sans avoir égard à aucune des distinctions qui seraient réclamées, poursuivre leur paiement sur le mobilier non inventorié, comme sur tous les autres biens de la communauté. Les créanciers ont le même droit sur le mobilier qui serait échu aux époux pendant la communauté, s'il n'a pas été pareillement constaté par un inventaire ou état authentique (art. 1510).

**1005.** Cette clause produit des effets différens, considérée par rapport aux époux entre eux, et considérée par rapport à leurs créanciers.

Respectivement aux époux, chacun doit faire compte à la communauté, de toute dette acquittée par elle à sa décharge. Il suffit que le fait soit établi d'une manière quelconque, et il n'est

pas nécessaire que l'origine de la dette soit constatée par un inventaire.

1006. La clause dont je m'occupe ne concerne
que les dettes antérieures au mariage, celles qui
sont contractées pendant sa durée, étant, d'après
les principes généraux, à la charge de la communauté légale.

Cependant, il peut résulter de la stipulation
que la communauté sera réduite aux acquêts (art.
1498), que les dettes futures peuvent être aussi
exclues implicitement.

1007. Considérée par rapport aux créanciers,
la clause a des effets différens, selon qu'il y a
ou non un inventaire ou état authentique. L'article 1510 signale les conséquences du défaut de
cet inventaire ou état, et la manière dont il est
rédigé permet de penser que si cet inventaire ou
état existe, les créanciers de l'un des époux sont
sans recours sur les biens inventoriés appartenant
à l'autre. L'opinion contraire est néanmoins assez
généralement admise en ce qui concerne les droits
que les créanciers du mari pourraient exercer
sur le mobilier de la femme, sur ce principal
fondement que la simple convention de séparation des dettes n'empêchant pas le mobilier de la
femme de tomber dans la communauté, les créanciers du mari peuvent le saisir, sauf la récom-

pense due par le mari à la femme (1). Cette interprétation fondée sur un principe vrai me paraît contraire au texte qui, n'ayant établi aucune distinction entre le mari et la femme, a bien pu déroger, pour ce cas spécial, à la règle ordinaire.

1008. Lorsque les époux apportent dans la communauté une somme certaine ou un corps certain, un tel apport emporte la convention tacite qu'il n'est point grevé de dettes antérieures au mariage ; et il doit être fait raison par l'époux débiteur, à l'autre, de toutes celles qui diminueraient l'apport promis (art. 1511).

1009. La convention tacite de séparation des dettes résulte de cet apport qui, pour produire cet effet, n'a pas même besoin d'être réciproque (2).

1010. La clause de séparation des dettes n'empêche point que la communauté ne soit chargée des intérêts et arrérages qui ont couru pendant le mariage (art. 1512). Car les intérêts et arrérages sont une charge des fruits et se compensent

---

(1) Delvincourt, T. 3 , p. 87.—Bellot, T. 3 p. 166. M. Duranton, T. 15, n° 110.
(2) Toullier, n° 346.

avec les intérêts ou arrérages qui peuvent être dus à l'un des époux, et que la clause de séparation des dettes n'empêche pas d'entrer en communauté. Cependant, il pourrait être convenu entre les époux que cette charge ne grèverait pas la communauté (1).

1011. Les époux ou l'un d'eux peuvent s'être déclarés ou être déclarés par contrat de mariage, francs et quittes de toutes dettes antérieures au mariage, et cette déclaration peut être inexacte. Aussi la loi a-t-elle prévu ce cas et réglé les conséquences que peut produire une telle déclaration.

Lorsque la communauté est poursuivie pour les dettes de l'un des époux, déclaré, par contrat, franc et quitte de toutes dettes antérieures au mariage, le conjoint a droit à une indemnité qui se prend, soit sur la part de la communauté revenant à l'époux débiteur, soit sur les biens personnels dudit époux; et, en cas d'insuffisance, cette indemnité peut être poursuivie, par voie de garantie, contre le père, la mère, l'ascendant ou le tuteur qui l'auraient déclaré franc et quitte. Cette garantie peut même être exercée par le mari durant la communauté, si la

---

(1) Pothier, n° 360.

dette provient du chef de la femme ; sauf, en ce cas, le remboursement dû par la femme ou ses héritiers aux garants, après la communauté (art. 1513).

Dans l'ancienne jurisprudence, la clause de franc et quitte n'avait lieu qu'entre les parens des conjoints et non entre les conjoints eux-mêmes. Elle n'obligeait donc pas les époux personnellement. Le système contraire et plus raisonnable du Code considère l'époux faussement déclaré exempt de dettes, comme débiteur principal, et les parens ou tuteur, auteurs de la déclaration, comme subsidiairement responsables de ses conséquences.

1012. Ainsi, la clause de franc et quitte n'est réellement qu'une véritable convention de séparation des dettes. Seulement, il y a cette différence que la clause de franc et quitte n'a d'effet qu'entre les époux, sans pouvoir être opposée à leurs créanciers, qu'il y ait ou qu'il n'y ait pas inventaire. Elle en diffère encore sous ce rapport qu'elle décharge la communauté des intérêts et arrérages (1).

1013. Il faut décider, malgré une ancienne

---

(1) Toullier, n° 364.—M. Duranton, n°ˢ 13, 14, 15.

controverse, que les parens ou le tuteur qui ont
déclaré le mari franc et quitte doivent garantir à
la femme l'indemnité provenant de sa diminution de part dans l'actif de la communauté, et
celle qui peut résulter de la diminution ou de la
perte de ses sûretés (1).

**1014.** La clause de franc et quitte peut être
stipulée, quoique le contrat de mariage porte
exclusion de communauté; car le mari qui a le
droit de percevoir les revenus de sa femme a intérêt à ce qu'ils ne soient diminués par aucune
dette antérieure au mariage (2).

## SECTION V.

*De la faculté accordée à la femme de reprendre
son apport franc et quitte.*

### SOMMAIRE.

(1) id. n° 366.
(2) Pothier, n° 378.

**1015.** La femme peut stipuler qu'en cas de renonciation à la communauté, elle reprendra tout ou partie de ce qu'elle y aura apporté, soit lors du mariage, soit depuis. Mais cette stipulation ne peut s'étendre au-delà des choses formellement exprimées, ni au profit de personnes autres que celles désignées. Ainsi, la faculté de reprendre le mobilier que la femme a apporté lors du mariage, ne s'étend point à celui qui serait échu pendant le mariage. Ainsi, la faculté accordée à la femme ne s'étend point aux enfans; celle accordée à la femme et aux enfans ne s'étend point aux héritiers ascendans ou collatéraux. Dans tous les cas, les apports ne peuvent être repris que déduction faite des dettes personnelles à la femme et que la communauté a acquittées (art. 1514).

**1016.** Cette faculté que la loi accorde à la femme étrangère à l'administration de la communauté, et qui ne peut conséquemment pas être stipulée en faveur du mari, étant exhorbitante du droit commun, devait être restreinte comme elle l'a été par la disposition citée, et doit être rigoureusement interprétée. Ainsi, par exemple, la femme qui stipulerait dans son contrat de mariage, qu'en cas de séparation elle reprendra ce qu'elle a apporté, n'aurait le droit de reprendre que ce qu'elle a apporté en se mariant, et non ce qui postérieurement serait entré de son chef dans la communauté. Mais il n'en serait pas de même s'il était stipulé qu'elle reprendra tout ce qu'elle se trouvera avoir apporté à la communauté, cette clause se référant à l'époque où la communauté finit (1).

1017. L'expression *enfans* qu'on lit dans l'article 1514, comprend les petits-enfans et autres descendans (1).

1018. Le droit de reprise expressément stipulé pour la femme et pour ses héritiers collatéraux, est censé stipulé pour ses descendans et même pour ses ascendans (3).

## SECTION VI.

*Du préciput conventionnel.*

### SOMMAIRE.

1019. *Effet de la clause de préciput.*
1020. *Son objet ordinaire.*
1021. *Examen et rejet d'une opinion de Pothier.*

---

(1) Pothier, n° 401 , ect.

(2) Toullier, n° 384.—Cà Lebrun, traité de la communauté, liv. 3, ch. 2, section 2.

(3) Pothier, n°s 389, 390.—Toullier, n°s 386 , 388.

**1019.** La clause par laquelle l'époux survivant est autorisé à prélever, avant tout partage, une certaine somme ou une certaine quantité d'effets mobiliers en nature, ne donne droit à ce prélèvement, au profit de la femme survivante, que lorsqu'elle accepte la communauté, à moins que le contrat de mariage ne lui ait réservé ce droit, même en renonçant. Hors le cas de cette réserve, le préciput ne s'exerce que sur la masse partageable, et non sur les biens personnels de l'époux prédécédé. (art. 1515).

**1020.** L'objet ordinaire de cette clause est de conserver au survivant des époux des objets mobiliers nécessaires à son usage personnel ou qui ont, pour lui, un prix d'affection.

**1021.** Suivant Pothier (1) le préciput illimité en espèces, comme lorsqu'il est dit que le survivant prendra les meubles à son usage, les chevaux, sans qu'il soit spécifié jusqu'à concurrence de telle somme, peut être réduit *arbitrio judicis*, parce que les époux sont censés avoir fixé un préciput proportionné à leur état et à leur fortune. Mais cette opinion serait aujourd'hui contraire à la loi qui ne permet pas aux juges de s'écarter des conventions légalement faites (2).

**1022.** Le préciput n'est point regardé comme un avantage sujet aux formalités des donations, mais comme une convention de mariage (art. 1516). Remarquons que cet article ne mentionne que les formalités des donations. Car, au fond, et sauf certaines modifications exprimées dans la loi, le préciput est une véritable donation. Au reste, les contrats de mariage, comme les actes de donation, devant être devant notaire, circonstance qui en constitue principalement les formes, on ne voit pas trop la grande utilité de cette disposition.

**1023.** La mort naturelle ou civile donne ou-

------

(1) N° 444.
(1) Toullier, n° 407.

verture au préciput (art. 1517). La loi a voulu
par là, prévenir toute difficulté sur l'application
de l'article 1515 qui ne mentionne que l'époux
survivant. Dailleurs, dans les anciens principes,
la mort civile ne produisait pas cet effet.

1024. Lorsque la dissolution de la communauté s'opère par la séparation de corps, il n'y
a pas lieu à la délivrance actuelle du préciput;
mais l'époux qui a obtenu la séparation de corps
conserve ses droits au préciput en cas de survie. Si c'est la femme, la somme ou la chose
qui constitue le préciput reste toujours provisoirement au mari, à la charge de donner caution (art. 1518).

Il faut lire dans la dernière partie de cet article
femme *renonçante*. Car il paraît que ce n'est que
par inadvertance que ce dernier mot a été omis
dans sa rédaction. Autrement, il serait contraire
à tout principe de justice que le mari, après le
partage de la communauté, fut maintenu en
possession d'objets appartenant à la femme (1).

1925. Il résulte de la rédaction de l'article
1518, que l'époux contre lequel la séparation
de corps a été prononcée ne conserve pas de
droit au préciput, en quoi le préciput qui est

(1) Toullier, n° 397.

une clause conventionnelle de la communauté
et non pas une donation dans toute l'acception du mot, diffère des donations ordinaires
par contrat de mariage, ainsi que nous l'avons
déjà vu (T. 1 nᵒˢ 342, 343).

1026. Au cas de séparation de biens, on doit
appliquer la règle de l'article 1518, c'est-à-dire
que l'objet du préciput reste en la possession
du mari, à la charge par lui de donner caution
(1). Il n'y a pas de différence à établir entre le
demandeur et le défendeur, par suite des torts
que l'un peut avoir envers l'autre.

1027. Les créanciers de la communauté ont
toujours le droit de faire vendre les effets compris dans le préciput, sauf le recours de l'é-
poux, conformément à l'article 1515 (art 1519.)
Les conventions particulières entre les époux
ne peuvent pas, en effet, préjudicier aux droits
des tiers.

## SECTION VII.

*Des clauses par lesquelles on assigne à chacun des
époux des parts inégales dans la communauté.*

### SOMMAIRE.

1028. *Différens objets que peuvent avoir ces clauses.*
1029. *Elles ne peuvent pas porter atteinte à la réserve
légale.*

---

(1) M. Duranton, nᵒ 195.

**1028.** La règle qui attribue à chacun des époux une part égale dans la communauté, prélévemens opérés, n'est pas un principe d'ordre public duquel il n'est pas permis de s'écarter; et les époux peuvent déroger au partage égal établi par la loi, soit en ne donnant à l'époux survivant ou à ses héritiers, dans la communauté, qu'une part moindre que la moitié, soit en ne lui donnant qu'une somme fixe pour tout droit de communauté, soit en stipulant que la communauté entière, en certains cas, appartiendra à l'époux survivant, ou à l'un d'eux seulement (art. 1520).

**1029.** Suivant un auteur moderne (1), cette

_____

(1) M. Duranton, n° 202.

clause ne peut constituer un avantage imputable sur la portion disponible que dans le cas où l'époux qui procure cet avantage à son conjoint laisse des enfans d'un précédent mariage et qu'il y a excès de la portion de biens dont il peut disposer au profit du nouvel époux. Cette restriction de l'application de la règle qui prohibe les avantages indirects au préjudice de la réserve légale, ne me paraît pas pouvoir être admise et je n'hésite pas à penser que, dans le cas, par exemple, ou les époux auraient stipulé que la communauté tout entière appartiendrait à l'un deux, cette disposition pourrait au décès de l'autre époux, être attaquée par les héritiers à réserve.

1030. Lorsqu'il a été stipulé que l'époux ou ses héritiers n'auront qu'une certaine part dans la communauté, comme le tiers ou le quart, l'époux ainsi réduit, ou ses héritiers ne supportent les dettes de la communauté que proportionnellement à la part qu'ils prennent dans l'actif. La convention est nulle, si elle oblige l'époux ainsi réduit ou ses héritiers à supporter une plus forte part, ou si elle les dispense de supporter une part dans les dettes égale à celle qu'ils prennent dans l'actif (art. 1521).

1031. La seule difficulté que puisse présen-

33

ter cet article fondé en raison et en équité, consiste à savoir si la convention que mentionne sa dernière disposition est nulle pour le tout, ou s'il faudra seulement rétablir la proportion légale de contribution aux dettes.

Pour la nullité absolue de la clause, on invoque le texte formel de la loi, tout en reconnaissant qu'en doctrine, cette opinion est repoussée par la raison, et n'est point en harmonie avec les principes du code civil sur les donations entre époux (1).

On dit, pour le système contraire, que la nullité absolue serait sans objet, que l'époux réduit n'a pas de motif de se plaindre lorsque l'autre partie consent à ce qu'il ne paie qu'une part proportionnelle des dettes. On invoque l'application de la règle : *utile per inutile non vitiatur* (2). J'ajouterai que, dans les principes de notre jurisprudence, il est des cas où des dispositions sont seulement modifiées, quoique la loi en prononce la nullité. Tel est par exemple, celui de l'article 911 que la jurisprudence a interprété en réduisant seulement, malgré son texte, les libéralités faites au mépris de sa prohibition. L'opinion que j'émets ici n'a rien de contraire

(1) Toullier, n° 411, etc.
(2) M. Duranton, n° 206.

à la manière dont j'ai écrit que l'article 1099 doit être entendu. Il s'agit ici d'une libéralité indirecte, mais non pas déguisée, ce qui est bien différent (T. 3. n° 1025).

**1032.** Lorsqu'il est stipulé que l'un des époux ou ses héritiers ne pourront prétendre qu'une certaine somme pour droit de communauté, la clause est un forfait qui oblige l'autre époux ou ses héritiers à payer la somme convenue, soit que la communauté soit bonne ou mauvaise, suffisante ou non pour acquitter la somme (art. 1522).

Cette clause appelée forfait de communauté est une sorte de contrat aléatoire qui n'a rien de contraire aux principes généraux.

**1033.** Le mari qui, en vertu de la convention, doit payer le forfait, ne serait pas recevable à dire, que la clause étant stipulée en sa faveur, il y renonce, afin que la communauté soit divisée par égales parts (1). Mais si c'est la femme qui doit payer le forfait au mari, elle peut s'en dispenser, en abandonnant au mari les biens et les charges de la communauté (2).

---

(1) Pothier, n° 450.—Toullier, n° 414.
(2) Toullier, n° 417.

**1034.** Si la clause n'établit le forfait qu'à l'égard des héritiers de l'époux, celui-ci, dans le cas où il survit, a droit au partage légal par moitié (art. 1523). Car les époux n'ont pas voulu, en fesant une telle convention, se réduire personnellement eux-mêmes à la somme déterminée; ils ont voulu seulement que leurs héritiers y fussent réduits.

**1035.** Dans le cas de forfait de communauté, le mari ou ses héritiers qui retiennent la totalité de la communauté, sont obligés d'en acquiter toutes les dettes. Les créanciers n'ont, en ce cas, aucune action contre la femme, ni contre ses héritiers. Si c'est la femme survivante qui a, moyennant une somme convenue, le droit de retenir toute la communauté contre les héritiers du mari, elle a le choix ou de leur payer cette somme, en demeurant obligée à toutes les dettes, ou de renoncer à la communauté, et d'en abandonner aux héritiers du mari les biens et charges (art. 1024).

Les créanciers de la communauté ne sont, à bien dire, que les créanciers du mari, tant que la communauté n'a pas été acceptée par la femme. Sans cette circonstance, ils n'ont pas de recours contre la femme ou ses héritiers; et la première partie de l'article 1024 est ainsi conforme aux

principes généraux. Cependant, il en serait autrement, s'il s'agissait des dettes personnelles de
la femme qui seraient tombées dans la communauté, à raison desquelles nous savons que les
créanciers conservent leur recours contre la
femme qui, par ses conventions matrimoniales,
n'a pas pu leur préjudicier (art. 1494). L'option
que la seconde partie de l'article accorde à la
femme ne diminue pas les sûretés sur lesquelles
devaient compter les créanciers de la communauté; et si la femme n'avait pas le droit de
l'exercer, elle se serait interdit la faculté de renoncer à la communauté, ce qu'elle n'a pas le
droit de faire (art. 1453).

1036. Il est permis aux époux de stipuler que
la totalité de la communauté appartiendra au
survivant, ou à l'un d'eux seulement, sauf aux
héritiers de l'autre à faire la reprise des apports
et capitaux tombés dans la communauté, du
chef de leur auteur. Cette stipulation n'est point
réputée un avantage sujet aux règles relatives
aux donations, soit quant au fond, soit quant
à la forme, mais simplement une convention de
mariage et entre associés (art. 1525).

L'effet de la reprise des apports et capitaux
est qu'il ne peut pas y avoir avantage indirect
dans cette convention.

## SECTION VIII.

*De la communauté à titre universel.*

SOMMAIRE.

1037. *Forme, objets et motifs de cette stipulation.*
1038. *La mise en communauté de tous les biens ne comprend pas les immeubles à venir. Controversé.*

**1037.** Les époux peuvent établir par leur contrat de mariage une communauté universelle de leurs biens tant meubles qu'immeubles, présens et à venir, ou de tous leurs biens présens seulement, ou de tous leurs biens à venir seulement ( art. 1526 ).

La faveur du contrat de mariage a fait introduire cette dérogation à la règle de l'article 1837 qui défend de comprendre dans les sociétés universelles la propriété des biens que les associés peuvent acquérir par succession, donation ou legs.

**1038.** Cette clause est un ameublissement des immeubles présens des époux. Mais comprendrait-elle leurs immeubles à venir, si les époux avaient déclaré mettre en communauté tous leurs biens meubles et immeubles?

La question est controversée. Pour l'affirmative, on invoque l'intention présumée des parties qui a été de mettre en commun tout ce qu'ils possèdent et doivent posséder (1). Mais l'effet de cette clause étant déjà une extension au droit commun, en matière de communauté, ses termes en étant conçus au présent, les immeubles à venir qui ne sont pas expressément mentionnés, n'y doivent pas être compris. L'article 1542 fournit un argument à cette opinion, en disposant que la constitution, en termes généraux, de tous les biens de la femme, ne comprend pas les biens à venir (2).

*Dispositions communes aux huit sections ci-dessus.*

### SOMMAIRE.

1039. *Toutes conventions relatives aux biens sont permises entre époux, sauf les limitations déjà connues.*

1040. *La communauté légale produit ses effets, pour tout ce en quoi il n'y a pas été dérogé.*

**1039.** Ce qui est dit aux huit sections ci-dessus, ne limite pas à leurs dispositions précises les stipulations dont est susceptible la communauté conventionnelle. Les époux peuvent faire toutes autres conventions, ainsi qu'il est dit à

---

(1) Toullier, n° 333.

(2) Pothier, n° 304.—M. Duranton, n°ˢ 57 et 221.

l'article 1387, et sauf les modifications portées par les articles 1388, 1389 et 1390. Néanmoins, dans le cas où il y aurait des enfans d'un précédent mariage, toute convention qui tendrait dans ses effets à donner à l'un des époux au-delà de la portion réglée par l'article 1098, au titre des donations entre-vifs et des testamens, sera sans effet, pour tout l'excédant de cette portion ; mais les simples bénéfices résultant des travaux communs et des économies faites sur les revenus respectifs, quoique inégaux, des deux époux, ne sont pas considérés comme un avantage fait au préjudice des enfans du premier lit (art. 1527).

Ce n'est ici que le résumé de principes déjà exposés et assez connus pour que je me dispense de tout nouveau développement.

**1040.** La communauté conventionnelle reste soumise aux règles de la communauté légale, pour tous les cas auxquels il n'y a pas été dérogé implicitement ou explicitement par le contrat (art. 1528).

## SECTION IX.

*Des conventions exclusives de la communauté.*

### SOMMAIRE.

**1041.** J'ai déjà dit qu'outre le régime de la communauté et le régime dotal, le Code reconnaît un système qui diffère de l'un et de l'autre, et que les auteurs désignent sous le nom de *régime exclusif de communauté.* Il diffère de celui de la communauté, en ce qu'il n'établit ni communauté légale, ni communauté conventionnelle, et du régime dotal, en ce qu'il ne frappe pas les biens dotaux d'inaliénabilité. Cependant il offre moins d'analogie avec le régime dotal qu'avec celui de la communauté légale, et il est soumis aux règles de ce dernier pour tout ce en quoi il n'y est pas expressément dérogé. Je vais en exposer les règles.

**1042.** Le régime exclusif de communauté peut résulter de deux conventions distinctes, de la clause que les époux se marient sans communauté, et de la convention par contrat de mariage, de séparation de biens (art. 1529).

## § I.

*De la clause portant que les époux se marient
sans communauté.*

### SOMMAIRE.

**1043.** La clause portant que les époux se marient sans communauté, ne donne point à la femme le droit d'administrer ses biens, ni d'en percevoir les fruits; ces fruits sont censés apportés au mari pour soutenir les charges du mariage ( art. 1530 ).

Ainsi, la femme conserve la propriété de son mobilier comme de ses immeubles, sans distinction entre ceux qu'elle possédait à l'époque du mariage et ceux qu'elle acquiert, à un titre quelconque, depuis sa célébration. Le droit du mari se borne à l'administration des biens de toute nature de la femme, et à la perception des fruits qu'il fait siens. Il perçoit aussi tout le mobilier qu'elle apporte en dot, ou qui lui échoit pendant le mariage, sauf la restitution qu'il en doit faire après la séparation de biens qui serait prononcée par justice (art. 1531).

A cette époque, ou à la dissolution du mariage, le mari restitue les objets mobiliers de la femme qu'il a perçus, dans l'état où ils se trouvent et sans responsabilité de sa part des détériorations qui n'ont pas été produites par sa faute. Au reste le mari doit en faire un inventaire, pour en constater l'état, ainsi que nous le verrons sur l'article 1533.

Il n'y a donc, sous ce régime, aucune confusion des biens des époux. La femme, à la dissolution du mariage, n'a rien à prétendre à ceux que le mari a acquis pendant sa durée, lors même qu'ils auraient été achetés des revenus de la femme, puisque la loi attribue la propriété de ces revenus au mari. Mais aussi elle n'est point tenue des dettes contractées par son mari, lequel, de son côté, est étranger aux dettes de sa femme (1)

---

(1) Pothier, n° 461.

1044. Le mari a-t-il sous l'empire de cette clause, la propriété des produits des talens ou de l'industrie de la femme? L'affirmative se fonde sur les termes généraux de l'article 1530 qui attribue au mari la propriété des biens de la femme et sur son obligation de soutenir les charges du mariage (1). Mais je préfère l'opinion contraire ; et il me paraît certain que la loi n'a voulu donner au mari que les fruits des biens ordinaires de la femme, c'est-à-dire de ceux que son mari ou un mandataire étranger peuvent régir aussi bien qu'elle (2).

1045. Malgré la loi qui attribue au mari tous les revenus des biens de la femme, et la disposition finale de l'article 1527 qui porte que les économies sur les revenus ne sont pas considérées comme un avantage indirect au préjudice des enfans du premier lit, je pense que lorsque le mariage a lieu avec la clause réglée par ce paragraphe, on peut reconnaître un avantage indirect et sujet à réduction dans la convention dont l'effet est de donner au mari les revenus très considérables de la femme qui a des enfans d'un premier lit. L'article 1527 qui règle l'hypo-

---

(1) M. Duranton , n° 259.
(2) Toullier, T. 14 , n° 23.

thèse d'une communauté qui se partage entre époux, et où il peut y avoir réciprocité, n'est pas applicable à ce cas. Mais, pour qu'il y ait lieu à restitution, il faut que le mari se soit enrichi par des acquisitions ou des placemens. Il en serait autrement si les revenus avaient été dépensés, et si le mari n'avait pas augmenté sa fortune (1).

1046. Si, dans le mobilier apporté en dot par la femme, ou qui lui échoit pendant le mariage, il y a des choses dont on ne peut faire usage sans les consommer, il en doit être fait inventaire lors de l'échéance, et le mari en doit rendre le prix d'après l'estimation (art. 1542).

Il est question dans cet article, de choses fongibles dont la propriété n'est pas transmise au mari. Quoique la loi n'exige expressément l'inventaire que pour les choses de cette nature, il ne faut pas croire que le mari en soit dispensé pour les autres. Tout à l'heure nous verrons le contraire. Ici, la loi a voulu seulement indiquer que le mari devait le prix au moment où il a reçu les choses qui sont censées lui avoir été vendues dès cette époque.

1047. Le mari est tenu de toutes les charges

---

(1) M. Duranton, n° 272.

de l'usufruit (art. 1533). Il doit donc faire inventaire, fournir aux réparations d'entretien, etc. Cependant il est généralement admis, par argument de l'article 1550, qu'il n'est pas tenu de donner caution (1).

1048. Le mari doit aussi, comme l'usufruitier, faire dresser un état des immeubles. S'il ne l'a pas fait, il sera censé les avoir reçus en bon état, et faute par lui d'avoir fait dresser l'inventaire, la femme sera admise à prouver la consistance et valeur de ses meubles par titres, papiers domestiques, témoins, et même par la commune renommée (argument des articles 1415 et 1504).

1049. Toutes les charges ordinaires des fruits et revenus doivent être supportées par le mari Il doit donc fournir à tous les frais dans l'intérêt des enfants que sa femme aurait eus d'un précédent mariage, et même à ceux que nécessitent les parens de sa femme qui sont dans le besoin et auxquels elle devrait des alimens.

1050. La clause portant que les époux se marient sans communauté ne fait point obstacle à ce qu'il soit convenu que la femme tou-

---

(1) Delvincourt, T. 3, p. 98.—Bellot, T. 3, p. 347, etc.

chera annuellement, sur ses seules quittances, certaines portions de ses revenus pour son entretien et des besoins personnels (art. 1534). Si, avec les économies qu'elle fait de ces revenus réservés, elle acquiert des biens, ils sont sa propriété exclusive, et le mari n'y a aucun droit (1).

1051. Les immeubles constitués en dot dans le cas du présent paragraphe, ne sont point inaliénables; néanmoins, ils ne peuvent être aliénés sans le consentement du mari, et à son refus, sans l'autorisation de la justice (art. 1535).

Cette aliénabilité des immeubles est, comme je l'ai déjà dit, un caractère qui distingue la clause dont il s'agit ici, du régime dotal. Quant à la seconde disposition de l'article 1535, elle est, pour ainsi dire, superflue, puisqu'elle ne fait que reproduire la règle générale des articles 217 et 218.

1052. Les dispositions de la loi qui règlent, sous le régime dotal, la restitution et les intérêts de la dot, sont applicables à la convention régie par ce paragraphe. Car le régime dotal est comme cette convention, exclusif de commu-

---

(1) Pothier, n° 466.

nauté (1). Je peux donc ajourner toute explication à cet égard jusqu'à l'examen des articles
1564 et suivans.

**1053.** La femme, sous ce régime, comme sous
tous les autres, doit obtenir ses habits de deuil
sur la succession de son mari (2). Je croirais
également, malgré une controverse établie,
qu'elle a droit au bénéfice de l'article 1465 (3).

## § II.

*De la clause de séparation de biens.*

### SOMMAIRE.

1054. *Différences entre la séparation de biens contractuelle et la judiciaire. Effets de la première.*

1055. *En quoi cette clause diffère de la précédente.*

1056. *La femme peut aliéner son mobilier à titre gratuit,
comme à titre onéreux.*

1057. *Mode de contribution de la femme aux charges
du ménage.*

1058. *Elle ne peut pas, sans autorisation, aliéner ses
immeubles.*

1059. *Effet de la jouissance des biens par le mari, sans
opposition de sa femme.*

1060. *Le prix des fruits encore dû, lorsque le mari
devient comptable, appartient à la femme.*

---

(1) Toullier, n° 28.—Cà M. Duranton, n° 301.

(2) M. Duranton, n° 302, etc.

(3) Dallos, T. 10, p. 283, n° 8.—Cà M. Duranton, n° 303.

1054. J'ai déjà eu l'occasion de dire que la clause dont il est question dans ce paragraphe, qui est la séparation contractuelle, ne devait pas être confondue avec la séparation de biens prononcée en justice. L'une est le résultat de la convention des époux au moment du mariage ; l'autre est celui du mauvais état des affaires du mari. Celle-ci peut cesser, comme nous l'avons vu ; il n'en est pas de même de l'autre qui est irrévocable comme les conventions matrimoniales.

Lorsque les époux ont stipulé par leur contrat de mariage qu'ils seraient séparés de biens, la femme conserve l'entière administration de ses biens, meubles et immeubles et la jouissance libre de ses revenus (art. 1536.)

1055. Cette clause qui a de commun avec la précédente qu'elle est exclusive de la communauté, en diffère néanmoins, en ce qu'elle donne à la femme le droit d'administrer ses biens et de jouir de ses revenus.

1056. La femme peut, en vertu de la règle écrite dans l'article 1449, disposer de son mobilier et l'aliéner. Je pense même, d'après les termes absolus de cet article, et quoique le contraire ait été écrit (1), qu'il n'y a pas de distinction

(1) M. Duranton, n° 314.

34

à faire entre l'aliénation à titre onéreux et celle qui est à titre gratuit, et que c'est vainement qu'on objecte contre cette opinion les termes des articles 905 et 217, auxquels la loi déroge expréssement pour la femme séparée de biens.

1057. Chacun des époux contribue aux charges du mariage, suivant les conventions contenues en leur contrat ; et s'il n'en existe point à cet égard, la femme contribue à ces charges jusqu'à concurrence du tiers de ses revenus (art. 1537). Si le mari n'a pas les moyens de fournir le surplus, la femme contribue pour une quotité plus forte, et même pour la totalité, si le mari est absolument sans ressources. Ce principe est écrit dans l'article 1448 applicable manifestement à ce cas. Il est également incontestable que le mari conservant, sous tous les régimes, les droits qui résultent de la puissance maritale, c'est à lui que la femme doit remettre soit le tiers, soit tout autre quotité pour laquelle elle doit contribuer à l'entretien du ménage.

1058. Dans aucun cas, ni à la faveur d'aucune stipulation, la femme ne peut aliéner ses immeubles sans le consentement spécial de son mari, ou, à son refus, sans être autorisée par justice. Toute autorisation générale d'aliéner les

immeubles donnée à la femme, soit par contrat
de mariage, soit depuis, est nulle (art 1538).
Cette prohibition qui ne s'étend pas, comme
nous venons de le voir, au mobilier, est fondée
sur l'importance ordinaire des immeubles et conséquemment sur l'intérêt commun des époux.
L'autorisation générale d'aliéner donnée d'une
manière quelconque porterait atteinte aux prérogatives du mari qui sont d'ordre public.
Nous retrouvons ici les principes des articles
223 et 1449.

1059. Lorsque la femme séparée à laissé la
jouissance de ses biens à son mari, celui-ci n'est
tenu, soit sur la demande que la femme pourrait lui faire, soit à la dissolution du mariage,
qu'à la représentation des fruits existans, et il
n'est point comptable de ceux qui ont été consommés jusqu'alors (art. 1539). La présomption
naturelle est, dans ce cas, que le mari a disposé dans l'intérêt commun et du consentement
de sa femme, des fruits et revenus. Si la reddition de compte des fruits devait comprendre
tous ceux qui ont été perçus par le mari, celui-ci, pour ne pas exposer sa propre fortune,
se placerait dans un système de méfiances et de
précautions nuisibles aux intérêts des uns et
des autres.

**1060** Le mari, aux termes de l'article 1539 est comptable des fruits non consommés. Devrait-on considérer comme tels ceux que le mari a vendus sans en avoir reçu le prix ? En d'autres termes, ce prix appartiendrait-il au mari ou à la femme ? Le prix étant la représentation des fruits et n'ayant pas été employé pour les besoins du ménage, on peut dire que les fruits ne sont pas consommés et que ce prix appartient à la femme (1).

## CHAPITRE III.

### *Du régime dotal.*

#### SOMMAIRE.

**1061.** Ce n'est pas sans difficulté que ce régime dont l'origine est dans le droit romain, com-

---

(1) Bellot, T. 3, p. 387.

me celle de la communauté est dans nos anciennes coutumes, a été admis par le Code. Nous
avons vu que ses rédacteurs l'avaient omis dans
leur premier projet, et que ce fut la section
de législation du conseil d'état qui le comprit
dans la rédaction définitive de notre titre. Cependant il formait le droit commun de nos provinces méridionales; et, quoiqu'il ne soit plus
aujourd'hui qu'exceptionnel, dans le système général de notre législation, l'habitude le fait encore assez généralement adopter dans nos con-
trées.

1062. Ce n'est pas de la dot elle-même, mais
de ses privilèges, que le régime dotal prend son
nom. Cas la dot existe sous tous les régimes,
sous celui de la communauté comme sous celui
qui l'exclut et sous le dotal. La dot, en effet,
sous ce dernier régime, comme sous celui du
chapitre 2, est le bien que la femme apporte
au mari pour supporter les charges du mariage
(art. 1540).

1063. Le régime dotal a été défini: Celui qui
en réservant à chacun des époux la propriété de
tous leurs biens, meubles et immeubles, présens
et futurs, laisse au mari, chef naturel de la société conjugale, la jouissance de tous les biens

ou de portion des biens de la femme, pour en supporter les charges (1).

**1064.** L'article 1392 nous a appris que le régime dotal n'existe que lorsque les époux en ont fait, dans leur contrat de mariage, une déclaration expresse, et que la simple constitution de biens en dot à la femme ne suffit pas pour l'établir. La déclaration que tous les biens de la femme seront dotaux ne produit pas plus d'effet. On s'est demandé néanmoins, malgré la lettre de l'article 1392, si l'indication dans le contrat de mariage des caractères particuliers du régime dotal, sans son adoption expresse, ne suffirait pas pour l'établir. On a dit, pour l'affirmative, que l'intention des parties n'est pas alors douteuse et que les termes du contrat de mariage suffisent pour avertir les tiers (2). Mais on répond avec avantage que l'inaliénabilité de la dot qui est le caractère particulier du régime dotal, n'est pas essentielle à ce régime, puisque l'aliénation peut en être permise par contrat de mariage (art 1557) ; et que, d'un autre côté, les immeubles de la femme peuvent, sous le régime de la communauté, être déclarés inaliénables.

(1) Toullier, n° 39.
(2) Bellot, T. 4, p. 3. et suiv.

pendant le mariage (1). Ainsi la déclaration expresse qu'exige l'article 1392 ne peut pas être remplacée par des équipollens.

1065. Lorsque les époux ont déclaré vouloir se marier sous le régime dotal, tout ce que la femme se constitue ou qui lui est donné par contrat de mariage est dotal, s'il n'y a stipulation contraire (art. 1541). L'importance de cette disposition sera surtout comprise lorsque les conséquences de la dotalité seront connues. Elle fait cesser une ancienne controverse sur le caractère des biens donnés par contrat de mariage. Les uns les réputaient nécessairement dotaux; d'autres exigeaient davantage (2). Mais remarquons qu'il ne s'agit ici que des biens constitués ou donnés en contrat de mariage. Car nous verrons (art 1543) que la dot ne peut être ni constituée ni augmentée pendant le mariage.

## SECTION PREMIÈRE.

*De la constitution de dot.*

### SOMMAIRE.

1066. *Biens ou objets qui peuvent être constitués en dot.*
1067. *Règle d'interprétation à cet égard.*

---

(1) Toullier, n° 45.—M. Duranton, nᵒˢ 30, 31, etc.
(2) Toullier, n° 39.

1068. *Sous le régime dotal, les biens de la femme sont dotaux ou paraphernaux.*

1069. *L'adoption du régime dotal n'entraîne pas une constitution de dot. Le Code ne reconnaît pas de constitution tacite.*

1070. *Mais elle peut être implicitement faite.*

1071. *La dot ne peut être ni constituée ni augmentée pendant le mariage.*

1072. *Néanmoins un donateur pourrait mettre pour condition à sa donation que l'objet donné sera inaliénable pendant le mariage. Controversé.*

1073. *Un donateur peut déclarer aliénable l'objet donné, même lorsque la constitution de dot comprend les biens à venir.*

1074. *De la dot constituée conjointement par les père et mère. Quid, si par le père seul, même en présence de la mère.*

1075. *De la dot constituée par le survivant des père ou mère pour biens paternels et maternels.*

1076. *La dot faite par le père ou la mère qui jouissent des biens de l'enfant, se prend sur leurs propres biens.*

1077. *Il n'y a pas de distinction à faire, pour l'application de ces règles, entre le fils et la fille.*

1078. *L'article 1546 s'applique également au cas où le constituant n'a pas la jouissance des biens de l'enfant doté.*

1079. *De la garantie et des intérêts de la dot.*

1080. *La garantie est due à la femme aussi bien qu'au mari.*

**1066.** La constitution de dot peut frapper tous les biens présens et à venir de la femme ou tous ses biens présens seulement, ou une partie de ses biens présens et à venir, ou même un objet individuel. La constitution, en termes généraux, de tous les biens de la femme, ne comprend pas les biens à venir (art. 1542). Les biens à venir peuvent aussi être constitués en dot à l'exclusion des autres.

**1067.** La dotalité des biens les plaçant, en quelque sorte, hors du commerce, ce caractère n'est attribué qu'à ceux qu'il est bien démontré qu'on a voulu rendre dotaux ; et, dans le doute, il faudrait plutôt restreindre qu'étendre les objets de la constitution de dot.

**1068.** La femme mariée sous le régime dotal et qui s'est constitué ou a reçu des biens en dot, conserve, à un autre titre, ceux qui ne sont pas entrés dans la constitution. Ils sont appelés *paraphernaux*, mot qui veut dire *extra-dotaux*, expression qui s'applique aussi à tous les biens de la femme qui n'a pas de dot constituée. Ceux-ci ne sont pas soumis aux règles qui concernent les biens dotaux, et il en sera question à la section 4 de ce chapitre.

1069. De même que la constitution de dot ne suffirait pas pour établir le régime dotal, l'adoption expresse de ce régime par les époux ne suffit pas pour qu'il y ait une constitution de dot. Il en résulte seulement que tous les biens de la femme sont paraphernaux. Cependant les anciens auteurs n'étaient pas d'accord à cet égard ; et la controverse dure encore parmi les auteurs modernes dont certains pensent qu'il y a alors constitution tacite de dot. Cette opinion résiste trop aux principes généraux déjà exposés et au texte de l'article 1574 pour pouvoir être admise (1).

1070. Cependant la loi n'a pas de termes sacramentels pour la constitution de dot ; et il suffit qu'elle résulte implicitement des termes du contrat de mariage dont l'appréciation est dans le domaine des tribunaux.

1071. J'ai déjà cité l'article 1543 suivant lequel la dot ne peut être constituée, ni même

_____

(4) Toullier, T. 12, p. 15 à la note.—M. Duranton, n° 336.—M. Benoit, de la dot, T. 1 'p. 6.—M. Tessier. de la dot, T. 1, p. 10, etc.—Cà Bellot, T. 4, p. 14.—Dalloz, T. 10, p. 297, n° 4.

augmentée pendant le mariage. Cette disposition est fondée sur les priviléges de la dot, l'intérêt des tiers, et confirme la règle que les conventions matrimoniales ne peuvent pas être changées après la célébration du mariage (art 1395). Sous l'empire du droit romain, la dot pouvait être constituée et augmentée pendant le mariage. Notre nouveau principe n'a d'ailleurs rien d'inconciliable avec la faculté de constituer en dot les biens à venir. Dans ce cas, les tiers sont suffisamment avertis par les termes du contrat.

**1072.** Pourrait-on conclure de la loi qui défend la constitution ou l'augmentation de dot pendant le mariage, qu'un donateur ne pourrait pas, postérieurement à sa célébration, stipuler pour l'objet donné, l'inaliénabilité pendant le mariage? Je ne le pense pas. L'intérêt des tiers n'est pas lésé par cette condition qui serait apposée à la donation. Le contrat de mariage ne les aurait pas trompés, et ils ne pourraient qu'y gagner, jamais y perdre. D'ailleurs l'objet donné ne deviendrait pas, pour cela, dotal, et il n'y aurait pas contravention à l'article 1543. Cette opinion est néanmoins controversée (1).

---

(1) M. Duranton, n° 360. — Cà Bellot, T. 4, p. 37. — M. Benoit, T. 1., n° 29.

**1073.** Mais, si la constitution de dot comprend les biens à venir, un donateur pourrait-il mettre pour condition à sa donation, l'aliénabilité de l'objet donné ? Je n'hésite pas à résoudre affirmativement cette question, d'après les raisons données sur la précédente qui présente plus de difficulté. A l'inaliénabilité près, cet objet conserverait tous les effets de la dotalité.

**1074.** Si les père et mère constituent conjointement une dot, sans distinguer la part de chacun, elle sera censée constituée par portions égales. Si la dot est constituée par le père seul pour droits paternels et maternels, la mère, quoique présente au contrat, ne sera point engagée, et la dot demeurera en entier à la charge du pere (art. 1544).

La première disposition de cet article n'est que la répétition de la règle d'équité qu'exprime l'article 1438. Elle s'applique même au cas où la dot serait un objet particulier appartenant exclusivement à l'un des époux qui aurait alors un recours pour moitié de sa valeur contre l'autre. Pour l'application de la seconde, il faut supposer les père et mère mariés sous le régime dotal. Car, sous celui de la communauté, la constitution faite à l'enfant par le père seul

peut produire une autre conséquence (art 1439).
La présence de la mère au contrat, dans le cas
de notre article, pouvant s'expliquer par un
sentiment d'affection ou de convenance, ne
devait pas entraîner son engagement.

1075. Si le survivant des père ou mère constitue une dot pour biens paternels et maternels
sans spécifier les portions, la dot se prendra
d'abord sur les droits du futur époux dans les
biens du conjoint prédécédé, et le surplus sur les
biens du constituant (art. 1545).

La constitution de dot est ordinairement une
donation qui, pour être valablement faite, ne
peut avoir d'autre objet que les biens du constituant. Car nul n'a le droit de donner la chose
d'autrui. Aussi le survivant des père ou mère
qui dote avec les biens paternels et maternels,
sépare par là ses propres biens de ceux du conjoint prédécédé et ne s'oblige personnellement
que pour le complément de dot que ne fournissent par ces derniers. Mais les biens dont le
donateur n'a pas la disposition n'en sont pas
moins dotaux, par son fait. Si l'enfant est mineur, le survivant de ses père ou mère a, en
effet, l'exercice de ses droits ; s'il est majeur,
il est censé, par sa non opposition à la constitution, se la faire lui-même. Mais il importe de

remarquer que, pour que cette disposition exorbitante du droit commun reçoive son application , il faut que la constitution porte sur les
biens paternels et maternels.

1076. Sans cette circonstance, il en serait
autrement ; et , quoique la fille dotée par ses
père et mère ait des biens à elle propres dont
ils jouissent , la dot sera prise sur les biens des
constituans , s'il n'y a stipulation contraire (art.
1546).

1077. J'ai déjà donné la raison de cette règle ;
c'est que la constitution de dot est une donation.
Au reste , l'article 1545 doit s'appliquer sans
difficulté à une donation faite en vue de mariage , au fils aussi bien qu'à la fille. Ses termes mentionnent *le futur époux*, expressions qui
s'appliquent à l'un et à l'autre (1). Je pense aussi
qu'on peut en dire autant de l'article 1546, bien
qu'il n'y soit question que de la fille. Que ce
soit le fils ou la fille, en effet, que dotent les
père et mère , ils donnent du leur, s'ils ne ma-
nifestent pas une intention contraire.

1078. La précision de ce dernier article *biens
dont ils jouissent*, n'est pas restrictive; et la loi

_____

(1) M. Duranton , n° 371.

s'applique aussi bien aux cas où les père et mère ne jouiraient pas des biens de l'enfant doté. Il y a même un argument *à fortiori* pour le re- connaître. Car on aurait pu croire que ceux qui jouissant des biens de leur enfant, lui font une dot, sont présumés se libérer plutôt que donner leur propre bien (1).

1079. Ceux qui constituent une dot sont te- nus à la garantie des objets constitués (art. 1547).

Les intérêts de la dot courent de plein droit du jour du mariage, contre ceux qui l'ont pro- mise, encore qu'il y ait terme pour le paiement s'il n'y a stipulation contraire (art. 1548)..

Ces deux articles répètent les termes de l'article 1440 dont j'ai déjà fait connaître les motifs. Il importe peu, pour l'application de ces règles, que les père et mère des futurs époux fussent mariés sous le régime de la communauté, sous le régime dotal, ou sous le régime exclusif de communauté. La raison de la loi qui s'ap- plique également aux étrangers donateurs, fon- dée sur la faveur de la dot et les charges du mariage, est la même dans tous les cas.

1080. La garantie de la dot constituée à la

_____

(1) M. Duranton, n° 372.

femme lui est due à elle-même aussi bien qu'au mari (1). C'est vainement que, pour justifier l'opinion contraire, on dit que lorsque la femme aurait qualité pour agir, la dot aurait perdu son caractère et sa destination (2). Cette distinction entre le mari et la femme est repoussée par les termes et par l'esprit de la loi.

1081. La femme qui se constitue une dot en doit la garantie, comme si elle lui était constituée par un autre, et cette garantie s'exercerait sur ses biens paraphernaux.

1082. On décidait, dans l'ancienne jurisprudence, que si, dans le cas où il n'y avait aucune stipulation sur les intérêts de la dot, le constituant avait fourni aux frais du mariage, les intérêts ne pouvaient pas être exigés (3). Cette opinion que justifient à la fois l'équité et la destination de la dot devrait encore être adoptée sous le Code (4).

Si la chose constituée en dot n'est pas, de sa nature, productive d'intérêts, comme s'il s'agit de linge, de meubles méublans non estimés

---

(1) M. Duranton, n° 375.—M. Benoit, T. 1, n° 80.
(2) Delvincourt, T. 3, p. 102, notes.
(3) Roussilhe, de la dot, T. 1, n° 318.
(4) Delvincourt, T. 3, p. 103, notes.

par le contrat, les intérêts ne seraient pas dus
(1). Ils ne le seraient pas mieux , si la constitution avait pour objet une créance à terme (2).
La remise du titre au mari aurait suffi pour libérer définitivement le constituant.

## SECTION II.

*Des droits du mari sur les biens dotaux, et de
l'inaliénabilité du fonds dotal.*

### SOMMAIRE.

1083. *Texte de l'article* 1549.
1084. *Comment il faut entendre l'ancienne règle :* Maritus est dominus dotis.
1085. *Le mari peut seul exercer l'action pétitoire relative à la dot. La femme ne le peut pas , même avec
l'autorisation de son mari. Controversé.*
1086. *Du partage des biens dotaux. Renvoi.*
1087. *Les droits du mari sont les mêmes , qu'il soit
défendeur ou demandeur.*
1088. *Sur le refus du mari , la femme peut être autorisée
par justice, a exercer elle-même ses actions dotales.*
1089. *C'est un droit de jouissance et non d'usufruit de
la dot qu'a le mari. Conséquence.*
1090. *Il n'est pas tenu de faire emploi des deniers
dotaux.*
1091. *Ses créanciers personnels peuvent saisir les revenus de la dot.*

---

(1) Roussilhe, id., n° 325.
(2) M. Duranton, n° 382.

35

**1083.** Le mari seul a l'administration des biens dotaux pendant le mariage. Il a seul le droit d'en poursuivre les débiteurs, d'en percevoir les fruits et les intérêts, et de recevoir les remboursemens des capitaux. Cependant il peut être convenu, par le contrat de mariage, que la femme touchera annuellement, sur ses seules quittances, une partie de ses revenus pour son entretien et ses besoins personnels (art. 1549).

**1084.** Chacune des dispositions de ce texte important mérite une attention particulière.

L'administration des biens dotaux devait être donnée au mari par une conséquence nécessaire de la destination des revenus qu'ils produisent. Cette destination est l'entretien du ménage dont le mari est le chef. Aussi, tant que dure le mariage ou qu'il n'y a pas séparation de biens, le mari est maître de la dot, sous le rapport de son administration. C'est ainsi restreinte qu'il faut entendre l'ancienne règle : *maritus est dominus dotis.*

1085. La loi donne encore au mari seul le droit de poursuivre les débiteurs et détenteurs des biens dotaux. Il résulte de ces expressions et surtout du mot *détenteurs* que le mari seul peut exercer l'action relative à la propriété des biens dotaux, c'est-à-dire l'action pétitoire. Tels étaient les principes du droit romain. Mais les poursuites relatives à ces biens, seraient-elles valablement faites par la femme autorisée de son mari? La question est controversée par les auteurs et a été diversement jugée par des cours royales. On dit, pour l'affirmative, que le mari peut, sans contredit, donner un mandat à la femme pour la poursuite des biens dotaux, et que son autorisation doit produire le même effet qu'un mandat exprès (1). Mais il n'est pas moins vrai que, quoique autorisée par son mari, la femme agit en son nom personnel, contrairement au vœu de l'article 1549. La circonstance de l'autorisation toujours nécessaire à la femme pour ester en jugement, ne peut pas suppléer le mandat formel. D'ailleurs, ce mandat existât-il, ce serait toujours sous le nom du mari que les poursuites seraient faites. Je n'hésite donc pas à penser que la question posée doit être négativement résolue (2).

---

(1) Toullier, n° 140, 141, 242.

(2) M. Benoit T. 1, p. 120 et suiv.—M. Duranton, n° 402

**1086.** Quant à l'action qui aurait pour objet le partage des biens dotaux de la femme, j'ai déjà dit que l'action doit être poursuivie par le mari et la femme conjointement et que l'article 1549 ne déroge pas à l'article 818 (T. 3. n° 299) (1).

**1087.** On doit reconnaître, quoique le texte de l'article 1549 donne seulement au mari le droit de poursuivre les débiteurs et détenteurs de la dot, que la règle est la même lorsqu'il faut défendre à des poursuites intentées par d'autres (2).

**1088.** Mais si le mari, par un motif contraire aux intérêts de la femme, refuse d'intenter les actions relatives à sa dot, la justice pourrait, en appréciant les circonstances, et surtout si le recours que la femme aurait à exercer contre le mari, devait être illusoire, autoriser la femme à poursuivre elle-même (3). Cette décision est manifestement conforme à la raison et à l'équité.

**1089.** Le droit que la loi donne au mari de percevoir les fruits et intérêts des biens dotaux,

(1) Aux autorités citées aj. Bellot, T. 4, p. 137 et 415.
(2) Dalloz, T. 10, pag. 305, n° 6.
(3) Bellot, T. 4, p. 65.

ne constitue pas un usufruit, dans toute l'acception de ce mot. C'est un simple droit de jouissance. Il résulte notamment de cette différence que la jouissance qu'a le mari des immeubles dotaux de sa femme ne pourrait pas être hypothéquée, tandis que l'usufruit peut l'être (art. 2118) (1).

1090. Quoique responsable de la dot, à l'égard de sa femme, le mari n'est pas tenu, en recevant un capital mobilier, d'en donner emploi s'il n'y a pas été assujetti par le contrat de mariage.

1091. Il est sans difficulté que, dès que les revenus de la dot appartiennent au mari, ses créanciers personnels peuvent les saisir, tant que la femme n'a pas fait prononcer la séparation de biens, et qu'il peut en faire la cession.

1092. La partie des fruits ou intérêts de la dot qui ont été réservés à la femme, en vertu de la dernière disposition de l'article 1549, ne peuvent pas être saisis par ses créanciers dont les titres n'ont pas une date certaine antérieure au mariage. Car ils perdraient leur destination

---

(1) Toullier, n° 132 et suiv.

qui est l'entretien de la femme et qui dès-lors retomberait à la charge du mari (1)·

**1093.** Le mari n'est pas tenu de fournir caution pour la réception de la dot, s'il n'y a pas été assujetti par le contrat de mariage (art. 1550). C'est encore là une circonstance qui distingue la jouissance du mari d'un véritable usufruit. Cette disposition a pour base la confiance qui doit régner entre époux et le besoin de ne pas entraver des spéculations qui peuvent profiter au ménage.

**1094.** Si la dot ou partie de la dot consiste en objets mobiliers mis à prix par le contrat, sans déclaration que l'estimation n'en fait pas vente, le mari en devient propriétaire, et n'est débiteur que du prix donné au mobilier (art. 1551). On ne concevrait pas un autre but à cette estimation que la vente au mari. Il suit de là que si les objets mobiliers apportés en dot par la femme, ne sont pas estimés par le contrat, elle en demeure propriétaire, et que les créanciers du mari n'y ont aucun droit. Toutefois le mari en a l'administration en vertu du principe général déjà connu.

_____

(1) Delvincourt, T. 3, p. 104, notes.—Dalloz, p. 306 n° 17.

Il faut, pour l'application de l'article 1551 que le mariage ait lieu. Car si le projet est rompu, le futur époux restitue la chose et non le prix (L. 17. §. 1. ff. De jur. Dot.).

**1095.** Dans certains cas l'estimation ne transporte pas la propriété au mari. C'est lorsqu'il s'agit d'obligations ou de constitutions de rente. Celà résulte de l'article 1567.

**1096.** Dans d'autres cas, le mari sera propriétaire, sans qu'il y ait eu estimation des objets constitués en dot. C'est lorsque la dot portera sur des choses dont on ne peut jouir qu'en les consommant, comme l'argent comptant, le blé, le vin etc. (1).

**1097.** Si l'estimation est préjudiciable à l'un des époux, celui qui, par le résultat de l'erreur, éprouve un préjudice, est fondé à se plaindre, sans avoir même besoin d'établir la lésion de plus de sept douzièmes, comme dans le cas de vente ordinaire (2). Mais si les deux époux avaient connu l'inexactitude de l'estimation, elle contiendrait un avantage indirect sujet à ré-

---

(1) L. 42 ff. de jur. dot.—Delvincourt, T. 3, p. 101, notes.—Bellot, T. 4, p. 71.

(2) Rép. de jurisp. v° Dot § 7, n° 1.

duction, conformément aux principes généraux
(1).

**1098.** L'estimation donnée à l'immeuble constitué en dot n'en transporte point la propriété
au mari, s'il n'y en a déclaration expresse (art.
1552).

Il en était autrement dans les principes du
droit romain suivant lesquels l'estimation trans-
férait au mari la propriété des immeubles, comme des meubles. Les motifs du Code ont été
d'abord la plus grande importance des immeubles
dont la vente ne doit pas se présumer aussi
facilement, ensuite que l'estimation a pu avoir
des objets tout autres que la translation de propriété, comme de déterminer les droits du fisc
ou de faciliter l'évaluation des dommages et intérêts dus à la femme au cas de dégradation de
son immeuble.

**1099.** L'immeuble acquis des deniers dotaux
n'est pas dotal, si la condition de l'emploi n'a
été stipulée par le contrat de mariage. Il en est
de même de l'immeuble donné en paiement de
la dot constituée en argent (art. 1553).

Le Code a fait cesser, par cette disposition,
la controverse à laquelle avaient donné lieu

---

(1) Delvincourt, T. 3, p. 105, notes.

deux lois romaines qui semblaient contraires
(LL. 12. Cod. et 54 ff. de jur. dot.). La loi
déclare l'immeuble non dotal, en ce sens seulement qu'il n'est pas inaliénable. A cela près
il subit les effets de la dotalité, et le mari en
a la jouissance, ce qui est d'autant plus incontestable qu'il en est propriétaire, que l'immeuble reste à ses risques, qu'il peut l'aliéner et
qu'il demeure débiteur envers sa femme de la
dot constituée en argent (1).

1100. Lorsque l'emploi en acquisition d'immeubles des deniers dotaux a été stipulé dans le
contrat de mariage, il n'est pas nécessaire que
cet emploi soit accepté par la femme. On se pré-
vaut, dans l'opinion contraire, de la disposition
de l'article 1435 qui veut que le remploi soit
formellement accepté par la femme, et on invoque une parité de motifs (2). Mais les droits
du mari sur les biens dotaux sont bien autrement étendus que ceux qu'il peut exercer sur
les propres de sa femme, sous le régime de la
communauté. L'article 1553 est muet sur l'acceptation de l'emploi, tandis que le législateur
s'est expressément expliqué dans l'article 1435

---

(1) Toullier, n° 449—M. Duranton, n°° 419, 420, etc.
(2) M. Duranton, n° 427.—M. Benoit, T. 1, p. 132 et suiv.

et que l'article 1559 exige le consentement de la femme pour l'échange de l'immeuble dotal(1).

**1101.** J'arrive à l'un des points les plus importans de notre matière, l'inaliénabilité de la dot de la femme. Il faut d'abord voir le texte de la loi.

Les immeubles constitués en dot ne peuvent être aliénés ou hypothéqués pendant le mariage ni par le mari, ni par la femme, ni par les deux conjointement, sauf les exceptions qui suivent (art. 1554).

L'inaliénabilité de la dot est le caractère distinctif du régime dotal, sans être néanmoins de son essence ; car nous verrons que l'article 1557 permet de stipuler par contrat de mariage, l'aliénabilité de l'immeuble dotal.

**1102.** Mais l'article 1554 ne déclare inaliénables que les immeubles dotaux, et garde le silence sur la dot mobilière. Il s'agit donc de savoir si cette dot est inaliénable comme les immeubles, et comment, au cas de solution affirmative, il faut entendre cette inaliénabilité. Je dois me borner à la simple indication des moyens donnés à l'appui de l'une et de l'autre opinion.

---

(1) Rép. de jurisp. v° Dot. §. 10.

Pour l'aliénabilité de la dot mobilière, on argumente non seulement des termes restreints de l'article 1554, mais encore des articles 1598, 1557, 1558, 1559, 1560, 1561, 1123, 2092, (1).

Pour l'inaliénabilité, on invoque d'abord les anciens principes du droit romain, suivant lesquels la dot mobilière était inaliénable, aussi bien que les immeubles dotaux; on dit que l'article 1554 n'a dû mentionner que l'immeuble dotal, parce que le mari étant seul maître de la dot mobilière, et la femme se trouvant dans l'impuissance de l'aliéner, il était inutile de lui en interdire l'aliénation. On ajoute que, bien qu'en principe la dot mobilière soit inaliénable, son aliénation peut toujours avoir lieu, vis-à-vis du tiers, entre les mains desquels les meubles ne se suivent pas. On argumente enfin des termes génériques des articles 1541, 1549, 1555 et 1556 qui ne mentionnent que les biens dotaux sans distinction entre les meubles et les immeubles (1).

Cette dernière opinion me paraît seule admis-

---

(1) Toullier, n°ˢ 176 et suiv.—M. Duranton, n°ˢ 541 et suiv.

(1) Sirey, T. 10-1-341. T. 19-1-146, etc. M. Benoit, T. 1, p. 267 et suiv.—Dalloz, p. 348, n° 50, etc.

sible ; et l'on peut dire que maintenant elle est presque généralement adoptée par les arrêts et par les auteurs.

**1103.** Il n'en faut pas conclure que les objets mobiliers, constitués en dot, ne puissent pas être valablement aliénés. Nul doute d'abord relativement à ceux dont la propriété est transférée au mari, et dont il a la libre disposition. Je viens de dire qu'il en peut être de même de ceux dont la propriété est restée à la femme, d'après le principe qu'en fait de meubles la possession vaut titre. Mais le résultat important de cette doctrine est que la femme ne peut pas, pendant le mariage, compromettre, soit par des emprunts, soit par des transactions, d'une manière quelconque, en un mot, sa fortune dotale. Quelles que soient les obligations qu'elle a contractées, elles ne pourront pas s'exécuter, même après la dissolution du mariage, sur les biens qui ont fait partie de la dot.

**1104.** La séparation de biens ne fait pas perdre à la dot son caractère d'inaliénabilité, qui produit les conséquences qui viennent d'être exprimées. Mais c'est les pousser au-delà de leurs dernières limites, que de décider, comme l'ont fait plusieurs cours royales, que la femme séparée doit fournir emploi ou caution de sa dot

mobilière. Aucune loi n'autorise une telle condition, et, quelque respectables que soient les
motifs qui la dictent, ils ne constituent pas moins
de l'arbitraire (1).

1105. Le principe de l'inaliénabilité de la dot
reçoit plusieurs exceptions. J'ai déjà signalé celle
que consacre l'article 1557, qui n'est que la
conséquence de la liberté qui préside aux conventions matrimoniales.

J'ajouterai que la faculté d'aliéner, permise
par contrat de mariage, doit être rigoureusement
interprêtée; que la faculté d'hypothéquer n'entraîne pas celle de vendre, et réciproquement
(2), que le mari ne peut pas vendre sans le concours de sa femme qui reste propriétaire, et que
conséquemment, son rôle se borne à l'autorisation (3); qu'enfin le mari devant recevoir le prix
de l'aliénation, puisque l'immeuble est dotal,
en devient responsable.

Il est encore d'autres cas d'aliénabilité de la
dot, qu'énumère notre section, et que justifient
de hautes convenances ou des raisons d'urgence
et d'intérêt commun des époux.

---

(1) Dalloz, p. 350, n° 52.
(2) Toullier, n° 187.—M. Duranton, n°s 479 et suiv.
(3) Toullier, n° 188, etc.

**1106.** La femme peut, avec l'autorisation de son mari, ou sur son refus avec permission de justice, donner ses biens dotaux pour l'établissement des enfans qu'elle aurait d'un mariage antérieur; mais, si elle n'est autorisée que par justice, elle doit réserver la jouissance à son mari (art. 1555).

Il a été soutenu que l'aliénation ne devait être permise que lorsque les enfants n'avaient pas des biens personnels suffisans pour leur établissement; et même que l'aliénation faite dans ce cas, avec l'autorisation de la justice, pourrait être annulée (1). C'est aller beaucoup trop loin. La loi s'en remet absolument aux tribunaux pour l'appréciation des circonstances qui doivent faire permettre ou refuser l'autorisation (2).

**1107.** Au reste, l'établissement dont il s'agit dans l'article précité et dans le suivant, est un établissement quelconque, et non pas seulement celui qui résulterait du mariage.

**1108.** La femme peut aussi, avec l'autorisation de son mari, donner ses biens dotaux pour l'établissement de leurs enfans communs ( art. 1556 ).

---

(1) Bellot, T. 4, p. 110.
(1) M. Benoit, T. 1, n° 223.

Dans ce cas, le consentement du mari est indispensable, et n'est pas suppléé par l'autorisation de la justice. Cette autorisation peut être nécessaire à l'égard des enfans d'un premier lit de la femme, pour lesquels le mari peut n'être pas animé des meilleurs sentimens. Mais il est présumé avoir autant d'affection que sa femme pour leurs enfans communs. S'il refuse son autorisation, c'est probablement parce qu'il a de bonnes raisons, et il ne convient pas que la justice intervienne dans ces débats domestiques.

1109. Un arrêt qui a jugé que les biens dotaux pouvaient être aliénés, avec l'autorisation de la justice, pour exempter un fils du service militaire, me paraît rendu dans les vrais principes (1).

1110. Dans les autres cas exceptionnels qui suivent, d'autres formalités sont encore nécessaires pour l'aliénation de la dot.

L'immeuble dotal peut être aliéné avec permission de justice, et aux enchères, après trois affiches : pour tirer de prison le mari et la femme; pour fournir des alimens à la famille dans les cas prévus par les articles 203, 205 et

------

(1) Sirey, 28-2-189.

36

206, au titre du mariage ; pour payer les dettes
de la femme ou de ceux qui ont constitué la
dot, lorsque ces dettes ont une date certaine antérieure au contrat de mariage ; pour faire de
grosses réparations indispensables pour la conservation de l'immeuble dotal ; enfin, lorsque cet
immeuble se trouve indivis avec des tiers, et qu'il
est reconnu impartageable. Dans tous ces cas,
l'excédant du prix de la vente, au-dessus des besoins reconnus, restera dotal, et il en sera fait
emploi comme tel, au profit de la femme (art.
1558).

L'intervention de la justice, dans toutes ces
hypothèses, a pour objet de prévenir des manœuvres frauduleuses au détriment de la dot.

Quelles que soient les causes de l'emprisonne-
ment du mari ou de la femme, que ce soit pour
dettes, ou par suite d'un crime ou d'un délit,
l'aliénation peut avoir lieu. Mais rappelons que
la justice peut refuser de l'autoriser. Néanmoins
ce refus ne devra pas nécessairement avoir lieu,
dans le cas où le mari pourrait obtenir sa liberté
par la cession de biens, à cause de la position
fâcheuse dans laquelle cette mesure place le débiteur (1).

---

(1) Roussilhe, T. 1. n° 416.—Delvincourt, T. 3, p. 108,
notes.—Cà Bellot, T. 4, n° 125.

**1111.** La dot pourrait être aliénée pour fournir des alimens aux époux eux-mêmes qui n'auraient pas d'autres ressources, quoiqu'ils ne soient pas compris dans les cathégories des articles 203, 205 et 206 (1).

**1112.** Les créanciers de la femme, dont les titres ont une date certaine antérieure au contrat de mariage (et non pas seulement au mariage (2), n'ont pas besoin de la permission de la justice pour faire vendre l'immeuble dotal, sans qu'il y ait à distinguer entre les hypothécaires et les chirographaires. Cette permission n'est nécessaire que lorsque les époux, pour prévenir des poursuites, veulent faire une vente volontaire. Dans le premier cas, la position du chirographaire diffère de celle des hypothécaires, sous ce rapport que les chirographaires ne peuvent pas préjudicier à la jouissance du mari, à moins qu'il n'eut connu leurs créances (3). Les créanciers dont les titres n'ont pas de date certaine avant la célébration du marige, n'ont aucun recours sur les biens dotaux, même lorsqu'ils ne voudraient les exercer qu'après la dis-

(1) Dalloz, p. 339, n° 13.
(2) M. Duranton, n° 514.
(3) id. n° 512.

solution du mariage, par la raison que la facilité des antidates pourrait porter atteinte au principe fondamental de l'inaliénabilité de la dot (1).

Quant aux créanciers de ceux qui ont constitué la dot, ils doivent non seulement avoir un titre avec date certaine, mais encore si la dot consiste en immeubles, avoir une hypothèque inscrite sur ces immeubles, pour pouvoir les faire vendre. Cette précision n'est pas écrite dans notre texte ; mais elle résulte des principes généraux en matière d'hypothèque. Pourquoi, en effet, dans le cas de constitution de dot, ces créanciers seraient-ils traités plus favorablement que dans le cas de vente, ou même de donation ordinaire ?

1115. La disposition relative aux grosses réparations nécessaires à l'immeuble dotal, n'aurait pas de sens, si la loi devait être prise à la lettre. Que serait-ce, en effet, que l'aliénation de l'immeuble dotal, pour réparer l'immeuble dotal ? Il faut donc lire que partie de l'immeuble dotal peut être aliénée pour les grosses réparations dont il a besoin. La même faculté n'est pas donnée pour les réparations d'entretien, qui sont une charge de la jouissance du mari.

_____

(1) Id. n° 511

1114. L'immeuble dotal indivis et impartageable peut être aliéné parce que nul ne peut
être contraint de rester dans l'indivision (art.
815 ).

Sur le fondement d'une loi romaine (L. 78.
§ 4, ff de Jur. dot.), quelques auteurs ont pensé
que si le mari devient adjudicataire sur licitation de l'immeuble dotal, l'acquisition est censée faite par la femme, que l'immeuble est dotal à concurrence du montant de la constitution
ou qu'au moins la femme a l'option que donne
l'article 1408 à celle qui est mariée sous le régime de la communauté (1).

Dans le silence de l'article 1558, alors surtout
que, dans une position analogue mais non sem-
blable, l'article 1408 s'est formellement expliqué,
je ne pense pas qu'on puisse appliquer sa disposition au cas dont il s'agit. La loi romaine
invoquée n'a plus force de loi, et c'est par les
principes du droit commun que la question me
paraît devoir être résolue. Si le mari devient
adjudicataire, il sera donc personnellement propriétaire, puisqu'aucun texte de loi ne dit le
contraire. On conçoit que, pour le décider différemment sous le régime de la communauté,

_____

(1) Delvincourt, T. 3, n° 109, notes.—Bellot, T. 1 p. 143,
149, 475. — M. Benoit, T. 1, n° 244.

la loi a eu des raisons qui n'existent pas sous le régime dotal.

Si c'est la femme qui est adjudicataire, il n'y aura de dotale que la portion qui a été constituée en dot. Les auteurs sont d'accord sur ce point.

Enfin, si l'immeuble est adjugé à un étranger le prix sera dotal et il en sera fait emploi au profit de la femme, conformément à l'article 1558.

**1115.** L'immeuble dotal peut être échangé, mais avec le consentement de la femme, contre un autre immeuble de même valeur, pour les quatre cinquièmes au moins, en justifiant de l'utilité de l'échange, en obtenant l'autorisation en justice, et d'après une estimation par experts nommés d'office par le tribunal. Dans ce cas, l'immeuble reçu en échange sera dotal ; l'excédant du prix, s'il y en a, le sera aussi, et il en sera fait emploi au profit de la femme (art. 1559).

Cette disposition ne prévoit pas le cas où l'immeuble reçu en échange de l'immeuble dotal sera d'une valeur supérieure à celui-ci. On doit conclure du principe qui défend d'augmenter la dot pendant le mariage, que l'immeuble reçu sera dotal à concurrence de la valeur de l'autre.

**1116.** Le principe d'inaliénabilité de la dot reçoit encore exception dans le cas où la femme

autorisée par son mari a soutenu un procès qu'elle
a perdu. Le paiement des dépens dont elle est
tenue peut être poursuivi sur ses biens dotaux.
Mais il n'en serait pas de même des dommages
auxquels la femme serait condamnée, en matière
criminelle ou correctionnelle. L'exécution de ces
condamnations ne pourrait pas être poursuivie
contre le mari et sur les biens dotaux, tant que
dure le mariage. L'action ne pourrait être exercée
qu'à sa dissolution (1).

1117. Il est sans difficulté que, dans tous les
cas où les termes de la loi autorisent l'aliénation de l'immeuble dotal, la dot mobilière est
également aliénable.

1118. Le rapprochement des articles 1558 et
1559 autoriserait à penser que le consentement
de la femme n'est pas nécessaire pour l'aliénation autorisée des biens dotaux (2). Cette opinion peut être fondée pour les cas où la femme
peut être contrainte à l'aliénation, comme lors
qu'il s'agit de donner des alimens à la famille.
Mais je croirais que lorsque l'aliénation est facultative, comme lorsqu'il est question de tirer

(1) M. Benoit, T. 1, nᵒˢ 190, 191, T. 2, nᵒ 254.
(2) Delvincourt, T. 3, p. 109, notes.

de prison le mari ou la femme, celle-ci doit donner son consentement à l'aliénation de sa dot (1).

**1119.** Si, hors les cas d'exception qui viennent d'être expliqués, la femme ou le mari, ou tous les deux conjointement aliènent le fonds dotal, la femme ou ses héritiers pourront faire révoquer l'aliénation après la dissolution du mariage sans qu'on puisse leur opposer aucune prescription pendant sa durée ; la femme aura le même droit après la séparation de biens. Le mari lui-même pourra faire révoquer l'aliénation pendant le mariage, en demeurant néanmoins sujet aux dommages et intérêts de l'acheteur, s'il n'a pas déclaré, dans le contrat, que le bien vendu était dotal (art. 1560).

La sanction du principe qui défend l'aliénation des biens dotaux, est la révocation de cette aliénation. Tout concourt à en faire prononcer l'annulation dans toutes les hypothèses ; le principe cité, si les époux ont vendu conjointement ; le défaut d'autorisation maritale, si la femme a aliéné sans l'autorisation de son mari ; la règle qui interdit la vente de la chose d'autrui, si le mari seul est l'auteur de la vente. Tous ces moyens peuvent se prêter un mutuel secours pour faire prononcer la révocation.

---

(1) Dalloz, p. 283, 342, n° 29.

**1120.** La prescription ne peut pas être opposée à la femme ou à ses héritiers, parce que, tant qu'a duré le mariage, le mari a eu seul l'exercice des actions dotales; *Contrà non valentem agere non currit præscriptio.*

**1121.** La destination de la dot autorise même le mari à faire révoquer, pendant le mariage, l'aliénation qu'il aurait lui même consentie. Mais, après le mariage, ce droit n'appartient qu'à la femme ou à ses héritiers. Il suit de là que si le mari est héritier de sa femme, il ne peut pas demander la nullité; il serait repoussé par la règle : *Quem de evictione tenet actio, eumdem agentem repellit exceptio* (1).

**1122.** Quelques auteurs ont pensé que le mari n'est point passible de dommages envers l'acheteur, lors même qu'il n'aurait pas déclaré la dotalité du bien vendu, s'il prouve que l'acquéreur l'avait d'ailleurs connue (2). Cette opinion équitable ne peut pas être admise si l'on consulte les discussions qui ont préparé l'article 1560. Il en résulte que c'est pour prévenir toute difficulté sur le fait, que les auteurs du Code ont

---

(1) Delvincourt, T. 3, p. 113, notes.
(2) Idem.—Bellot, T. 4, p. 490.

consacré la nécessité de la déclaration de dotalité dans le contrat (1)

**1123.** L'acquéreur qui a ignoré, au moment de la vente, le vice de contrat, peut en demander la résolution. Il n'aurait pas ce droit, s'il en avait eu connaissance (2).

**1124.** L'action en nullité de l'aliénation, dans le cas ou c'est la femme elle-même qui a vendu, doit être intentée par elle ou ses héritiers, dans les dix ans qui suivent la dissolution du mariage, ou la séparation de biens (art. 1304). Si c'est le mari qui a vendu, le délai pour la femme ou ses héritiers est de trente ans (art. 2262). Si l'acquéreur de l'immeuble dotal est de bonne foi, il peut repousser l'action par la prescription de dix ou vingt ans (art. 2265).

**1125.** Au reste, la femme a l'option, lorsqu'elle peut agir, ou d'intenter l'action révocatoire, ou d'exercer son action hypothécaire sur les biens du mari qui a aliéné sa dot (3).

**1126.** Les immeubles dotaux non déclarés alié-

---

(1) Fenet trav. prép. du Cod. civ., T. 13, p. 619.
(2) Rép. de jurisp. v° Dot, § 9.
(3) Merlin, quest. de dr. v° remploi, § 9.

nables par le contrat de mariage, sont imprescriptibles pendant le mariage, à moins que la prescription n'ait commencé auparavant. Ils deviennent néanmoins prescriptibles après la séparation de biens, quelle que soit l'époque à laquelle la prescription a commencé (art. 1561).

La prescription est, en effet, une véritable aliénation, et la similitude que présente cet article, est conforme à un principe général dont notre droit offre de fréquentes applications.

Il ne faut pas conclure de ces mots : *Qu'elle que soit l'époque à laquelle la prescription a commencé*, qu'elle peut commencer pendant le mariage. Ils ne se rapportent qu'à l'époque qui l'a précédé et à celle qui en suit la dissolution.

La séparation de biens donnant à la femme la libre administration de ses biens, la prescription court contre elle, par cela seul qu'elle a les moyens de l'interrompre, faculté qu'elle n'a pas tant que dure le mariage.

La prescription qui a commencé avant le mariage, peut s'accomplir pendant sa durée. Il y a donc cette différence, entre le mariage et la minorité, pendant laquelle la prescription ne court pas. La raison en est que la durée du mariage n'est pas limitée, comme celle de la minorité. La prescription accomplie pendant le mariage rétroagit à son principe, époque à laquelle l'immeuble dotal était prescriptible. Mais alors, la femme a un recours contre le mari qui aurait dû faire des actes interruptifs. Néanmoins, dans les cas de l'article 2256 dont j'ajourne l'explication, la prescription est suspendue pendant le mariage.

1127. Le mari est tenu, à l'égard des biens dotaux, de toutes les obligations de l'usufruitier Il est responsable de toutes prescriptions acquises et détériorations survenues par sa négligence (art. 1562).

Il existe une grande ressemblance entre les droits du mari et ceux de l'usufruitier. Il y a aussi certaines différences qui ont été signalées notamment celle relative à la caution dont le mari est dispensé par l'article 1550.

1128. Si la dot est mise en péril, la femme peut poursuivre la séparation de biens, ainsi qu'il est dit aux articles 1443 et suivans (art. 1563). Pour ne pas me livrer à des répétitions inutiles, je n'ai qu'à me référer à ce que j'ai dit plus haut sur ces articles.

## SECTION III.

*De la restitution de la dot.*

SOMMAIRE.

1129. *L'époque de cette restitution diffère selon les circonstances.*

**1129.** Après la dissolution du mariage, la dot reçue par le mari doit être restituée à la femme ou à ses héritiers, et l'époque de la restitution diffère selon qu'elle est devenue la propritété du mari, ou qu'elle n'a pas cessé d'appartenir à la femme.

1130. Si la dot consiste en immeubles, ou en meubles non estimés par le contrat de mariage, ou bien mis à prix avec déclaration que l'estimation n'en ôte pas la propriété à la femme, le mari ou ses héritiers peuvent être contraints de la restituer sans délai, après la dissolution du mariage (art 1564).

1131. Si elle consiste en une somme d'argent, en meubles mis à prix par le contrat, sans déclaration que l'estimation n'en rend pas le mari propriétaire, la restitution n'en peut être exigée qu'un an près la dissolution (art 1565).

1132. Dans le premier cas, le mari n'ayant pas eu la propriété de la dot, n'a pas eu le droit d'en disposer. Il est donc présumé avoir en sa possession les objets qui la composent, et dès-lors aucun délai ne lui est nécessaire pour en effectuer la remise.

Au second cas, le mari est devenu propriétaire de la dot constituée, et il en a eu la libre disposition. La loi suppose donc ou qu'il a placé les deniers dotaux, ou qu'il a vendu les meubles pour en placer aussi le prix ; et il était juste qu'un délai moral lui fut accordé pour opérer la rentrée de ses fonds.

1133. Les choses fongibles constituées en dot devenant, comme je l'ai déjà dit, la propriété du mari, même lorsqu'ils n'ont pas été estimés, la restitution qui en doit être faite est régie pas l'article 1565.

Les créances et les rentes ne deviennent pas la propriété du mari, quoique le contrat de mariage en contienne l'estimation ou l'évaluation. Il faut décider, en ce qui concerne leur restitution, que si le mari a été remboursé par les débiteurs il ne doit plus à sa femme qu'une somme d'argent et que le délai d'un an doit lui être accordé. Mais s'il a conservé les titres, il doit les restituer immédiatement (1).

1134. Si le mari a légué à sa femme sa dot, elle peut l'exiger sur le champ, en quoi qu'elle consiste. C'est là, pour elle, la seule utilité du legs (2).

1135. Mais le délai d'un an ne doit pas être donné au mari, pour la restitution, après un jugement

---

(1) Bellot, T. 4. p. 236.
(2) Rép. de jurisp v° Dot, § 11, n° 5.

de séparation de biens. Il y aurait péril pour la femme qui peut agir immédiatement en paiement, puis qu'aux termes de l'article 1444, elle doit commencer ses poursuites dans la quinzaine sous peine de nullité du jugement. Mais il n'y aurait aucune raison de ne pas appliquer les articles 1564 et 1565 au cas de séparation de biens suite de la séparation de corps (1).

1156. Les époux peuvent, dans leur contrat de mariage, stipuler, pour la restitution de la dot, un délai autre que celui que fixe la loi. Ce n'est pas là déroger à une disposition de loi d'ordre public (2).

1157. En droit romain (L. 16. ff. de pact. dot), la clause du contrat de mariage par laquelle la femme renonçait à réclamer sa dot, était nulle. Dans notre droit, cette renonciation constituerait une donation au mari, laquelle serait régie par les principes ordinaires en matière de donations (3).

1158. Si les meubles dont la propriété reste à la femme ont dépéri par l'usage, et sans la faute du mari, il ne sera tenu de rendre que ceux

---

(1) M. Durauton, nᵒˢ 553, 554, etc.
(2) Delvincourt, T. 3, p. 116, notes.
(3) M. Benoît, T. 2, nᵒ 118.

qui resteront, et dans l'état ou ils se trouveront. Etnéanmoins la femme pourra, dans tous les cas, retirer les linges et hardes à son usage actuel, sauf à précompter leur valeur, lorsque ces linges et hardes auront été primitivement constitués avec estimation (art 1566).

Cette disposition contraire à la rigueur du droit puisque les linges et hardes estimés appartiennent au mari, est fondée sur les convenances et concilie d'ailleurs les besoins de la femme et les intérêts du mari ou de ses héritiers. Au reste c'est la valeur actuelle de ces objets que la femme devra précompter, et non celle qui leur avait été donnée dans le contrat de mariage.

1139. Si la dot comprend des obligations ou constitutions de rente qui ont péri, ou souffert des retranchemens qu'on ne puisse imputer à la négligence du mari, il n'en sera point tenu, et il en sera quitte en restituant les contrats (art 1567).

Nous savons que le mari n'est pas propriétaire de ces objets. La perte ou la dégradation qu'ils éprouvent sans sa faute, devait donc être pour le compte de la femme, d'après la règle : *res périt domino*. Mais si la perte pouvait être imputée à la négligence du mari, elle serait à sa charge.

1140. Si la dot a été constituée en espèces métalliques spécifiées qui, depuis qu'elles ont été reçues par le mari, ont subi une réduction, le mari devra restituer la valeur qu'elles avaient lorsqu'elles lui ont été comptées (1).

1141. Si un usufruit a été constitué en dot, le mari ou ses héritiers ne seront obligés, à la dissolution du mariage, que de restituer le droit d'usufruit, et non les fruits échus durant le mariage (art. 1468).

Ici, l'usufruit lui-même est considéré comme un capital, comme un être moral qui produit annuellement des fruits. Ces fruits font partie des revenus de la dot, et appartiennent au mari pour le soutien des charges du ménage. Il n'en doit donc pas la restitution, et il suffit qu'il restitue le droit lui-même, tel qu'il l'avait reçu.

1142. Cependant si la constitution de dot avait pour objet les fruits eux-mêmes, il ne deviendraient pas la propriété du mari, et seraient un capital, par rapport à lui. Ils devraient être placés, et la jouissance du mari ne porterait que sur les intérêts de ce placement.

1143. Avant de pouvoir exiger la restitution de

_____

(1) M. Benoit T. 2. n° 135.

la dot, la femme ou ses héritiers doivent prouver que le mari l'a reçue. Cette preuve se fait, en général, conformément aux règles tracées au titre des contrats ou obligations. S'il s'agissait d'objets mobiliers corporels, le mari, soumis aux obligations de l'usufruitier, aurait dû en faire inventaire, et s'il n'avait pas rempli ce devoir, la preuve de la réception pourrait être faite tant par titres que par témoins, et même par la commune renommée (argum. des art. 1415 et 1504). La loi établit même, pour la dot, une présomption particulière du paiement qui en a été fait au mari.

1144. Si le mariage a duré dix ans depuis l'échéance des termes pris pour le paiement de la dot, la femme ou ses héritiers pourront la répéter contre le mari, après la dissolution du mariage, sans être tenus de prouver qu'il l'a reçue, à moins qu'il ne justifiât de diligences inutilement par lui faites pour s'en procurer le paiement (art. 1569).

Le principe de cette présomption de paiement qu'avait aussi admise notre ancienne jurisprudence, est emprunté au droit romain. La destination de la dot permet de supposer, en effet, que si dix ans se sont écoulés depuis l'échéance des termes pris pour le paiement, sans que le mari ait fait des poursuites, il doit l'avoir reçue.

**1145.** Mais la présomption ne pourra pas être invoquée par la femme, si c'est elle même qui s'est dotée; et ce n'est que par les voies ordinaires qu'elle pourra justifier de sa libération. Elle est alors assimilée à ceux qui ont constitué la dot, quels qu'ils soient, auxquels la loi ne donne pas le droit d'invoquer la présomption dont il s'agit. D'ailleurs elle ne serait pas fondée à se prévaloir contre le mari des ménagemens dont il a usé envers elle (1).

**1146.** Remarquons, en effet, que la femme seule, ou ses héritiers peuvent invoquer la présomption de paiement dont il s'agit, sur ce motif qu'ils ont dû être étrangers au fait du paiement, motif qui ne saurait s'appliquer aux débiteurs de la dot, dont la libération non justifiée par les voies légales, ne résulterait que de la prescription trentenaire. Les créanciers de la femme n'auraient pas plus d'avantage. C'est un droit personnel à leur débitrice qu'ils ne pourraient pas invoquer (2).

---

(1) Delvincourt, T. 3, p. 117, notes.— Bellot, T. 4. 236.
(2) Rép. de jurisp. v° Dot. § 3, n° 8.—Toullier, n° 277, art. 1666, Cod. civ,, etc.

**1147.** Si le mariage est dissous par la mort de la femme, l'intérêt et les fruits de la dot à restituer courent de plein droit au profit de ses héritiers, depuis le jour de la dissolution. Si c'est par la mort du mari, la femme a le choix d'exiger les intérêts de sa dot pendant l'an du deuil, ou de se faire fournir des alimens pendant ledit temps, aux dépens de la succession du mari; mais dans les deux cas, l'habitation durant cette année, et les habits de deuil, doivent lui être fournis sur la succession, et sans imputation sur les intérêts a elle dus (art. 1670).

**1148.** Nous avons déjà vu (art. 1548), que la faveur de la dot lui attribue les intérêts de plein droit. Ici les intérêts ne pouvant plus avoir leur destination, ne peuvent plus profiter au mari. Mais remarquons que si les héritiers de la femme sont ses enfans âgés de moins de dix-huit ans, le mari fait les intérêts et fruits siens (art. 384). Je pense même que si les enfans héritiers de leur mère ont dépassé cet âge, les intérêts et fruits qu'ils pourraient exiger se compenseraient avec les frais de leur entretien auquel fournirait leur père.

**1149.** L'option accordée à la femme pendant l'an du deuil est en rapport avec la disposition de l'article 1565 qui accorde le délai d'un an pour la restitution de la dot. Il suit de là que si la femme a reçu une partie de sa dot immédiatement après le décès de son mari, les alimens pour lesquels elle opterait devraient être réduits à concurrence des intérêts de cette partie.

**1150.** L'habitation et les habits de deuil sont dus à la femme, conformément aux règles déjà consacrées par les articles 1465 et 1481.

**1151.** La femme a le droit de faire l'option ci-dessus, même lorsque sa dot étant très modique, elle jouit de biens paraphernaux très considérables.

**1152.** Elle a droit aux habits de deuil, même lorsque retenue par une maladie pendant l'année qui suit le décès de son mari, elle n'aurait pas pu les porter (1).

**1153.** A la dissolution du mariage, les fruits des immeubles dotaux sa partagent entre le mari, la femme ou leurs héritiers, à proportion du temps qu'il a duré pendant la dernière année (art. 1571).

Ce partage des fruits n'a rien de contraire à

____

(1) Toullier, n° 279.

l'article 1570 dont les termes sembleraient attribuer tous les fruits de la dot aux héritiers de la femme. L'objet de cet article est de fixer l'époque à laquelle commence le droit et non d'en déterminer l'étendue, ce que fait l'article 1571.

Le jour du mariage est la base du calcul à faire pour la restitution des fruits. Ainsi, par exemple, le mariage aura été célébré le 1er janvier et le mari est décédé le dernier jour du mois d'avril. Le mariage aura duré le tiers de la dernière année. Les héritiers du mari auront droit au tiers de ces fruits, les autres deux tiers appartiendront à la femme. La même répartition se ferait, en sens inverse, si le mari n'était mort que le dernier jour du mois d'août.

1154. La disposition qui, pour le partage des fruits fait commencer l'année à la célébration du mariage, est fondée sur cette probabilité que c'est alors que le mari est entré en possession de l'immeuble dotal. Cependant, s'il était prouvé qu'il s'est écoulé, sans que le mari soit en faute un certain temps entre le mariage et la remise de l'immeuble au mari, c'est de l'époque de cette remise qu'il faudrait partir (1).

---

(1) M. Benoit, T. 2, n° 190.—Ca Toullier, n° 263.

1155. Lorsque c'est par l'effet de la séparation de biens que la dot doit être restituée, ses intérêts courent du jour du jugement et non de celui de la demande. Car, jusqu'au jugement le mari a du supporter les charges du mariage (1).

1156. La femme et ses héritiers n'ont point de privilège pour la répétition de la dot sur les créanciers antérieurs à elle en hypothèque (art. 1572).

Ainsi se trouve abrogée par le Code la fameuse loi *Assiduis* (L. 12. cod. qui pot. in pign.) qui accordait aux femmes sur les biens de leur mari un privilège qui les fesait préférer aux créanciers du mari, ayant même une hypothèque antérieure au mariage. Cette loi, dit-on, avait été inspirée au jurisconsulte Tribonien, par Théodora femme de l'empereur Justinien.

Déjà si contraire à la raison et à l'équité, elle se trouvait d'ailleurs manifestement en opposition avec les principes de notre système hypothécaire.

1157. Si le mari était déjà insolvable et n'avait ni art ni profession lorsque le père a constitué une dot à sa fille, celle-ci ne sera tenue de rapporter à la succession du père que l'action

---

(1) M. Duranton, n° 570, etc.

qu'elle a contre celle de son mari, pour s'en faire rembourser. Mais si le mari n'est devenu insolvable que depuis le mariage, ou s'il avait un métier ou une profession qui lui tenait lieu de bien, la perte de la dot tombe uniquement sur la femme (art. 1583).

D'après cette disposition, une famille entière peut être ruinée par l'imprudence d'un père qui confie une dot trop considérable à un gendre insolvable et sans profession ; et la femme qui a été dotée, pourra conserver une opulence qu'elle a obtenue d'ailleurs, en disputant à ses frères et sœurs les débris de la fortune paternelle.

Quelque contraire à l'équité que soit un tel résultat, la loi s'explique par cette raison qu'une fille ne doit pas être victime de l'imprudence de son père dans la constitution de dot qu'il lui fait.

1158. Il est certain que, d'après des principes déjà exposés, l'article 1573 ne pourra recevoir son application que lorsque la dot est en argent comptant ou en effets mobiliers, ou lorsque l'aliénation de l'immeuble dotal a été permise sans stipulation d'emploi. Dans les autres cas, la dot ne peut pas périr. Si l'immeuble dotal et non aliénable est dégradé par la faute du mari insolvable, je ne pense pas que la femme puisse invoquer le bénéfice de cet article, puisqu'elle avait un remède à sa position dans la séparation de biens. Un auteur néanmoins le lui attribue (1).

**1159.** Le privilége dont il s'agit doit être restreint au cas exprimé, et ne saurait être invoqüé par la femme qui ne serait pas mariée sous le régime dotal (2).

**1160.** Pour l'application de l'article 1573, le mari qui aurait pris des grades dans une faculté et qui serait en possession du titre d'avocat ou de médecin, mais sans l'utiliser, ne serait pas censé avoir une profession (3).

**1161.** Le texte de cet article mentionne seulement le cas où c'est le père qui a constitué la dot. Je pense qu'il serait également applicable au cas où la dot a été donnée par la mère, la raison de décider étant la même dans les deux cas (4).

---

(1) Delvincourt, T. 2, p. 421, notes.
(2) M. Duranton, T. 7, nᵒˢ 416 et suiv. et T. 15 nᵒ 576.
(3) N. Benoit, T. 1, nᵒ 340.
(4) M. Duranton, nᵒ 576, Cà Bellot, T. 4, p. 282.

# SECTION IV.

*Des biens paraphernaux.*

## SOMMAIRE.

1162. J'ai déjà dit ce qu'on entend par biens paraphernaux ou extrà-dotaux. Ce sont tous les biens de la femme mariée sous le régime dotal, de quelque nature qu'ils soient, qui n'ont pas été constitués en dot, (art. 1574).

Nous retrouvons à peu près, dans cette section, les régles de la séparation des biens contractuelle réglée par les articles 1536 et suivans, qui ont été précédemment expliquées.

1163. Si tous les biens de la femme sont paraphernaux, et s'il n'y a pas de convention dans le contrat pour lui faire supporter une portion des charges du mariage, la femme y contribue jusqu'à concurrence du tiers de ses revenus (art. 1575).

1164. Tous les biens de la femme sont paraphernaux, lorsque les époux se sont soumis au régime dotal, sans qu'il y ait eu aucune constitution de dot.

1165. J'ai déjà dit, en expliquant l'article 1537, que la femme peut être tenue, selon les circonstances, de contribuer aux charges du ménage pour une plus forte quotité que le tiers, même pour la totalité, et qu'elle doit remettre au mari toujours chef, le montant de sa contribution. Mais le mari ne peut pas contraindre sa femme à lui délaisser une portion quelconque de ses biens en principal.

1166. La femme a l'administration et la jouissance de ses biens paraphernaux ; mais elle ne peut les aliéner , ni paraître en jugement à raison desdits biens, sans l'autorisation du mari , ou , à son refus , sans la permission de la justice (art. 1576).

Les règles de cette administration sont celles que doit suivre la femme séparée (art. 1449 et 1538).

Dans les principes du droit romain , la femme pouvait aliéner ses paraphernaux , sans l'autorisation de son mari. Le Code lui en prohibe l'aliénation, ainsi que la faculté de paraître en jugement, sans cette autorisation, parce que cette incapacité de la femme est fondée nonseulement sur son intérêt , mais encore sur la puissance maritale , dont les prérogatives doivent être maintenues sous tous les régimes.

1167. Le mari qui a autorisé sa femme à aliéner un bien paraphernal, n'est pas responsable du défaut d'emploi, à moins que la femme ne prouve que le prix de son bien vendu a tourné au profit du mari. Son concours dans l'acte de vente ne suffit pas pour le soumettre à cette responsabilité ; et l'article 1450 , que peut invoquer la femme mariée sous le régime de la communauté, ne peut pas servir à celle qui est mariée sous le régime dotal. C'est ce qu'a notamment jugé la cour de Toulouse, le 29 mars 1809. Toutefois, d'autres cours royales ont jugé différemment (1).

1168. La femme peut administrer elle-même ses biens paraphernaux, ou en laisser l'administration au mari par un mandat exprès, ou par un mandat tacite.

Si elle donne sa procuration au mari pour cette administration, avec charge de lui rendre compte des fruits, il est tenu vis-à-vis d'elle, comme tout mandataire (art. 1577), sauf l'application de l'article 1575.

Remarquons que si la procuration ne contient par la charge de rendre compte, les obligations du mari ne sont autres que celles que lui impose l'article 1578 (2).

1169. Si le mari a joui des biens paraphernaux de sa femme, sans mandat, et néanmoins sans oppositon de sa part, il n'est tenu à la dissolution du mariage, ou à la première demande

___

(1) Favard v° Régime dotal, § 4, n₀ 1, Cà Bellot, T. 4, p. 302.—Dalloz, p. 371, n° 5.
(2) Delvincourt, T. 3, p. 120, notes.—Bellot, T. 4, p. 309.

de sa femme, qu'à la représentation des fruits existants ; et il n'est point comptable de ceux qui ont été consommés jusqu'alors ( art. 1578. ).

Ce n'est ici que la répétition de l'article 1539 dont j'ai déjà fait connaître les motifs (n° 1059). Le mari ne doit aucun compte des fruits qui n'existent plus, même lorsqu'il serait prouvé qu'il s'est personnellement enrichi. Dans nos anciens pays de droit écrit, le mari devait prouver, pour se soustraire à la reddition de compte, qu'il avait employé les revenus pour le ménage.

**1170.** Si le mari a joui des biens paraphernaux, malgré l'opposition constatée de sa femme, il est comptable envers elle de tous les fruits tant existans que consommés (art. 1579).

**1171.** Cette opposition de la femme doit être constatée par acte. Des représentations verbales, et l'expresion du mécontentement de la femme ne suffiraient pas (1).

**1172.** Ce n'est que des fruits existans à l'époque de l'opposition ou de ceux qui sont perçus postérieurement, que le mari est comptable. Il ne l'est pas de ceux qui ont été consommés lorsqu'elle est faite.

---

(1) Malleville sur l'art. 157

**1173.** J'ai dit plus haut (n° 1060), que le prix encore dû des fruits vendus appartient à la femme opposante.

**1174.** L'expression *fruits* qu'on lit dans les articles 1577, 1578 et 1579, comprend les intérêts, les arrérages, aussi bien que les produits des fonds, en un mot, les fruits civils comme les naturels et les industriels.

**1175.** Le mari qui jouit des biens paraphernaux est tenu de toutes les obligations de l'usufruitier (art. 1580), sauf du bail de caution (art. 1550, n° 1047) (1).

**1176.** En se soumettant au régime dotal, les époux peuvent néanmoins stipuler une société d'acquêts, et les effets de cette société sont réglés comme il est dit aux articles 1498 et 1499 (art. 1481).

Je n'ai donc qu'à me référer à ce que j'ai dit sur ces deux articles.

---

(1) Bellot, T. 4, p. 312.

FIN DU TITRE DU CONTRAT DE MARIAGE
ET DU QUATRIÈME VOLUME.

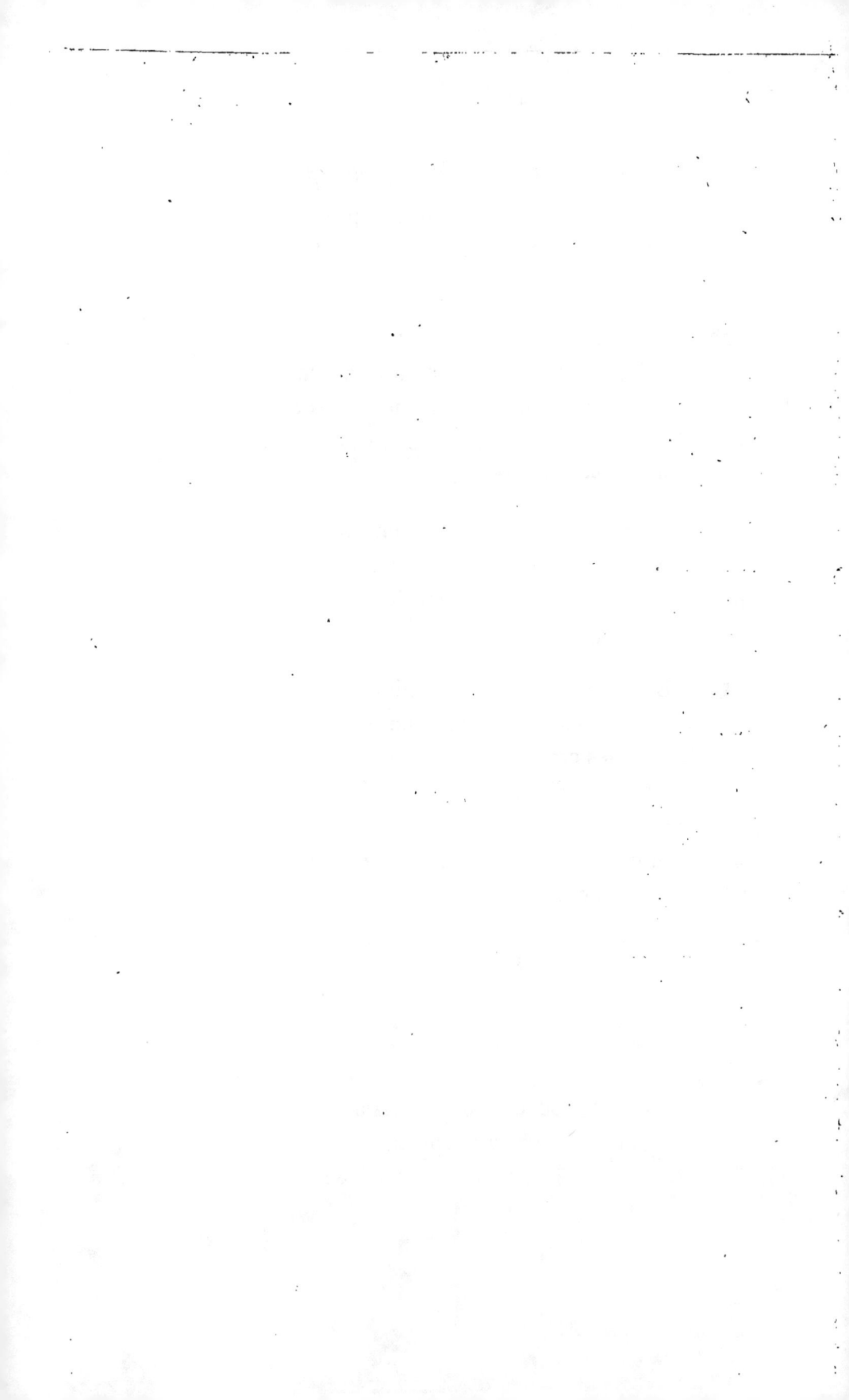

# TABLE
# DES MATIÈRES.

## SUITE DU LIVRE TROISIÈME.

*Des différentes manières dont on acquiert la propriété.*

## § II.

## DEUXIÈME PARTIE.

## CHAPITRE III.

FIN DE LA TABLE DU QUATRIÈME VOLUME.

Toulouse, Imprimerie de J.-B.-C. Darolles

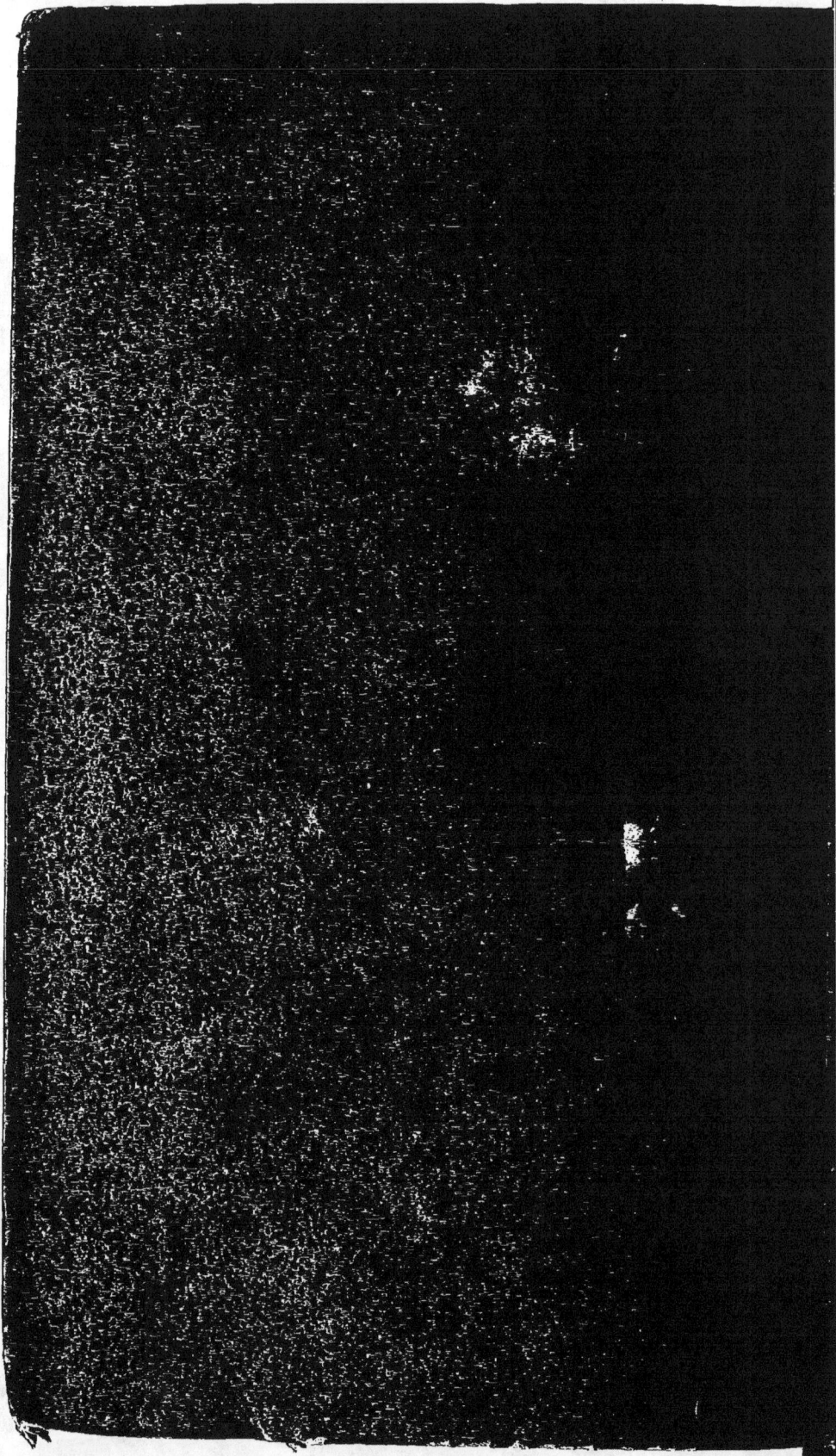